气机导引：引体功法篇

张良维　著

华龄出版社
HUALING PRESS

图书在版编目（CIP）数据

气机导引. 引体功法篇 / 张良维著. -- 北京：华
龄出版社，2024. 10. -- ISBN 978-7-5169-2844-8

Ⅰ. G812.92

中国国家版本馆CIP数据核字第20249NT402号

策划编辑	南川一滴		责任印制	李末圻	
责任编辑	梅　剑		装帧设计	晨罡文化	

书　名	气机导引：引体功法篇		作　者	张良维
出　版 发　行	华龄出版社 HUALING PRESS			
社　址	北京市东城区安定门外大街甲57号		邮　编	100011
发　行	（010）58122255		传　真	（010）84049572
承　印	三河市九洲财鑫印刷有限公司			
版　次	2024 年 10 月第 1 版		印　次	2024 年 10 月第 1 次印刷
规　格	710mm×1000mm		开　本	1/16
印　张	27		字　数	310 千字
书　号	ISBN 978-7-5169-2844-8			
定　价	85.00 元			

前　言

过去，众多的修行人包括有成就的宗教家，他们为了追求生命的自我了解，多先借由身体的训练达到心灵的清静，最后开启灵性智慧，了悟生命的本质。先知们终其一生的努力，就是为了摆脱生而为人所带来的生理性与心理性束缚，希望能在不为身、心所困的状态下，探究一个纯粹的本质性存在。

源自中国道家思想的气功学，乃是一套体系架构完整的身心性命探索之学，明确地将人体分成下、中、上三丹田：下丹田主精，强调肢体养生；中丹田主气，着重心气格局的拓展；上丹田主神，属灵性的开发，主张以肢体的开发作为炼养心气格局的基石，整合下、中二丹田，成就上丹田灵性智慧的开启。然而丹道之学深奥博杂，辞旨隐晦，再加上古今时空的差异，想要进入丹道之学的核心，领略其中奥义实非易事。如何萃取古代身心性命之学的要旨，赋予古典气功学新的时代意义，重新架构出一套足以传世的实践之学，切合现代繁忙的生活形态，唤醒现代人探索身心性命的渴求，乃是我志趣之所向。

我认为人要处在身、心能量俱足的状态，才有余力探索身心性命的课题，也只有处在这样的状态，上丹田才可能真正摆脱生理与心理的羁绊，超脱至无形而无为的精神世界，透析生命的本质。身心性命的探索不是知识性的学习，而是一个需要整合身体、心理与灵性共同去参与、实践的过程，古人称这个过程为"悟道"。"悟"就是带着自己的觉知去经历，去感受，去相信，只因道不可说，唯有亲身实践，因此觉知能力的敏锐与否也就显得弥足重要。气机导引即是在这样的思想结构下整合出来的教学系统，其主旨在于通过不同阶段的肢体开发，行觉知能力的养成，逐步达到身体机能与功能性的完整，打造健全的生理环境以固养心性，使人返回身、心俱足且充满觉知的生命状态，当下、中二丹田巩固后，上丹田自然能有所成就。

　　气机导引共有十八套功法，依功法属性分为"引体""内脏"与"导气"三篇，各包含六套功法。"引体篇"是筑基的功法，主要是通过"螺旋""延伸"的原理，改善组织粘连，增强肢体韧性，协调骨骼、肌肉及关节间的平衡，开发身体的空间，将身体的气道铺善设妥。而"内脏篇"则是通过"开合"与"绞转"，活络腔体，按摩内脏、养护脏体，平衡内分泌系统，使心性趋于平稳。总体而言，"引体篇"与"内脏篇"属于生理学的范畴，着重在人体生理机能的强化，其目的在于强精健体，巩固下丹田，建构一个身、心安适的生理环境。故而功法借开发有形的肢体空间为始，渐进至觉知与控制无形的意识，以有形炼无形作为炼精化气的过程。"导气篇"则着重于中丹田，也就是心理状态的修炼，归于心理学的层次，以"静心、旋转、压缩、共振"四大原理作为训练的法则。唯有"静心"才能定气，气定方可产生气的"旋转"与"压缩"，促进体内气脉的循环，身体可在轻松的状态下通过通畅的脉理，有效率地将能量传送至做功之处，这即是"共振"的原理。"导气篇"乃是炼气化神的过程。简单来说，面对生理学最重要的是放松；就心理学而言，则是心要静，念头要空。"松、静、空"是练习十八套功法所要达到的整体目标。

　　就我的体认，人体的健康属于一种结构性、整体性的空间概念。人体由骨骼、肌肉、结缔组织等结构组成各种腔体，腔体不仅是空间，其结构更关乎脉理位置的分布以及气脉运行的通畅性。举例而言，关节附近的软组织若受伤、劳损，就会引发该关节处内外侧肌肉的僵硬及不协调，日积月累，就会造成腔体空间的改变，脉理的位置与气场也随之产生变化，最终导致内脏气脉运行受阻而引发诸多内脏疾病。要改善这类疾病，最根本的解决之道就是重新建构正确的身体空间。"引体篇"即是通过身体"螺旋""延伸"这两大功能淋漓尽致的表现，重新调整身体的空间以及骨骼、肌肉等组织间的平衡，通畅脉理，促进脏体及组织间隙的浊气迅速代谢，直接解决身体长期不当使用而引发的诸多病痛。

"引体"利用运动学的原理达到"骨正"而后"身正"，"身正"而后"气正"的目的，"气正"心性自然会平稳。若以现代医学的角度来解释，"气正"指的就是内分泌系统的平和稳定，内分泌作用若能平衡，人的心性自然平稳。稳定的心性又再次影响自律神经系统的作用，而运作协调的自律神经系统能使内分泌系统的作用更加稳定，连带提升免疫系统功能的强健。上述三大系统若能平衡运作，也就健康无虞，等同于架构出一个身、心安适的生理环境。

然而，从强健机体、拓展肢体空间、通畅脉理乃至调整内分泌作用等生理上的改变，在我看来仅是练习"引体"的必然成效，乃是水到渠成之功，不足强调。"引体"的更深层意义，在于如何从肢体的开发过程训练觉知的能力。练习引体的初期，意念专注在躯体神经系统的运作上，以运动神经指挥肢体动作，并清楚地接收感觉神经回传的信息，根据回传的信息再次下达运动神经指令来修正动作的正确性。借由运动神经带领感觉神经去开疆辟土，随着动作的深层彻底，感觉神经所拓及的疆域也会愈发宽广，觉受到的感觉会更加细腻并且了了分明。引体的过程，呼吸宜慢、匀、细、长，由体腔的开合主导吸吐，吸气时以运动神经指挥骨盆底肌的收提。身体内部气机随着肢体空间的开拓而活络，当肢体惯性逐渐养成，运动神经自主地执行动作，意念专注于觉受感觉神经回传的信息，觉受到的将不再是肉体本身，而是腔体与脉络间气机流动的感觉。当觉知到的不再是有形肉体，而是无形的气机，引体就不再只是延伸、绞转等肢体性的操作，而是进入能量运作的气功态。觉知能力从粗糙到细腻，由感知有形到感知无形，一次次地从肢体锻炼中打磨而来。随着觉知能力的提升，不仅在面对功法的练习时会有不同层次的领悟与诠释，面对身心性命时更有一番别开生面的洞察能力。

气机导引的每套功法都有短、中、长期的身体开发意义，在不同的教学阶段，功法的演练会有不同的着重点，初期着重在"养身"，强调"螺旋""延伸""开合""绞转"等肢体功能性的操作，目的在于养生健体，开拓肢体空间通畅脉理；进入气功态后重于"养心"，聆听意识与内部气机流转的相互关系，涵养心量；最终"堕肢体，黜聪明，离形去知"，成就灵性智慧与大道融通。因此，在不同的学习阶段，相同的功法套路，内部运作的动机却大异其趣，而其内涵底蕴的深广度也将视个人投注的心力多寡而异。人体有简单的分子层次、细胞层次乃至复杂的组织、器官与系统，究其结构组成与功能运作，从古至今并无殊异。所以，我深信在练功过程中，只要是过去能在人体内发生的功效与现象，我既能亲身实证，也必然能在诸位身上重现。

这本书是由我过去的教学内容汇编而成，为了适用于不同阶段的学习与参考，对于功法的描述，参杂了不同阶段的教学语言，而授课的内容虽以十八套功法作为教学主轴，却广引各家所长，糅合儒、释、道三家观点，采用中医学、西医学乃至分子生物学等学说论述，为的只是适切地建构该阶段的教学重点，好让学习者能经由理解而更快进入情境。这本书的章节结构依序为："功法原理""心法要义"与"系列功法"。"功法原理"以中医学、西医学与生物学等论述，解析整套功法之于肢体不同部位的开发重点与意涵；"心法要义"则是由情志的角度陈述我练功所得的体悟，借此提醒读者，练功不止于功法，还有许多不同面向需要一一参透，练功要练出自己的人生观。"系列功法"之下再细分为："原理说明""做法""动作要诀"与"课程综合摘要"。"原理说明"描述单一功法的原理及操作逻辑；"做法"与"动作要诀"则是以简单的文字与图片提纲挈领地表达功法演练的程序与要点；"课程综合摘要"是由课程进行时，师生互动的内容节录而出，以期能对通篇功法的诠释有画龙点睛之效。

　　或许，现阶段诸位对本书所述仍无法全盘了解，对于跳跃式的论述方式无法贯通，但是无妨，在练功的过程中时时参阅这本工具书，并与自己的身体经验对照，随着个人身体条件的成熟，书中展现的意象会逐渐清晰而立体。练功时带着自己的觉知去经历，日久功深，个人经历终能跨越文意不明或是文字无法触及的领地，最后豁然开朗。

自　序

　　我们处在一个科技高度发展的时代，科技主导人类文明的进程，塑造出求新求快、竞争激烈的高压生活形态，身处其中难免失去健康，也忘却了生命的轻重。物质文明无度的发展严重贬抑精神文明的创生力，大世界如此，个人精神生活的贫乏也就可见一斑，人无法再从精神世界寻得安定的力量而有所依归，只能任凭心神迷乱于追新逐异的时代洪流中惶惶不可终日。我认为，重辟一条回归自我的道路，收摄外放的心神返视内省，重新定位生命的价值，乃是突破当代人类困境刻不容缓之势，也是我们应该要尽力完成的一件事。

　　自科技革命以来，人类面对生活形态的剧烈变革衍生出各式各样困扰身、心的文明病。人们为了摆脱疾病之苦，不是诉诸医疗，就是致力于饮食管理、运动健身，或寄情山水，或寻求宗教信仰的慰藉，各种养生法门如雨后春笋般应运而生，朝成而暮遍者不胜枚举，且往往治果不治因。殊不知人体乃是极其复杂的有机体，其运作受生理因子、情志因素以及大环境的左右，若仅是以医药、运动、食疗、陶冶情志等狭隘的角度切入养生的议题，则以偏不能盖全而成效不彰；然而，人们为了谋求健康也只能盲目地追随养生的潮流走，养生也因此蔚为风尚。

　　欲行养生，首要厘清的是：何谓"养生"？就我的体认，养生乃是养顾生命的质量。生命是由身体、心理以及灵性三个部分所组成：身体展现的是执行的能力；心理则是驱动身体执行的动力来源；灵性所体现的是个人的人生观及其洞见的人生使命，而生命的质量即是取决于个人身、心、灵三者的层次及其整合的程度，养生所为的正是提升这三者的层次并予以整合。简单地说，养生在于养护肉体康健，促使心性稳定而产生智慧，洞见自我价值，继而整合身、心能量用以贯彻思想价值，透彻生命的本质。养生若仅锻炼身体使之无病无痛，而不求精神意识的提升，则身、心无主，无以着力；若是单向追求性灵世界的满足，弃肉体于不顾，则终将受身、心所绊，灵性智慧难以成就。人必须兼顾生理生命（命）与精神生命（性）的质量及其整合性才能展现生命的力道，也才是全然的养生。道家就此提出"性命双修"的观点，直指"修命不修性"或是"修性不修命"乃是修行的大忌。在我看来，这不但是现代养生观念常见的弊病，更是人类精神文明之所以渐趋下流的根源性问题。若能以之为反点，或能为躁动失序的人心觅得安定的力量，重启人类精神文明璀璨的新页。而如何切合时代地架构出回归自我身、心、灵的介面，让人可以通过自己的身、心、灵探究生命的根源，这是气机导引教学的核心理念，也是我志业之所在。

我自幼习武，青壮之年钻研导引术，窥见丹道堂奥。中国导引术、武术乃至源自道家思想的气功学，普遍被认作具有强身健体之效，为中国固有之养生术，其精要皆着重在蓄养人体精、气、神的饱满：精是松柔的肉身，气乃虚静的心气，神即是灵性精神。气功学更是点出人必须通过"炼精化气""炼气化神"与"炼神还虚"三个阶段，也就是身、心、灵三者能量的提升与转化，身心性命才能臻于圆满。然而，一般认为武术与导引术偏重于有形肢体的开发，而气功学着重在无形气机的运作，但在我深入实践后却体悟到，此三者看似各自独立，究其实却是整体一贯的。也就是通过功法行有形肉体的锻炼，逐步架构出健全的生理、心理环境，再在此基础上探无形精神力量的存在。而功法的涵义乃是在于营造出一个身、心、灵皆能专注参与的情境，练功所要练的就是在这样的情境中，通过与自己身、心、灵的对话来进行自我教育，最后整合出一套融通大道的逻辑观，成就灵性智慧。然而古籍经典记载的多为情境描述或是习成后的心得结论，对于各个学习阶段的联结与功法指引却是语焉不详或隐机藏要。我希望能借由气机导引的教学系统，重新勾勒出探索身心性命各阶段的历程，还原中国独到的身体哲学。也正因目标明确，我在架构气机导引的内容上不受门户之限，将中国武术原理融合导引术作为功法套路的根基，以古典内丹学为骨干，道家思想为神髓，教学内容亦广引各家精粹，只为提供更深入的见解来诠释、注解中国的身体哲学，冀望能为后继者留下一些参考的线索。

气功学将人体分成下、中、上三个丹田，分主一个人的精（身）、气（心）、神（灵），讲究在基础坚实情况下进行炼精化气、炼气化神、炼神还虚三个阶段的能量转化，也就是锻炼身体、砥砺心性乃至灵性智慧提升的渐进过程。灵性的提升虽是最终目标，精、气、神的转化却必须在身体这个载体上完成，因此，身体机能的完善也就弥足重要。在我看来，只有机能完善的体魄才可能运化出质量俱佳的气机，如此才能带动后续能量的顺利转化，这是自然逻辑，也是"性命双修"中强调"先修命来后修性"的立论依据。现代人饱受各式文明病的侵扰，体质孱弱、力不从心，便捷的生活形态更是加速身体功能的退化，正因如此，今人求道，在炼精化气的阶段不得不下更大的功夫。

人体由骨骼、肌肉、结缔组织等结构组成各种腔体，大如体腔、关节腔，小至组织间隙，这些大大小小的腔体相互联结铺设成体内气机流通的管道。组织粘连、肌肉僵硬、肢体不正都会造成腔体空间的改变，空间的改变就会影响气机的运行，气机运行不利，脏体与组织间的浊气也就无法顺畅排出，各种内脏疾病乃至肢体的疼痛因而产生。若能通过肢体的锻炼，拓开身体空间、活络腔体的联结，就能消弭绝大部分的生理不适。而身体空间一开，气机自然涌现，这就是炼精化气最基本的原理。

气机导引的"引体篇"是炼精化气的筑基功法，六套引体的功法都有其渊源以及开发的重点，如螳螂捕蝉功法，乃是参照螳螂拳的套路并糅合导引术的概念衍生而成的肢体符号，通过十个不同角度的深层引体动作，拓开肩胛组织粘连，达到开发膏肓的目的，改善现代人因长期姿势不良所导致的肩颈僵硬、膏肓疼痛以及胸闷、胸痛等问题。整体而言，"引体篇"功法强调筋骨肌肉的大开大展，通过肢体的螺旋延伸，拓开组织间的粘连，增强肢体韧性，促进肌肉与关节间的协调，强化肌肉耐力并训练肢体的松柔度，目的在于改善现代人体弱多病的生理状态。在训练的过程中正视自身的软弱，由克服肢体的酸痛不适，强化心智的力量，心智若能与肉体妥善联结，人将不再力不从心而能充满活力朝气。肢体功能一旦条件成熟，自然会把身体推上另一种层次的运作，进入炼精化气的过程。

现代社会科技进步，生活富足，然而人类的思想与活动却面临被严重格式化的命运。人们习以为常地将主流价值奉为圭臬，身在其中却看不清自己，也摸不着真相。我认为这是因为现代人普遍缺乏觉知能力的开发，以及教育过度偏重知识性的学习所致。觉知能力是一种以本然自我直接感知真相的能力，人若能厘清真相，人生自能无所畏惧。然而，现代人受到过多的知识绑缚，早已丧失觉知能力，就算真能感知些什么，也会马上动用知识，自认为理智地予以驳斥，"如是我闻"远较于"如是我行"来得更有说服力。过度信服"如是我闻"的框架，僵化的思想必定阻碍创生能力的发挥，而这框架泛指的是人为的思考模式，而身心性命的探索就是为了突破惯性的思维、观念，跳脱人为的思考模式，重新整合出一套融通大道的逻辑观，在无为中复见天地之心。

因此，我将觉知能力的开发列入气机导引功法训练中相当重要的一环，而专注力与觉知力有着密不可分的关联性，因为专注乃能觉受，因有觉受而更能专注。我认为从肢体开发的各个阶段带入不同层次的意识作用，乃是最直接也是最具成效的觉知与专注能力训练。由感知有形肢体的动作乃至无形气机的运作，提升专注能力与觉知的敏锐度。假以时日，面对自己身、心、灵的状态，以及外在环境的脉动都将能了了分明，于生命自然能产生独到的见地，清楚地知道自己所为何来、所做何事。明了了，身心也就能够安稳地处变不惊，也唯有如此，方得"虽千万人，吾往矣"的气魄，不随波、不逐流地忠于自己的道路。

身心性命探索的历程是人返璞归真的过程，练功为的就是通过身、心的锻炼逐步褪去"我"的概念，让灵性回归到最本然的状态，透彻生命的本质。"引体篇"虽然属于筑基功法，但在不同身、心层次的操作下，能启开截然不同的生命内景，因此我希望习练者能先了解中国性命双修的养生概念，以及气机导引完整的架构宗旨，以开阔的格局，面对"引体"的学习，登阶而趋，如此才不会将之视为健身体操，成为另一种时下养生的迷思。

目　录

引体功法二：旋臂转脊

引体功法三：延脊划臂

引体功法六：螺旋旋转

螳螂捕蝉

第一章　功法原理

螳螂捕蝉开膏肓

第一节　说膏肓

膏肓在两肩胛骨之中，泛指两肩胛骨之间的区域。古代医学以心尖脂肪为膏，心脏与膈膜之间为肓，膏肓是药力达不到的地方。在经络穴位的归属上，膏肓是足太阳膀胱经上的一个穴位。足太阳膀胱经是人体最长的经络，其主经脉始于目内睛明穴，过颠顶再沿脊椎、腿后侧下达小趾至阴穴，再与肾经相接。膏肓在其中扮演生死一线的关键角色。倘若"病入膏肓"，就如《左传·成公十年》所言："在肓之上、膏之下，攻之不可，达之不及，药不至焉，不可为也。"然而，若能深入膏肓以救之，则如唐代名医孙思邈在《千金方》所说的："膏肓主治虚羸瘦损、五劳七伤及梦失精、上气咳逆、痰火发狂、健忘、胎前产后等，百病无所不疗。"

正因为膏肓深处背部肩胛之间，一般活动很难动到它。加上现代人的身心压力都已超出负荷，而且长期伏案工作读书，导致呼吸不顺，膏肓痉挛疼痛已成为普遍性的问题。病患通常会求治于按摩或整脊，然而，造成膏肓疼痛有内因和外因。由内脏疾患如细胞病变、脾胃疾病、胆结石等造成的膏肓疼痛，属内因，必须配合医药治疗，以运动为辅助。长期姿势不当造成肢体偏向与过度使用是外因，其疼痛常不在肌肉而在深层组织，按摩通常按不到那里，整脊或有些效果，但也无法根治，除非是脊椎小关节错位，或一般岔气导致的疼痛，通过整脊尚有逐渐好转的机会。因此，最好的解决方法就是借由针对膏肓属性所设计的肢体活动，从手指到脚底上下两端的反向延伸，加上脊椎的螺旋、旋转带动深层组织的运动，配合呼吸，可提高膏肓附近肌肉、关节的运动肌力与整体平衡，增加氧气。最重要的是，膏肓疼痛是日积月累长期姿势不当引发的问题，让身体学会如何动到肩背、膏肓这些深层部位，就能以自我锻炼解决由于姿势不良造成膏肓反复疼痛的症状。此外，在有形可见的膏肓之外，人体还有一个无形的膏肓，那就是通过动觉的唤醒，和自己的身体做深度、细腻的对话，才能彻底解开身心枷锁。

因此，"病入膏肓"虽然指事态发展、病势扩张已到无可挽救的阶段，但是，就如《易经》否卦、睽卦一般，否、睽两卦都属《易经》十二"时卦"之一，若能掌握时机，善用否、睽的危机，反而是逆转胜的最佳转机。任何一个危机都有生路，膏肓在人体就扮演这种特殊的角色。

开膏肓的功法主要是通过十个不同角度的动作，达到深层的膏肓运动。名之为"螳螂捕蝉"，因其出自马王堆导引图，以两手模拟螳螂的两只前脚，主动机都在膏肓，借由两手的牵引和脊椎的旋转，配合丹田、涌泉与百会、会阴的协调操作，以深度、细腻的肢体动作，开发膏肓肩背的空间与气机。

第二节　基因的开启与关闭

当分子生物学家确定人体组织的资源分配是以"用进废退"为主要原则后，人们对于如何增强人体的功能强度，才有更趋近于真实的理解。在匮乏的年代，因为舟车不便，负重而行的机会很多，劳动力就是最大的生产力，人们终其一生都必须保持高度的劳动能力。即使在今天，我们仍可以看到许多八九十岁还劳动不辍的乡间老人，他们照样腰腿强健、动作灵活。反观在富裕年代出生的人，他们锦衣玉食、养尊处优，年纪轻轻就手不能提、肩不能挑，精神力与意志力也不堪一击。

人体 60 兆细胞里面都有 23 对染色体，23 对染色体内储存 DNA 密码资料库。这些数量庞大的密码资料未必都有意义，但每个基因都有特定功能，且每个基因都有"开启"和"关闭"的开关。在漫长的演化过程中，许多不符人类现实生活需求的基因都会逐渐关闭。例如糖尿病遗传基因携带者，只要养生得法，就有很大的机会将执行糖尿病的基因功能关闭。

要维持身心的健康平衡，有些基因功能必须关闭，有些必须开启。以老人失智症为例，脑细胞外面有一个蛋白质保护层，蛋白质保护层的代谢基因被关闭，就会造成阿尔茨海默病。无特殊原因（生活、饮食正常却罹患高血压）的本态性高血压，是因为血管张力素的基因，以及调整血液中的水和盐分过度分泌的基因打开了。每一个基因都有禁止开启的标签，若要重新启动基因的原始功能，就需要大量的蛋白质来打开基因处方，再交给细胞生产必需的化学物质。

跟代谢有关的基因，同样也会依需要决定基因是否关闭。一个经常运动、生活规律的人，在最佳状况下，与代谢有关的基因在 60 岁时仅存 60% 尚未关闭，这使得中老年人的代谢机能不可避免地明显减缓。严重威胁中老年人行动自由的骨质疏松症，过去相信必须大量补充钙质，然而，现在发现，骨质疏松症患者其实是因为维生素受体基因开关异常，吸收维生素的能力降低，再怎么补充钙质也无法吸收，反而会增加代谢的压力。此外，骨质疏松也跟甲状腺、副甲状腺、内分泌有关，女性停经后激素重新调整，受体基因更加混乱。因此，骨质疏松症患者，唯有保持放松和缓的运动，让骨骼细胞承受适度的压力，骨骼细胞侦测到需求，就会分配所需的资源。

一般而言，影响基因开启或关闭的因素有下列四项。

遗传因素

如果父母有癌症因子，子女的基因就有癌症因子，如果心理健康、生活正常，这个基因就不会打开。

环境因子

眼耳鼻舌身意所接收的信息，会交由下视丘分析处理，然后下令脑下垂体依据信息类别指挥内分泌系统做出适当反应，以支持身体做出立即回应。环境因子会直接影响眼耳鼻舌身意的觉知，例如美好的自然景物让人身心愉悦，于是身体会将有副作用的身体防卫基因关闭，启动细胞修复功能。

病毒入侵

甲型肝炎、乙型肝炎、丙型肝炎转成癌症的概率大幅提高，因为病毒会开启癌症基因。

心灵环境

心灵品质会直接主导基因的开关，并扭转遗传因素、环境因子和病毒入侵对身体的伤害。例如遇到危险时，身体会直接到肾上腺皮质提取面对压力的激素，让身体瞬间生产大量足以应付困局的能量；但是肾上腺皮质激素有副作用，在长期的压力之下，过量的肾上腺皮质激素对健康有害。心灵环境可以转化眼耳鼻舌身意所接收的信息，所谓"心净则国土净"，一念清净无染，即可将负面能量转为正面能量。

东医气机导引五大主张是运动、饮食、起居、情绪、接近大自然，这些都是影响基因开启或关闭的重要因素。其中，松柔缓慢的深层运动可以释放压力，尤其现代人饱受长期压力之苦，下视丘接收到压力信息，脑下垂体也发出启动压力激素的机制，但这种虚拟压力并不会驱动身体执行压力反应，长期以往，这种有副作用的超量类固醇激素就会压抑免疫系统，造成很多身心疾病。适当的运动可以让身体执行压力反应，纾解大脑承受的压力；但目前医学界仍误以为剧烈运动可转移压力，殊不知压力越大，类固醇分泌越多，过量的类固醇会沉积在血管，剧烈运动会促进类固醇的分泌，难怪许多自认保持运动习惯的社会精英在运动场上暴毙而亡的消息时有所闻。

东医气机导引主张在有觉知的情况下动到肢体能量的饱和点，与细胞对话。例如，左右来回 24 次"龙登展臂"若是肢体能量的饱和点，这个饱和点就是身体的压力区。这时候大脑所承受的压力信息就会断电，停止接收信息，将压力转移到身体。所以，缓和的运动可以纾解压力，这也是气机导引的运动可以治疗现代社会种种文明病的主要原因，"螳螂捕蝉"系列功法自不例外。

第三节 动作说明

全身大小关节多角度的深层旋转

东医气机导引十八套功法共有 173 个代表动作，每个动作又有前后、左右、上下 6 个方位的变化，故可发展为 173 的 6 次方，即约 27 兆种动作招式，囊括人类所有的动作模式，是最完整的肢体运动资料库，可分别与全身组织细胞进行直接的对话，亦可作为所有肢体工作者，包括舞蹈、戏剧、体育、肢体疗法的参考依据。只是我一个人时间精力有限，无法投入所有工作，须待好几个世代的更多人接续努力、共同完成。

　　气机导引每一个动作都可用于肢体治疗，这种说法并非夸大之词。一般运动生理学家对动作的分析仅能通过解剖学的观点，对动作如何牵动经脉、血管、肌肉、关节、骨骼的认识往往是片面的，看不到整体，更看不到动态传链的组织变化结构差异。气机导引强调不断通过动作练习，先求熟悉自己的身体，熟悉在不同的动作角度、动作幅度、施力轻重等动态过程中的整体状态，所以能精准地对症施方。例如，有些肩颈酸痛是因大腿筋肉痉挛引起，只要松开大腿筋肉，不但可以缓解肩颈酸痛，还可以松开腰、胯、腿的僵紧，让动作更灵活。这都是从长久的动作知觉中，对全身的动作传链有整体的观照，故能见人之所未见。

　　"螳螂捕蝉"系列功法是深层的关节运动，以螺旋行进的运动方式，配合延伸、开合及血管的压缩运动、丹田的收缩运动、脏腑的调整运动，同时在频繁的步法变化中反复进行蹲下站起的训练，故动机极深，所有的运动角度都包含在内，人体组织无所不能动，可让身体逐层打开。若从小学习这套运动，终其一生都可以享受不断蜕变的肢体开发之乐。初学者从单一化的外形动作入手，逐渐熟习基本规律，并学习感觉自己、体察身体的变化，借动作熟悉身体的每一块肌肉、关节，最后可清楚看到身体内部肌肉骨骼和经脉象连属的关系，知道酸痛的根源，就可以为自己也为别人解决酸痛问题。

　　"螳螂捕蝉"的关节运动，可说是总合了东医气机导引十八套功法中的关节运动之大成，动作变化无穷，只是精力衰退或身体僵硬者往往动不到深层，故学习目标一方面要更放松地逐渐动到深层；另一方面要通过动作完全了解人体组织，为肢体治疗奠定扎实的基础，把功夫学在身上，自助助人，无往不利。

若能先经历"大鹏展翅""旋转乾坤"等其他系列功法的身体开发，或者先练"螳螂捕蝉"，再经过其他功法的锻炼之后，再回过头来复习"螳螂捕蝉"，都可帮助"螳螂捕蝉"做到更深层。因为练功若有第一元素、第二元素和第三元素，再高明的教学都只能给到第一元素、第二元素，但是通过两种元素的练习，自然会长出第三元素，之后又会继续成长提升，使身体动作的体会与表现越来越高深。

步法、荡势、反点

"螳螂捕蝉"是参考"螳螂拳"的概念编纂而成，整套功法都是从"螳螂拳"变化出来。各节功法都强调以手肘肘心为圆心，划出幅度最大、深度最深的旋转。手肘的落点其实就是一个大旋转的训练，因为旋转才会产生最省力却最有力的动能，最后再内化为身体的本能。"螳螂拳"就是发自本能的动作，力量来自全身旋转带动的瞬间收缩，行乎手指，不用肩膀、膝盖，也不用胯。膝盖会坏掉，是因为脚踝的使用错误。

力在乎练、劲在乎长，力消然后劲长。力量蓄积在浅层肌肉，劲则蓄积在深层肌肉。一般人只知道力量来自快速度，劲来自慢速运动。这其实并未真正理解，浅层肌肉的力量可以练得出来，但内劲来自深层肌肉，要靠慢工夫长出来。所谓"老来劲"，就是指慢慢等、慢慢磨。等到体力和浅层肌肉的力量都消掉了，身体的深层内劲才能自然而然地长出来。

"螳螂捕蝉"的所有动作过程中，只有马、虚、弓、丁、仆五种步法变化。步法的能量是由上而下的，脚劲来自全身的协调度，表现在步法上，就是前进后退、左右移动的活步。很多人身体未开未松，所以要回头往下盘下功夫，把动力藏在脚底而不显之于手。经此训练，乃可慢慢变成千年老树，往下深扎根，无半点虚招。气机导引的所有功法都可以活步，活步的目的在于保持手脚平衡，启动手脚的末梢共振；但初学者仍以定步练习较佳，否则根基不稳，反而会干扰学习。

对功法稍有心得之后，不妨尝试走步、定步的交叉练习，体会不同的身体情境变化。人在活动中会比较亢奋，因为气场从这里荡到那里，随着身形的变化，步法自然会成荡势。

步法成荡势，一般而言，已算是高段功夫了，太极拳的活步打拳就是要有荡势才成高手。不过我们不借步法玩荡势，太极拳用步法产生荡势，是通过外在空间的摆荡，像荡秋千一样让自己放松。我们要在定步中亦有荡势，借丹田的作用，在身体内部产生荡势，因为那是内动外不动的禅定状态。定步荡势就是到顶而回，欲左而右，欲上而下，欲转而回，欲后而前。每一个动作都要到极点才回，让一种相反相成的力量在身体内部产生。其中又应用"反地心引力"的力学原理，运作身体的移动变化。手飘起，因为涌泉往下踩，气往涌泉沉落。两脚涌泉之间的重心移动，即是"阳极转阴、阴极转阳"的力学变化。如此来回流动，上身虚乃可以轻灵，下盘扎实乃可以稳固，如此则是上虚下实之"泰卦"。身体往回移动时，要注意髋关节两点必须永远保持平行协调，否则身体就会失去协调平衡。

所以，"螳螂捕蝉"的操作重点是：一定要在动作中产生"反点"。"反点"不在肩膀或夹脊，力由脊发没错，但是，指端不能是空的，顶点的弦一定要拉紧，整张弓才会有力量。反点没有出来，动作就没有由内而外的张力。顶点就是方向，让全身细胞都往同一个方向延伸，才能从深层内里转到外部末端。"螳螂捕蝉"要以两手牵动全身经脉，带动膏肓的旋转，因为手的根部在膏肓，如果膏肓不开，将来练"拉极手"时，气机就会被卡住。导引术就是要开通经脉，经脉开通了，将来练气功才能游刃有余，动作很少，以意领气、以气运身。倘若经脉卡住了，气机不顺，一定无法进入气功的堂奥。因此，气功学其实是"无障碍空间学"。动作执行中，肢体必须松透，才能"一动无有不动，一静无有不静"。以掌指玩气，在恍惚之间聆听气机流动之细微关键，因此心要极静、身要极虚。身虚心静，即可在恍惚之中觅真精。

故而"螳螂捕蝉"的"反点"在指尖，每一根手指都各有表情。功法最精彩的就是两手，两手带动全身像水一样流动，绞到深层肌理、松到微小的骨缝间，解开肌肉骨骼的警戒防卫。僵硬、用力的肌肉会挡住你进入深层骨缝，所以动作要轻要松，九十岁、一百岁都可以做，没有任何运动可以达到这个深度，而且它可以慢慢活化身体的智慧。真正的生命智慧不在脑袋，而在身体，聪明才会长在脑神经。

动作熟习之后，任何一招都是摔跤、缠绕的制胜诀窍。一条蛇缠到一只狮子身上，可以把它缠到死，就是这种功夫。通过一圈套一圈的深层绞转，在相互连贯的整套思维下，一气呵成，变化极为繁复。练到全身关节都打开，却脸不红气不喘，到时只须一个收缩，就可以化掉所有攻击力，因为广大的腹地，就蓄藏在身体内部。

第二章　心法要义

柔弱胜刚强

"螳螂捕蝉"功法最能诠释"柔弱胜刚强"的要义，一个圈圈套一个圈圈的多角度深层旋转，使全身组织无所不动，彻底开发身体内部空间，在自己身上蓄藏广大的吞吐腹地，足以吸纳、消化一切压力源。

"螳螂捕蝉"的动机虽在末梢，但丹田旋转仍是主要的动力来源。若忽略了丹田，只在手上做工夫，那就是一般的舞蹈，美虽美矣，只能吸引外行人。故而丹田旋转加上手的延伸，形成两个主轴的旋转，这就是整套"螳螂捕蝉"的功法主干。其余都是末节，末节出入可也，不必在意，否则反而会被困住。掌握骨干，功夫更深时，丹田会成立体旋转，以淋漓尽致的内气旋转在身体上划圆，一圈套一圈，无数立体的、多轴的圈圈，有顺也有逆。每一个圈圈都有反点，有反点才能成圆。而身体就是一个圆，每一个点都是反点。反点的角度与距离决定圆周的大小，反点的角度越大，圆圈越小，外形越少；反点的角度越小，圆圈越大，外形越多。反点的角度可以大到圆心自转，速度非常快，这就是其小无内，外不有相，其相在内，那完全是内在功夫。一定要凝念、感觉，放松到至高境界，对每一块肌肉了了分明，那就有很高的自我控制能力。假设所有动作都被对方化掉，仍然要以更深层的旋转，不但化掉自己、化掉别人，还要把别人融进来。当别人进攻过来，我要对他的动向了若指掌，然后把他的身体变成我的一部分，跟他融合在一起。这就是"螳螂捕蝉"要学到的功夫。

所以，练功的终极目标就是通过身体看到自然之道。练到关节拓开、肌肉松开，也是为了进入更深的身体层次，再从身体的洞见推而广之，就可以用更高远开阔的角度看待人生种种。从身体得到的体悟，跟通过文字理解的认知是截然不同的。当身体松到一个程度，只要心静下来，身体觉知的深度就不仅是有形的身体，还有更丰富的多层次身体觉知浮显出来。所以松者无力、松者无体，松开反而得到更多、所见愈奇，那就不会患得患失、恐惧失去，这就是"仁者无敌"的真实内涵。"仁者"就是能掌握核心，不被方生方死的细节所困，故可以清楚感知自己，也可以感知别人；可以掌握小宇宙的内在节律，也可以掌握大宇宙的整体脉动。所以从练功伊始，我就不断强调专注在动作上，保持觉知；接着要在动作中学习掌握节拍、掌握稳定度；然后还要学会听脉，听到内部气机的共振频率。若能练出听脉的功力，一碰到别人的身体，他的心跳、呼吸，他的想法、意向就一览无遗。

反之，所谓"麻木不仁"，就是指身体僵硬的人，因为身体不能放松，习惯以力迎力，所以困在自以为是的觉知里，只看到末节，看不到核心。为了迎合变动不居的环境，终日惶惶不安、紧张兮兮，对自己浑然不觉，对他人也视而不见。要解开这副身心枷锁，身体是最安稳的界面。故老子说："修之于身，其德乃真。"

身体松开之后就会产生绷劲。身体松到哪里，哪里就会产生绷劲，因为那里有广大的吐纳空间。有了"螳螂捕蝉"打下的根基，再做触觉的训练，就可以在互相碰靠的接触点松开，不会硬邦邦。到时就要将全部所学运用出来，去掌握什么叫"处下而知上""守虚而知实"。练功就像一个太极图，宇宙有两股不断变化的势力，一是身体外的，一是身体内的；一股是他人，一股是自己。不管你对应的是自然的空间，还是身体的空间，都在这个对应空间里，大可及于无穷的宇宙，小可及于敌我、人我、工作与我之间。对方松开，就会显出你的刚猛；要显出对方的刚猛，就要比对方更放松。一切操之在我，但操之在我并不代表完全忽略对方，一定要有一个对象存在，否则就是孤阴不生，独阳不长。

"虚无劲"必须使身体松到一定的程度，不但折不断，还要有听劲。把手粘在对方身上，他有被笼罩、跑不掉的感觉，这是松的作用。所以松之后要产生粘劲，然后产生听劲，能把对方的力量与意向听得清清楚楚，怎么可能被他拿住？就像看到一辆汽车开过来，你可以闪开，这是避之有形。更高段的功夫是听到、看到无形，听得到细微的风，也听得到能量。这就要比风还要松、还要轻，这就是修为的功夫了。

第三章　系列功法

金丝缠腕　龙登展臂

十字分拦　手挥琵琶

左右螳螂　飞天遁地

如封似闭　九鬼拔刀

金刚渡跷　螳螂捕蝉

第一节　金丝缠腕

【原理说明】

蓄养内劲的基础

　　江南水乡盛产蚕丝，妇女在水边、船上纺丝浣纱，需以灵活稳健的步法变化，时而马步、时而弓步，配合双手灵巧的运作，以增加更大的身体活动空间，同时兼顾好几部织布机。这种工作情态后来演变为武术招式中独具一格的"缠丝手"。而"缠丝手"的秘诀来自"缠丝劲"，这是擒拿术克敌制胜的基本素养。故陈氏太极因能巧妙运用"顺缠丝""逆缠丝"的精髓，从而卓然成家。

　　"金丝缠腕"即脱胎于"缠丝手"，在动作操练过程中，逐渐养成"缠丝劲"。通过两脚涌泉、腰胯丹田及手指末梢上下贯串，并以肘尖为旋转的定位点，带动脊椎做深层而大幅度的旋转，使全身无所不转、无所不动。在动作外形上，通过手腕的多角度旋转，只见两手如彩带般飘飞翻转，身形如龙，见首不见尾。在不用力的情况下放松旋转，动作将触及深层的肌肉血管淋巴组织，并增加身体组织的韧性与弹性，这是蓄养内劲的重要基础。此外，周身运转皆有身体内部气机为依归，两手指就如拨动琴弦般，可借由不同的转动角度调动身体内部气场。

　　"金丝缠腕"是"螳螂捕蝉"系列功法中的第一式，动作可繁可简，变化无端。学习之法应由浅入深、由简而繁。先熟悉动作规律，然后可以自由变换招式，最后无招无式、听气而动。本书仅示范三种最简易的动作。第一个动作是以手腕的旋转，连动到肩井穴，再拓开肩胛、膏肓；第二个动作是以两手腕、肘、肩的反向旋转，使脊椎与髋关节做上下连动的旋转，使双螺旋的动迹落在膏肓和命门；第三个动作是以两手成高低、上下、左右的不同角度，如同扭毛巾一样形成立体的双螺旋交叉旋转，使动迹穿越夹脊、膻中，深达膏肓。

膏肓本是最难动到的部位，故需借由不同角度的大幅动作，配合松腰坐胯，两手延伸打直于头顶做交替旋转，才能动到膏肓，并以动作、呼吸与意识虚静对内气引动，活动膏肓，解除疼痛。这些角度都可牵引脊椎，不同角度的动作所牵引的组织部位各有差异，可为肢体复健术提供丰富的治疗参考。

做法一

1. 左手托住右肘，右手坐腕、旋腕、突掌、舒指。
2. 左右手轮流操作。

图 1-1

图 1-2

图 1-3   图 1-4

动作要诀

1. 把手臂分成三段——腕、肘、肩，此动作需确保动在手腕而不在手肘。
2. 动作配合呼吸，吸气时坐腕、旋腕、突掌，吐气时舒指。动作渐深时，虽动在手腕，但手腕仅如风筝，线头在内，故全身随之一动无有不动。

做法二

1. 两脚与肩同宽，两手掌心向上，在身前旋腕转臂。
2. 两手旋至胸前时，做反向的上下延伸拉开至极，使身体右旋，重心落至右脚涌泉。
3. 左右边轮流操作。

图 1-1

图 1-2

图 1-3

图 1-4

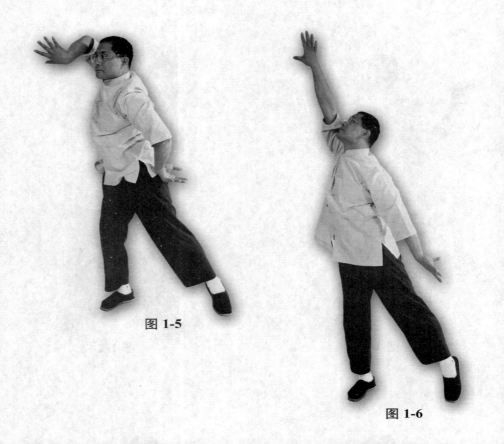

图 1-5

图 1-6

动作要诀

1. 动作中保持松腰坐胯。

2. 两手反向旋开时，两手腕尽量旋至腋下，并保持全身
放松，方能使动迹深入膏肓。

做法三

1. 重心沉于右涌泉，右手放松延伸至极。

2. 以腰胯为转盘，使身体由右往左旋转，并带动右手旋绕坐
腕于胸前，左手旋绕坐腕于背后，重心沉转至左涌泉。

3. 重心由左涌泉向右沉转，使身体形成向右的螺旋旋转，带

动两手经由腋下旋腕转臂向上前后延伸。

4. 以重心的沉转变化，带动身体向左向右旋转，使两手如彩带般在头顶旋绕飘动。

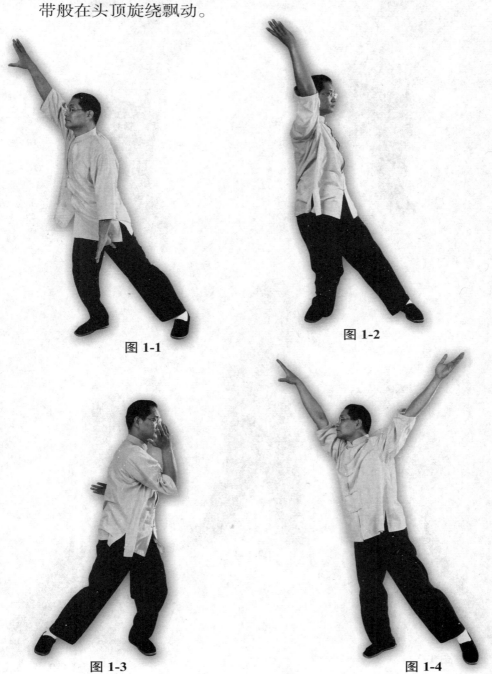

图 1-1

图 1-2

图 1-3

图 1-4

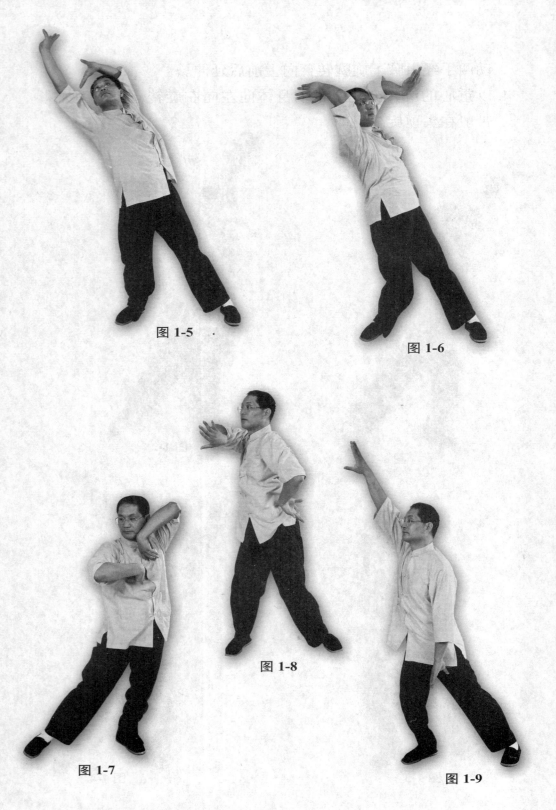

图 1-5

图 1-6

图 1-8

图 1-7

图 1-9

动作要诀

1. 以两脚重心移转之阴阳变化，带动身体内部空间之旋转开合，如流水之相续不断。

2. 身体之流动乃全体之动，一动无有不动，一举动周身俱要轻灵。

3. 身体开时全身开，开至膏肓、夹脊；合则全合，合至丹田、涌泉。

4. 身体之旋转流动，需时时守住身体中轴线，否则一转就乱。

5. 以腰马丹田的旋转带动手转，重心移动时要运用旋转丹气的"过桥手"原理（详参《气机导引：内脏篇》之手滚天轮炼丹功法及旋转乾坤肺脏功法）。动作中借由身体空间的开合而不断产生压缩，使身体如蚕蛹般伸缩，不断灌气到丹田。

6. 转踝转胯不转膝，否则会伤到膝盖。

【课程综合摘要】

往内缠而不往外缠的缠丝劲

"缠腕"是取法于妇女缠丝工作手势的肢体符号。要诀为桩步要稳，下实上虚，转在腰胯，上身是虚的，手是末端，所以能灵活地穿行缠绕。太极拳的"玉女穿梭"很少有人能做得好，因为身体内部没有开合、丹田内转等基本条件为根基。气机导引的价值就在于有一套身体内部的逻辑，说穿了，也就是全身的整合。身体经过整合之后，身体松开，一转就更松，再转再更松，那就是气的原理。虚静才能见气，因此最后连"转"的意图都要虚掉，才能洞见气能。所以要练到身体都空掉、虚掉，松到身体全无障碍，起落松沉，都是气的作用。

　　动到深处时，就不是你可以主导指挥的，身体内部气机的流动恍恍惚惚，体乎内、体乎外，动到深处仿佛无法连线时，又连到外面的气线，外面的气线又连到最深层的线。内外、内外相连，不断跳接连贯。倘若没有内部的结构认知，就只能动到外部，所以要不断地通过动作向内探索，练到有气机升降。重点在丹田的开合、重心下沉，手是松的。为什么"金丝缠腕"要用手，而不用竹剑、木棒等器械？因为缠丝手要有粘着性，必须是软的、活的，所以手要软要松、膏肓要开，身体的压缩开合才能细腻。

　　缠丝手是往内缠而不是往外缠，这其实是高意识状态的运作。身如九曲珠，让关节节节相推，不断往内缠绕，绕到肚脐，因为肚脐是生命的起始点，这就是气功学的基础。所谓"息息归脐"，一句话道尽内功学的大原则，不论体呼吸、内息、鼻息，都要作用在脐心，练功没有练到这一点就是空的。

用尾椎传动

　　"金丝缠腕"强调"用尾椎转"，转轴在胯与命门、夹脊。命门为下夹脊，上夹脊两边就是膏肓。以肩、胯一上一下两个转盘同时做反向旋转，就可以绞到膏肓。下转盘的转机在胯，行乎尾椎；上转盘的转机在夹脊，行乎肩胛。两手如挥双刀，必须夹脊松开，刀才挥得出去，而且是最厉害的软刀。

要把两个转盘的灵活度练出来，才能练出真功夫。真功夫都是一步一步慢慢累积、慢慢练出来的。

"金丝缠腕"的手是探测器，手要有表情，手的意念、空间、意图要彰显出来。缠手的运用就是擒拿技巧。只要对方的手一靠进，我就粘住、再绞转，不用手，而是用整个身体缠绕上去，用对角的卷动，把对方粘住、卷起来。

右手延伸出去再转进来时，命门、夹脊也要一起转进来，这时要松到左脚脚踝。把两个转盘抓好，如果胯卡住，命门的转盘就会断掉。以右手为主时左手为辅，两手形成反向作用，一阴一阳，虚实分明。阴要把阳的距离拉出来，距离越开、张力越大，力量越大。有实必有虚对应，实体才能产生极大的力量。"虚"很重要，但不能刻意表现虚，因为"虚"无法表现；没有表现，才能对应出"实"的力量。力量来自"空"的地方，腿是如此，宇宙亦如此。练功要往这个方向去悟。

"螳螂捕蝉"有很大的旋转角度，但绝不是乱扭乱转，必须依照身体可动与不可动的关节而动，像膝盖、手肘等单向关节，若扭转过度，就会造成旁边的韧带受损。每个动作都有一个可转关节，所以要动在可转关节。以"金丝缠腕"为例，可转关节是脊椎与髋关节，特别是髋关节。以可转关节配合步法变化的规矩，骨盆才会稳。所以，上盘动脊椎，下盘动胯不动膝，重心转换是松沉，而不是平移。如果不知道自己到底是转膝盖还是转胯，那就在步法中训练。步法变化就是"过桥"，松沉是其关键。

第二节　龙登展臂

【原理说明】

旋转的内在张力与动感

　　"龙登展臂"是根据马王堆四十四个导引图中的"龙登",再加上旋转的概念设计而成。在导引图上可看到这个动作特别强调身体因延伸拉展而显得特别细长,可知此动作的主要作用即在通过两手在头顶的极度开展,使脊椎延伸至极,好动到平时不易动到的肩背膏肓区域。当下盘固定不动,可让旋转的动迹确实落在脊椎及其两侧组织,同时配合颈部的向后放松旋转,除了可让肩颈膏肓区域的结缔组织群做深层运动,还能进一步训练更细腻的身体操控能力。

　　脊椎以旋转至极带动两肩臂极度开展时,两手仿佛是由整个旋转动能辐射而出,旋转的内在张力会在两手指端表现出来,故两手延伸张开的气势要如刀剑般锐不可当。如此,即使在静止的桩步中,亦能表现旋转中的动感。开合的起点和终点都在丹田,故丹田先转,再依序转腰、胸椎、肩胛。骨盘能开,旋转的幅度与空间越大。胸廓打开,可活络胸腺。

做法

1. 重心在左脚,以脊椎旋转张开的离心率,将两手一前一后往上撑开,右掌心向上,左掌心向下,同时转颈看后手。
2. 身体开至极限后,腰胯旋转回正,身体缩合,气聚丹田,双手前后随之收合。

3. 再以左脚向右沉转，而使身体由左向右旋转至重心落右脚，身体随之张开，带动两手一前一后往上撑开，左手掌心向上，右手掌心向下，同时转头看后手。

图 1-1   图 1-2   图 1-3

动作要诀

1. 身体收缩时吸气，张开时吐气。身体必须大开大阖，其大无外，其小无内。

2. 两手之开合起落，必须随着身体之开合起落而动。身体之旋转，亦必以两脚涌泉与丹田之气机为依归。

3. 胯要松，才能把力量卸到涌泉，让脚跟往下扎稳，否则就会困住自己。因此，脊椎旋转时，脚跟、肚脐、腰胯都不能浮起来，否则会有代偿作用，无法真正动到脊椎。

4. 手臂张开时，初学者可提后脚跟；但后脚跟不提，可使背部的开展幅度更大。

5. 两手靠身体旋转撑开后，两手高度一致，这就是"天女散花"。此时肩颈放松，眼睛看后手中指尖。

6. 旋转时，以重心脚的涌泉为中心旋转整个脊柱，尾闾中正，百会、会阴一条线，配合落胯、尾椎与前脚跟保持在同一垂直线上。旋转时边转边起、边转边沉，全身除了底盘无处不转，一定要保持这种清醒的自觉。

【课程综合摘要】

力量卸到涌泉、转入地下

人体约百分之二十的血液在肾脏，约百分之二十五在消化腺，包括肝脏、脾胃，约百分之十五在大脑，其余都在心脏和肌肉。在运动出力时，交感神经亢奋，身体会立即从消化系统等由副交感神经主控的器官将血液紧急抽调至用力之处，以供其需要。我们练功要维持"骨不强、肌不力"，亦即活动时连关节、骨头、肌肉都要彻底放松，减少过多血液供应肌肉之需，徒然造成肌肉坚强、内脏血含量透支，无法保持内分泌系统的正常运作。

活动时若没有进入全面观照，只在肢节末梢，心能量就会停滞在四肢上，例如动手的时候只想到手，转腰的时候只想到腰，有念头在，身体就会被力量卡住。所以要把念头空掉，练到身体全不着力时，行住坐卧都可以练功，身上每个细胞都充满爆发力，谈笑风生之际，随时可以接招。然而，当全身放松时，力量要完全卸到涌泉、转入地下，只要意在涌泉，气就到涌泉。涌泉生根，就没有人推得动你。而且，身体完全松开，就可以借意识的力量，与天地结合。天地有一种无以言喻的张力，这是一种看不见的力量，但唯有空掉身体、空掉念头，才能看见它。要怎样才能空掉身体、空掉念头？只有刻苦地练，练到全身产生无与伦比的品质。身体最公平，不论先天条件如何，练就有，不练就没有。天生孔武有力的人，也只能在某一个方面占便宜，其他方面就不一定。练功要练的是整体的平衡，所以练功会让生命激发出最大的可能性，让自己成为功率最高的发电机。所以，练功不与别人比较，而要与自己斤斤计较，计较自己不够好，要千方百计让自己更好。

第三节　十字分拦

【原理说明】

出手如风，劲藏于内

"十字分拦"是养生功法中含藏的防身武术，最早见于马王堆导引图。在受敌压制时，以两手架开对手，用稳固的下盘当基石，利用身体内部的回旋空间，以迅雷不及掩耳的速度用手肘发动袭击，将对手从根部掀起，争取绝处逢生的机会。故两手张开时先肩后肘，手指只是尾端。其中，手肘蓄藏的内劲最为凌厉，尤其在近距离格斗时，出手如风，瞬间攻其要害。

此外，"分拦手"亦可运用在剑法中，只要脊椎一转，两手从肩背转开，便"双剑"出鞘如电。敏捷的速度来自全身关节的协调度，以及松中蓄劲、柔中带刚的爆发力。初学时可试用刀剑揣摩张力从何而来。传统武学只重拳法而忽略了刀法、剑法，因为把拳延伸了就是刀剑，练刀剑的目的只是练手腕的灵活，同时练刀剑和手的关系，因为刀剑都是手的延伸，所有动能都在身体。

　　因此，我们今天看重的还是"分拦手"这个肢体符号对身体空间开发的意义。武术动作必须灵活矫健，否则一有破绽，根基不稳，就会露出败象，自陷于危机。从养生的观点来看，有破绽处通常就是身体粘连处，身体内部没有充分的转圈空间，在对敌时找不到转机，当然无路可退。因此，初练习时低姿落胯非常重要，因为落胯可以拉开手的高度，延伸肩胛骨，促进淋巴的流动。低姿除了磨基本功，还可以将转迹落在腰胯脊椎，而不会落在膝盖，避免膝盖过度受力扭转。待身体条件成熟，不需低姿落胯也有相同的功能。

　　"十字分拦"看起来动作简单，初试时体会较浅，待身体基本条件都已具备，尤其练到周身贯串时，每一个转动都是一个圈圈套一个圈圈，身体蓄藏的内劲，会领着你一次又一次地攀登肢体的高峰。

做法

1. 两手在头顶相合成十字手，重心在右脚，以腰椎颈、腕肘肩之旋转，使两手向左右方做极度的延伸开展，动迹深达夹脊、膏肓。
2. 动作反复如上，左右各练 12 次。

图 1-1   图 1-2

动作要诀

1. 动作中保持坐胯，使旋转的动迹在脊椎，膝盖保持不动。

2. 两手在脑后旋转拉开时，两手高度一致，才能牵动肩胛、膏肓的旋转。

3. 两臂张开时，腰、椎、颈和手臂的转开必须同时。

【课程综合摘要】

天真即是太极

气机导引每一个动作都蕴含着"身体空间学"的意义，"十字分拦"亦不例外。落胯，拉开脊椎，才能真正动到膏肓。两手架在头顶后，再从两肩胛关节向外转开，以拓开胸腔、拉开胸腺，化掉膏肓的僵硬。动作的目的就是将僵硬、卡住的地方化掉、松开。肩胛、膏肓的力量一松开，手指自然舒张，手一拦，内劲就出去了。所以这时肩胛骨张开，从夹脊发劲拦手，故可以动到膏肓。倘若不懂得善用肩、肘，双手就无法发劲。内劲是柔中蓄刚，而松柔是关节与关节之间的协调。若关节的粘连无法松开，要练发劲，那就是缘木求鱼了。

要松开身体的深层粘连，必须动到身体的根部。手肘要有力量，就要动到膏肓，所以练拳击的人要练匍匐前进，好拓开膏肓、夹脊。

肢体开发要与精进修行的心境同步前行，不断往内敛的方向努力，没有一种功夫可以抵过"内敛"。内敛才能松，松到极致时，身手一体，万变不离其宗；而所谓"宗"，就是"内敛"。肢体动作虽是细微末节，但仍须通过动作的简单化，慢慢学习、揣摩内敛的方法。能从身体修炼简单内敛之道，做人处事自然展现大格局。若从年轻时开始修炼，到老了就会有一定的成就，这是学校教育教不出来的。对于现代人来说，身体修炼是锻炼独立内敛人格非常好的方式。

练功在练其机、练其内涵。"螳螂捕蝉"亦需从此入手。所有的动机必须天真自然，身体有几分就表现几分，不必刻意表现松，也不必追求"好"。不求好，但求真实，因为天真即是"太极"，天真就有无穷的张力。因此，练功就要往自己的弱点下手，动乎险中，不要担心暴露自己的缺点，不要想太多，甚至不想。

第四节　手挥琵琶

【原理说明】

手挥琵琶不在手

　　开膏肓的动作很多，但要从最容易上手的动作开始练习。"螳螂捕蝉"系列功法从不同的角度打开膏肓，每一个动作都包含由浅入深的肢体层次，而且都很容易上手，只要依法操作，就可以达到肢体治疗的效果。但若要练到肢体之外的内在神髓，以放松、虚静深入身体内在世界，则需要更长时间的磨练，以及越趋于朴质安静、平和稳定的心性。

　　"手挥琵琶"是分别从左右两侧做上下两端的延伸拉展，同时配合踝膝胯、腰椎颈和肩肘腕的开合，以一手抱琵琶、一手挥琵琶状，绞动肩胛骨，打开膏肓。

　　其实"手挥琵琶"看似以手挥，其实是重心下沉的反作用力，以及整体延伸开合时，体内组织以越绞越深的螺旋圈，产生层层相推的庞大力量。因此两手只是引线，身体内部的开合才是动迹所在。若执着于手，两手一定僵硬，把手放开，动在身体根部，手就会充满灵性。同时，身体的开合不能只有松，还需通过各种锻炼，使筋骨肌肉充满韧性，看似柔弱，实则无比坚强，才能蓄积真正的内在张力，让形之于外的动作，不需刻意表现，即可自然彰显肢体动作之美。

做法

1. 吸气，重心从右沉转至左，带动两手相合于胸前，再往左上方延伸拉开至极。

2. 吐气，重心转落于右涌泉，使颈椎、胸椎、腰椎、胯、膝、踝由上而下、由右而左依序节节转开，带动两手反向延伸拉开至极。

3. 动作如上，左右反复练习。

图 1-1

图 1-2

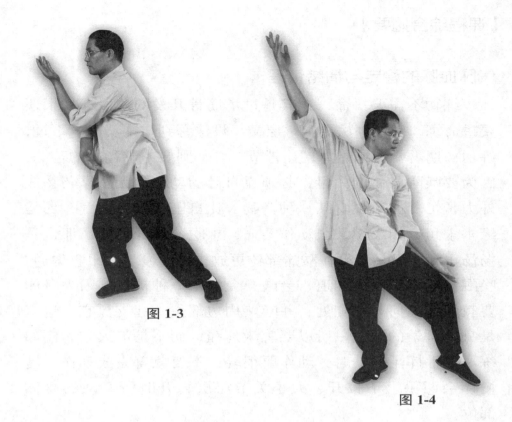

图 1-3

图 1-4

动作要诀

1. 动作中务须保持落胯，拉开夹脊，才能真正动到膏肓。故"手挥琵琶"的重点不在手，两手的开合其实是夹脊，甚至是全身的开合。

2. 阴阳是渐变，不是突变；重心的移转是松沉，不是移动。从左脚松沉到右脚，左脚松开几分，右脚就沉落几分。

【课程综合摘要】

气脉血脉的稳定与情绪管理

　　练功不需要拼命，尤其是过了筋骨开发的阶段，如果还要拼命练，就没办法更上一层楼，没法练到上乘功夫。不过，练功初期需要锻炼体力，让骨节打开，则要一定程度的苦练，因为要唤醒身体的力量，必须靠自己的动能，无法靠药物或外力帮忙。如果想吃某一种药物，让自己比较有力气，那是缘木求鱼。如果做某个动作会痛，想吃药避开疼痛，那也是扬汤止沸，而是必须在酸痛部位更放松，慢慢学会跟它沟通，唤醒它的意识。要知道，会酸、会痛是一种福气，因为身体要教导你如何与它相处，并唤醒周边部位一起支援它，这就是身体哲学的道理。所以要感激疼痛，而不是消灭它。例如练习"手挥琵琶"时，动作要很轻，不要急着完成动作，慢慢体会两手上下拉开、大小关节层层转开时所牵动的身体部位。

　　与身体对话，对一般人而言是难以理解的。其实讲得更明白一点，就是注意它、感受它、洞察它、觉知它。要靠本体动能，不靠外力，例如按摩只会有感觉，不可能促成自觉。自觉是一种洞察，不只是感觉而已。要与身体互动、对话，这样才能产生身体的活性意识。可能会有人质疑：既然提倡摆脱招式束缚，为什么又编创了18套功法、173个动作？其实，正因为身体太繁复、太精密，必须用18套功法173个动作才能完整经历自己的身体，通过动作唤醒该部位的动觉，形成一种更高的身体觉知层次。就像"螳螂捕蝉"系列功法专门针对膏肓，借这些动作让膏肓成为可以被觉知、被掌握的部位。当身体的每一处关节、骨骼、肌肉，甚至血管、经脉都可以被觉知时，只要一个运动指令下达，则全身一动无有不动，那么身体的所有潜能就可以发挥出来。

因此，身体觉知的开发是非常细腻的。可以觉知更细腻的身体，对自己的掌控能力就越强，甚至包括最难的情绪管理。例如，有些人很容易情绪激动，这是因为他的气脉、血脉都不稳定。通过身体开发，渐渐可以觉知自己的气脉、血脉，然后通过呼吸的调理，让气脉、血脉保持平稳，这是情绪管理的有效途径，也是身体开发的内容之一。

可以觉知气脉、血脉，就可以控制它；可以觉知自己，就一定可以觉知他人。面对一个情绪激动的人，我可以看到他的真心本意，而不会被他因为激动而搅乱的心波所干扰，因此我不会错失一个充满善意的人。人与人之间会发生摩擦、误会，因为只看到表现在外的波动，而看不清彼此的真心。如果气脉、血脉不稳定，非但无法如实看到别人真正的想法，也无法如实表达自己，这往往会吃大亏。

因此，定、静、安、虑、得的训练，就是血脉、气脉的训练，而这与动功训练过程中完整经历自己的身体是密切相关的。

第五节　左右螳螂

【原理说明】

全身气机运之在掌

"螳螂捕蝉"全系列功法虽然运用"螳螂拳"强调运劲在两手的概念，但是因为两手是肩胛的延伸，肩胛又是丹田发劲的枢纽，再者，气机导引着眼于养生，武术攻击防守的意识必须转为向内破除自己的身心疾患，因此，系列功法仍以"开膏肓"的功能性目标为主。一方面借两手向左、右后方延伸拉出的角度，打开肩胛膏肓，并贯彻身、手一气相连的身体开发宗旨，彰显全身气机"运之在掌"的意义；另一方面以柔弱似水的外形动作，化解刚猛用力的拳术，并强调武术中的心性修炼才是达到上乘功夫的不二法门。

　　"左右螳螂"是在松腰坐胯、下盘稳固的条件下，以两手抱元，再从后脑延伸至极，可动到夹脊、膏肓。然后，用"抱转脊椎"的方法旋转脊椎，再用"手滚天轮"的方法吸气收合、吐气推出。跟其他动作一样，动作中必须随时检视自己：一、下盘有没有扎稳？二、动作是否动在本体？三、身体松透了吗？如此，练功过程中不断找出自己的破绽，并及时改过修正。当两手在脑后延伸出去时，就要想：若有人从四面八方推来，要怎样化掉？要怎样稳住？重心落在单脚时，仔细体会重心放下的过程，看看重心的移转有没有破绽，涌泉有没有扎稳。换言之，每一个落点都要稳稳当当、扎扎实实，没有丝毫苟且侥幸。身体虽然松，但充满瞬间反应的抗力性，否则下一个动作就不能动。先把桥搭稳了才可以过桥，桥不稳，就不要进入下一个动作。

　　此外，动作过程中必须始终保持两手抱元，引气于端，守住手中的气机。在动作阶段，虽然对气机的体会尚未成熟，但两手掌若能尽量保持放松，亦能掌握动作要旨。须知气是无形无相的，螳螂手贵在能把无形无相的气操纵于细腻的指掌动作中，若能练到这层功夫，不论什么拳架招式，都可来去自如、不露形相，诚如老子所说："一曰慈，二曰俭，三曰不敢为天下先。"中国武学的最高境界就是藏锋，锋芒敛尽，不显山、不露水，大隐隐于市，即使到最后关头，也不要把自己的优势表现于外，这才是"螳螂捕蝉"要学的功夫。

　　因此，练功就是要找自己的麻烦，不断突破自己的瓶颈。身体松到如槁木死灰，像个活死人；但外静内动，内部气机盎然，像几千个人在身体里面静悄悄地开运动会。

做法：右螳螂手

1. 接续"手挥琵琶"，重心在左涌泉，吸气，身体向右旋开，使左手落在脑后，右手背在背后。
2. 吐气，脊椎向右延伸拉开，带动两手往右侧抱球延伸，同时使重心沉移至右。
3. 再吸气，以指尖为起点，经腕、肘、肩、颈椎、胸椎、腰椎依序旋转，使身体旋转收合至身体朝右，并沉肩坠肘，两手抱球于前。
4. 吐气，压缩丹田，其意在下，以丹田压缩之反作用力，使身体缓缓推移延伸至极，并带动两手继续向上延伸抱球。
5. 左螳螂手之做法相同。

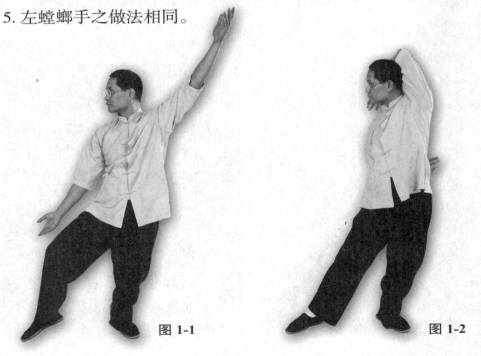

图 1-1　　　　　　　　　　　　　　图 1-2

图 1-3

图 1-4

图 1-5

动作要诀

1. 两手的动作皆以内部
   动迹为依归。做动作
   时保持落胯，才能借
   两手的开合动在脊椎、
   膏肓。

2. 不论身体还是气机的
   开合延伸，皆以"卷
   之则退藏于密，放之
   则弥六合"为要点。

从身体根部产生漩涡

每个动作都有顶点，没做到顶点，动作就没有方向性和发展性，身体的开合就不彻底。所以，要学习从身体的根部做动作，不是从末梢做动作。动作能到顶点，脊椎就会越转越深层，身体亦然。动作能从身体的根部产生漩涡，即使是静止的时候，静中犹动。所以，只要维持动作的转机，任何时候停止动作，都可以维持原本的动态张力，因为它是现在进行式。这才是功夫之所在。"螳螂捕蝉"的每一个动作都是多轴旋转形成的动态螺旋，随着越来越细腻的身体空间开发，就有玩味不尽的肢体趣味。你的身体可以在做"左右螳螂"动作中发现几个螺旋线圈？一直往这个方向探索，就可以练出动作的灵魂。

先从一招去悟，悟到一招，就可以悟百招。因此要超越外形，越往内练，向外延伸的空间越大。身体内部大小空间的开合与肌肉的瞬间收缩力，是人体能量的主要来源。倘若肌肉力量不够，就会产生酸痛。力量必有收与放，动作往外而将肌肉旋转拉开，身体延伸至极再旋转收合，身体空间的爆发力就在这个过程中持续酝酿。"左右螳螂"的每一个角度都有"身体空间学"的意义蕴含其中。如何以身体的操作原理把"松中带刚"的内劲表现出来？就得靠自己不断揣摩了。

每一个动作都能到达顶点，就可以动到深层。通过关节的节节相推产生力量，一个关节松开之后，再往下一个关节松开，松无止境。等到全身关节都松开，就自然往涌泉松落，这种功夫确实是可以练成的，不是幻想。

螺旋才能化掉所有外力的冲击，所以子弹无法射穿旋转中的物体。用螺旋的原理动到深层，身体就具备松中带刚的能量，这和柔软无关。柔软无用，因为柔软会糅成一团，松而带刚的身体韧性才有无穷的爆发力。而这种功夫最大的特点是把所有功夫都藏在里面，全身大小关节全部松开，所有能量都蓄藏在其空间内。身体彻底绞开就会产生一体连贯的作用，身体一松沉，就如海浪把船卷下去一样力量惊人。所以关节要开，关键在松，但松的前提是以动功练出身体的空间管线，然后通过静功，把这些管线慢慢整合起来。

第六节　飞天遁地

【原理说明】

270 度的甩袖旋转

"左右螳螂"在两手抱元从脑后延伸而出的动作角度之后，紧接着是以腰椎、丹田带动脊椎做约 90 度的旋转。"飞天遁地"则是在两手抱元从脑后延伸而出的动作角度之后，以腰椎、丹田带动两手做约 270 度的甩袖旋转至后仰回头，延伸整个胸肋、颈椎和两肋，再以一手绕至脑后，一手环抱于肋下，让身体焦点落在膏肓处，随后借沉、转、合所形成的压缩功能，活络膏肓、肩胛区域的组织，解决因种种因素造成的膏肓疼痛与胸闷问题。因为膏肓痛必定伴随着胸闷，刚开始做此动作时，胸下会有抽筋感，这是正常现象，毋须忧虑。

熟练动作外形之后，体力、韧性都足够了，就可以更放松地静心体会动作过程中越来越细腻的变化，以及身体每一个螺旋线圈的旋转轨迹。"飞天遁地"的动作幅度较大，一般较难放松。下盘越稳，心越静，上身越容易松开，在甩袖转和抱肋沉转时，才能使动迹在身不在手，并且对动作中的身体控制一丝不苟、了了分明。

做法

1. 吸气，重心落右涌泉，使脊椎依序向左旋转，两手一上一下、一前一后旋转，至右手在脑后、左手在背后。
2. 吐气，两手向左后方延伸至极，同时重心由右沉移至左涌泉，脊椎随之向左后方依序推移至极。
3. 吸气，由腰胯带动两手如水袖般往后甩转，脊椎由腰椎、颈依序旋转至颈部放松后仰，重心移至右涌泉。
4. 吐气，脊椎左旋至极后，再以腰胯为转盘向右沉转落胯，同时左手在头顶，右手经左胯、右胯、右膝做旋腕转臂。
5. 吐气，身体松开，脊椎延伸，两手亦成反向延伸。
6. 左右动作反复如上。

图 1-1

图 1-2

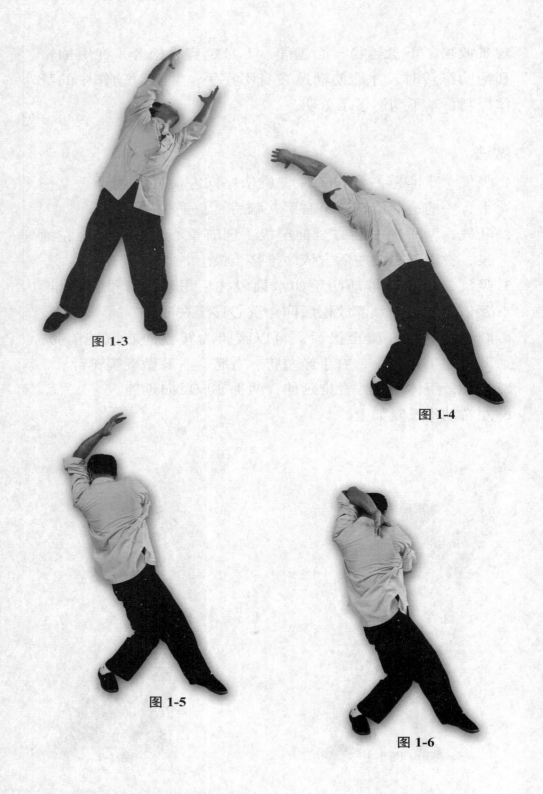

图 1-3

图 1-4

图 1-5

图 1-6

图 1-7

图 1-8

动作要诀

1. 吸气沉转时，以腰胯为转盘而不在膝盖，大腿放松，膝盖、脚踝都需放松，否则会造成膝盖过度磨损。

2. 两手放松如彩带随风飘飞，手转亦由身转带动。

3. 动作过程中，目光需随两手而动。

【课程综合摘要】

基本功扎实，才能快中见慢

一个动作要用三息、四息或六息完成？没有一定。因为空间开合跟呼吸有很大的关系，开中有开、合中有合。功夫就看你什么时候需要三息、什么时候可以一息完成？同样的时间速度，一息有多长？练到随时可以换气，"兵马"不用调回来，"补给线"可以随时跟上来。若要一步到位，一息到底才吐气、换气，补给线拉太长，就会反应不及。这是气功结合武术的运用。武术通常是具备战斗性的，但我们要练的是身体空间的刹那反应。不必太过强调动作的幅度，以免着相忘本。

能够快中见慢，表示基本功很扎实，每一个地方都交代得清清楚楚、一丝不苟，这才真正是"一气流行"。动作做完后必须呼吸正常，不会喘。要解开肌肉、解开膏肓，一定不能僵硬，一定不能感觉痛苦，需形气连贯，绵绵不断，所以叫作一气流行。

身体大小关节都松开，气走阴跷，身体就会产生绷劲。反复练习"飞天遁地"，你能松到哪里，那个地方就会产生绷劲，因为空间出现了。这个动作首先要开命门、夹脊、膏肓，让这些地方产生绷劲，才算是练到位了；然后，还要开到更深的部位，身体就可以一体贯串。

不过，身体再怎么松，所发出的能量仍在身体里面，身体之外还有更大的能量，为什么不取而用之？体外发劲，就完全不用自己的能量，能量是从虚无中来，所以推一百个人都不累。还没练到这个程度，就要先练松，练到每个关节松开，来去自如，全身都如流体般，无一处卡住。松到这个程度，再往下练，就没有什么力量可以把你扳倒，这才能以柔克刚、以柔化刚。

要练"虚无劲"，除了身体必须松到一定程度，还要学会"听劲"。我的手落在你身上，你有被笼罩、无处可逃的感觉，你的意图被我听得清清楚楚。不丢不顶，我只是粘住你，你却好像陷入一个无底洞。

身体松开是最重要的基础，接下来，要能听到肉体之外的东西，这就需要心性的修为了。因此，真正的松是一种安静，觉知一切而不起反应。对能量的觉知是非常细腻的，所以能从气的能量变化推算对方的意识。

在每一个动作当中看到动作的远景，才不会被动作限制住。身体还有很多值得探索的奥秘，秘诀就是要真正地练，生活在其中，念兹在兹，随时揣摩体会，不然进步会很慢。

第七节　如封似闭

【原理说明】

一圈套一圈的气场线圈

"螳螂捕蝉"系列功法非常重视手指的依序旋转，手指虽为末端，却是引动内在气机的关窍，通过三关三田的转运，与涌泉形成上下首尾相互呼应、往来无间的内气旋转圈。其中，"如封似闭"是最能显现全身气机一体贯串的动作招式，在动作外形上，即可明显看到从手指末端的操控，仿佛拨动琴弦一般，牵引着腰椎、胸椎、颈椎与三田三关，形成一个由下盘旋而上的螺旋转迹。这是以深刻细腻的旋转，一层一层地经历自己的身体。初期经历的是大的关节肌肉，然后渐进于深层关节组织。久而久之，动作与人体内部的结构就会清清楚楚，不需要读解剖学，更不需要冥想，对身体的感觉会比医生更清楚。待功夫成熟时，这些一圈套一圈的气场线圈就会真正发生在身体内部，将"螳螂拳"创派宗师所要展现的武学精髓体现无遗。

动作中通过三次吸气提阴收腹，同时旋转脊椎，分别将内气提到命门、夹脊、玉枕，吐气时沉、转、合，沿着任脉落涌泉。如此即在体腔内形成如风箱压缩的内气功能，故而吐气时因为内气沉落涌泉的反作用力，两手舒指（从手背绕到手心）飘出去。吸气时仿佛从尾端收线，手指依序从桡骨绕着尺骨旋转，从手心（阴面）绕到手背（阳面）。因此，手指的旋转，与内气旋转的轨迹是完全一致的。所谓"脚下阴阳变，手上虚实现"，手指的阴阳变化，与脚底涌泉的阴阳变化同步。坐腕时吸气收提，旋腕时内气从夹脊沿着手臂外侧推送到手指背。吐气舒指时，气分两路到劳宫及涌泉。如此而形成的缠丝劲，不仅在对敌时所向披靡，化掉所有攻击的力量，而且可以绞动身体的深层粘连，化掉身体和心性上的僵硬执着。

　　气机导引的练功要旨，无非不断往内找出自己的关卡，卡住的地方松开，身体的空间就出现了，心里的执着也能放开。能看见自己的关卡，才能看到别人的关卡；能化掉自己，才能化掉别人。练功是从渐悟逐渐累积顿悟的能量，对自己有清澈的觉知和了解，即是悟道的基础。因此，到后来每一个人做动作都有不同的风格路径。"如封似闭"尤其如此。

做法

1. 重心落在右脚涌泉，身体向左旋开。
2. 吸气，身体向内卷合，使两手合至身体中线。
3. 吐气，气沉涌泉，身体自然松落，使两手沿着身体中线缓缓滑落，重心移至左涌泉。
4. 吸气，提会阴收小腹，将气提到命门，同时带动两手坐腕、突掌。
5. 吐气，会阴放松，气落涌泉，同时两手舒指。

6. 第二次吸气提阴收腹时，将气提到夹脊。第三次则将气提
   到大椎。
7. 如上反复练习 12 次。

图 1-1

图 1-2

图 1-3

图 1-4

图 1-5

图 1-6

图 1-7

动作要诀

1. 九大关节的开合需掌握大开大合的原则，前提是身体要松。

2. 马步蹲下时，脚尖内扣，把力量锁在脚拇指。两膝距离稍宽，否则会卡住自己。

3. 手要轻，指掌的细腻转动是由涌泉开合、丹田内转以及内气升降带动全身的开合运作，使全身一动无有不动。

4. 两手舒指延伸时，指尖必须与脚尖同一个朝向。

5. 肩膀要松，脚底要密，注意脚下功夫。力量卡住的地方若能化掉，就可以将身体功夫提升为心性的功夫。

身体的六觉六道

身体的六觉六道，就是眼、耳、鼻、舌、身、意。身就是动作，就是身法。意就是大脑对信息的判读。这六觉六道，形成一个人的品质。所以，六觉六道的管理和修为攸关一个人整体的生命态度。既得人身，我们就困在六觉六道的限制之中，无从逃避；然而，这也是我们得以提升灵性、自我修炼的良机。

所以，六觉六道的管理非常重要，所有的修炼都是六觉六道的修炼。看山看水是眼道的修炼，闻香是鼻道的修炼，心静下来才能觉知物质之外的滋味。涤除玄览、全然放松，才能听到音乐的能量。这些修炼都要经过一个共同的过程——静心，心静则六道明。

聆听外界的声音，就会产生某一种情绪、某种想法，这是内分泌的影响。一种想法就是一种内分泌。静是内分泌，静不下来也是内分泌。大家都在想办法让大脑安静，其实应该让内分泌安静，让内脏的神经系统放松休息。内脏的神经系统受到来自脊椎的中枢神经系统节制，所以我们要练到对脊椎的能量节节分明，同时气沉丹田，杜绝外界环境对眼、耳、鼻、口的刺激，因为外界环境的刺激会传导到中枢神经，中枢神经再把信息传到大脑，大脑下指令给内脏，内脏产生内分泌，内分泌再回馈大脑，产生想法。

内分泌的速度相当于神经传导的速度，这个理论过去从未被提起。被打一巴掌，疼痛跟想法会同时出现，想法甚至会出现得更早，所以内分泌会受到大脑的影响。内分泌就是内息，吃进来的食物是外气，外气可以帮助内分泌的传导速度和种类。常吃油炸食物，身体就需产生某种抗油炸环境的激素，导致肝脏内分泌亢奋，使人急躁、易怒。所以外气可以平衡内分泌，以外气补内气。当一个人有所期待，心情会很愉快，这也是内分泌。可是一旦期待被满足了，内分泌就会停止。所以不要兑现每一个期待，因为那是守缺的哲学、留白的艺术，这样身体才会寻求补足缺陷，不断产生能量，这是最高段的人生智慧。

练习气机导引都是为了让内分泌平衡安定，把心静下来。例如，"螳螂捕蝉"是通过与肩胛、膏肓的对话，看到身体的空相，让你从身体找到一条进入"般若波罗蜜多"的道路。

"般若波罗蜜多"就是静心、空相、入定。要进入"般若波罗蜜多"，首先要"观自在"——用肉体本身的感觉去感觉肉体，而不是用大脑的感觉去感觉身体。"观"就是置身在那个情境之中，成为其中的一分子，而那种空相、入定的状态就是舍利子。舍利子是存在的空相，是看得到的，看不到的空相就是无。舍利子是万物的空相，所以不生不灭、不垢不净。当你在做动作时，动作的形象不在大脑，身体甚至不知道动作的形状，所以是"空中无色"，在虚静之中没有动作的形象。

身体六道所感知的，就是色身香味触法。感官是有限的，意识的感知是无限的。人只要依"般若波罗蜜多"的方法持续修炼，就可以得"阿耨多罗三藐三菩提"，就是天心、地心、人心、天人合一的甚深智慧。

"真实不虚"是指这个方法确实就是至高无上、无与伦比的，你不必再去寻找别的方法门道。

一部好的经典，怎么解释都能通达贯串，《老子》《庄子》《易经》都是如此。我读经典都不看注解，我用我的觉知和经验读经典，所以我有自己的体会。我认为《般若波罗蜜多心经》

（简称《心经》）就是在谈静坐的历程。若有人问气机导引是什么，我们可以说：气机导引就是修炼《心经》。《心经》讲的其实是一种境界，观自在菩萨这个自觉中的人，当他运用"般若波罗蜜多"这种专注静心的方法时，就可以入定度一切苦厄。

"即说咒曰：揭谛揭谛，波罗揭谛，波罗僧揭谛，菩提萨婆诃。"是最后的结论。"即说咒曰"就是"总归一句话"的意思。"揭谛揭谛，波罗揭谛，波罗僧揭谛，菩提萨婆诃"就是说，我刚刚讲了这么多空与色的道理，你千万不要只是听道理，要真的实践出来，要真的放空、停止大脑，要去经历，把道理实践出来。"菩提萨婆诃"，如此，你就练成无上的功夫了，你就是一个入于菩萨道的人了。

第八节　九鬼拔刀

【原理说明】

外松内劲的身体爆发力

"九鬼拔刀"是取象于古代马上拔刀迎敌的情境。马奔如飞，背在背上的又都是长刀，拔刀时速度要快、幅度要大，并需外松内劲，这样才能应付瞬间的变机。因此，腰背肩胯的灵活程度是决定生死的关键。这个动作是把身体两侧看成两股琴弦，一边的弦整个拉紧，再松开。从紧到松，再由松到紧，配合一次又一次的翻转、绞动，让腰胯肩背的肌肉血管充满弹性，关节、骨盆保持灵活。以两手引领，做上下两端大幅的延伸拉展时，刚开始是把肩背拓开，渐渐肩背拓开已成基本功时，将力量卸掉，身体一松心一宽，身体空间自然出现。手落身落时，是膻中、夹脊、肚脐、命门之间的瞬间收缩，故有滴水之状。看似柔弱，其实以丹田开合为主导的每一个动作，都是埋藏在身体内部的超级武器。当全身松透时，意到气到，气机迅速扩张到全身，利用回转间的能量聚合，就可以产生庞大的气机张力。由内劲蓄积的身体爆发力，就是随时可以调兵遣将的兵马。一松一合，善用爆发力与自由落体的收缩力，膝盖、手肘都有锐不可当的力道。

做法

1. 吸气，重心落右脚，身体向右上下延伸张开。
2. 吐气，提阴收腹，右手落肘，两手相合于腹前，分别经脑后、腰后旋腕转臂，然后吸气，上下旋转延伸拉开。
3. 吐气，提阴收腹，左手落肘，两手相合于腹前，由腰胯带动身体旋绕一圈，使右手经脑后往上、左手经腰后往下，旋腕转臂，然后吸气，上下旋转延伸拉开。
4. 动作如上反复。

图 1-1

图 1-2

图 1-3

图 1-4

图 1-5

图 1-6

图 1-7　　　　　　　　　　　　　图 1-8

动作要诀

1. 重心始终在前脚，身体旋绕时重心不能退到后脚，才能在小圈圈里彻底转到深层组织。

2. 两手的旋绕及上下开合，全由丹田与背部的开合带动，动迹不在手而在内。

3. 两手上下延伸拉开时，如马上拔刀状，幅度要大，但肩背放松，才能动在膏肓。

练功就是练内分泌

肢体可以直接反映心性，动作是你直接面对自己的界面。通过动作，你才可以如实地看见自己。在两手反向背在背后，再转身从肩胛拉开时，你才可以看到自己的身体有多么紧张！因此，在动作当中，当蹲马步受酸痛煎熬时，你的心情跟躺着听音乐时截然不同，内分泌当然也不一样。身体可以随时进入高压状态，也可以随时进入放松状态。这表示不管你在做什么动作，动作都会导引一种内分泌作用。不同的内分泌会产生不同的想法，内分泌失调，想法就会失序。乐观或悲观、积极或消极，都受到内分泌的影响。内分泌会影响情绪、影响想法，而动作一定会影响内分泌，因为在某种姿态之下，肌肉骨骼神经受到刺激压迫，身体会产生激素的分泌，以对抗这个压力。

接近危险时，身体启动的反应是备战的动物性本能，而不是思考的反应，因为在紧急情况下无法思考，只有动物性的本能反应。所以，我们要练到让身体随时处在放松状态，但交给本能，不交给大脑，那才是最高明的功夫。我们不能在高压状态下启动内分泌、产生本能反应，而要直接进入本能反应的状态，不经过大脑。

动作会影响思维，因为肢体动作会改变内分泌，内分泌会影响情绪，也会影响大脑的思维。所以，内分泌改变，思想就改变；思想改变，情绪就改变。我们在主导身体动作的时候，就是在控制内分泌的作用。所以，练功就是练内分泌。

姿态、动作会影响内分泌，内分泌又会影响情绪。同样一句话，有人听了没反应，有人听了会气到发抖。动作可以主导很深的东西，因此要在动作当中让身体去感觉自己，而不是用想法去感觉自己。"自己"到底是谁？是你的肉、你的骨，还是大脑？所以要让拇指去感觉拇指，不能用大脑去感觉拇指。你必须区分清楚，否则你就无法从身体入于道体。

肢体动作既然可以改变内分泌，假如我引导你的身体想法，那么我同时也引导你的内分泌。我跟你互动时，我用力，你会感觉紧张；我放松，你会觉得愉悦。我的态度会主导你的态度，你的态度会主导你的内分泌。因此，不同的动作就是不同的气场，因为动作会影响内分泌，也会间接影响到与你互动的人。

练功就是要练出"自知之明"，也就是开窍。每一个动作都要与内脏产生连接，由外而内，先练到内脏，内脏的分泌就是内分泌。内分泌的控制会通到心，心就是思想。内分泌是有形的，心是无形的。内分泌比内脏更无形，内脏又比肌肉关节更无形，肌肉关节又比动作更无形。一层一层，先以有练无，借动作练到关节、肌肉，再从肌肉练到内脏肌肉，再练到内分泌，这个过程都是有形的，然后从有形渐趋于无形。内分泌已经趋于无形了，可是它却会影响情绪和思维。

所以，我主张"以有练无"，不能否认肢体锻炼的重要性。倘若强调一切由心造，跳过身体的开发锻炼，一开始就从心灵入手，就会虚蹈顽空。从动作到内分泌，这是从身体到心灵的管道。做动作的时候，让起心动念渐渐止息，由外到内、从有到无，身体就会根据储存在 DNA 的原始设定值启动内分泌。例如，你在动作当中感觉快乐，表示你已经启动与快乐有关的内分泌；如果感觉动作很累，引起恐慌，表示那个动作启动了你的交感神经。同样的动作，有人做起来快乐，有人做起来痛苦，那是因为每个人的原始设定值并不相同。要发现自己的快乐组合，但也不能逃避痛苦组合，否则就会偏向。能在痛苦、快乐之间保持平衡，真甜不甜、真苦不苦，那就是最高境界。

如何组合动作配套，让身体经历平和无波、无喜无乐的状态，就可以得到智慧的法喜。倘若只追求快乐，逃避身体的实相，那就是聪明。只有智慧可以从根本解决问题，聪明则只能暂时逃避问题。

人若被欲望控制，就会成为欲望的奴隶。修行就是要学会控制欲望，而不是拒绝欲望。拒绝欲望，活着还有什么意思？人人都会饿，但还不至于饥不择食；然而一旦连续饿两个星期，很多人就会饥不择食了。因为连续饿两个星期的经验从未有过，对这种程度的饥饿控制能力没有经过训练。倘若每天都练习在饥饿时控制自己，你对饥饿的控制能力就会逐渐增加。所以，欲望的控制与管理是可以经过不断的接触而学习的，一次次地学习可以让我们平静地面对欲望，而不是杜绝与逃避。而我们用动作经历身体，就是去探索身体的各种感觉，让感觉推到高峰，用以获取巨大的能量，而不引起任何的情绪波动，那才是真正的松。

第九节　金刚渡跷

【原理说明】

肩胛和腰胯的三面旋转

"金刚渡跷"的动作可繁可简，初学者可先学本文图示动作，掌握两手掌如两个转盘般带动两肩胛，以脊椎为中心做反向的旋转。旋转时两手臂始终不打直，旋转的空间很小，所以转迹很深。动作熟练之后，可配合单脚旋踝转胯，如此，则是以两肩胛和腰胯的三面旋转，形成脊椎的深度旋转；而三个不同方向的旋转圈，其力学作用点将交会于腰椎、胸椎与肩胛，绞动整个髋关节、腰胯及肩背的深层组织，可锻炼该组织韧性，松开深层粘连，改善咳嗽、气喘、虚劳等症状，并促进心肺功能与下腹腔、下肢气血循环。

在气机锻炼阶段，因为筋骨、肌肉的韧性、灵敏度皆已具备，"金刚渡跷"则是一个螺旋从尾椎旋转上来到膻中、夹脊、膏肓，然后从两手旋转出去。这个螺旋绞动产生的反作用力会像螺丝起子一样下灌到涌泉。所以，"金刚渡跷"的应用，是把力量渡到对方的身体里面，像龙卷风一样，势不可当。要练出这种全身贯串的功能作用，必须周身松透无碍，否则，倘若胯不松，力学的断点会卡在膝盖，加上肩胛、腰背僵硬，以尾椎为起点的向上螺旋旋转就没有产生"螺旋"的空间。因此，初阶的动功锻炼，就是要借着"金刚渡跷"动到这些平时不易动到的部位。

做法

1. 重心在右脚，右手在上，左手在下，吸气，提会阴、收小腹，带动身体缩合，右手前落，左手背在背后。
2. 持续提会阴，收小腹吸气，并以脊椎的旋转，使两手经两腋下向左右螺旋旋开。
3. 动作如下图，左右反复练习。

图 1-1

图 1-2

图 1-3

图 1-4

动作要诀

1. 两手的螺旋转迹是内部转迹的外部呈现，吸气收提时将两手一前一后反向旋至两腋下，吐气会阴放松时，两手从两腋下旋出，这是因为气机从夹脊发至两指端所致。因此，"金刚渡跷"就是两个太极图的旋转，以脊椎为转轴，轴心固定，两手放松旋转。

2. 重心不变，前脚为实，后脚为虚。大腿、膝盖固定，身体的起落全在膻中、肚脐、腰胯之间的空间开合运作。

【 课程综合摘要 】

开如涨潮，合如退潮

尾椎没有椎间盘，所以要用尾椎的力量往前顶，才能接到阴跷。臀部两边是骨盆，骨盆底端就是尾椎，把骨盆往上推，命门就会被拉开。这是形成丹田空间的必要条件。丹田形成，身体动作皆由丹田的开合带领，气机的循环无非出入升降而已。因此，在身体条件改变的过程中将可发现，"旋踝转胯"的动作可以内化为不需提脚转胯，两手腕肘肩的依序旋转也跟肩膀没关系，故肩膀不会耸起，而这个旋转所带出的开合会越来越明显。内劲蓄积在腰隙之间，左右两手如波浪，只是"潮汐运动"的表象而已。当丹球气机从右荡到左时，因气的反作用力，右边卷起的波浪会从左手劳宫冲向手指末端，如同浪潮卷上沙滩。

内功的"跷手"是以丹田过桥，与武术外功的"跷手"

不同。不管是"金刚渡跷",还是"乾坤跷手",这跷要怎么过？关键都在丹田。没有丹田,就练不出动作的内涵。有关丹田的养成,我在《气机导引:内脏篇》手滚天轮炼丹功法中已作详细的说明。有了丹田的运作功能,身体如蠕动,呼吸如潮动,意识如凝动。气是一种弥漫渗透的过程,如毛细现象,亦如潮汐涨退:身体一开一合,开如涨潮,合如退潮。意识的凝动就像宇宙的黑洞一样,其大无外,其小无内,不断凝聚,质量不断变大,但体积变小。练功要让大脑没有想法,但意识的力量越大、脑力越强。也就是把所有的思维想法凝聚为没有想法和影像,届时身体产生的能量就不会受到身体本身的阻碍了,这就是老子所说的"后其身而身先,外其身而身存"。

第十节　螳螂捕蝉

【原理说明】

反点角度越大,旋转圈越小

　　"螳螂捕蝉"系列功法是从不同角度在身体内部划圆,借由身体动作形成无数个立体、多元的圈圈,有顺有逆,一个圈圈套一个圈圈,以此绞开肩背膏肓,疏通深层肌理关节。须知很多能量都由旋转而来,比如植物的生长轨迹、生命的密码 DNA 双螺旋,乃至台风、飓风,地球绕着太阳旋转……旋转是一切生命的原始动能,旋转才可以维持生命,让生命活化。每一个旋转都有反点,否则就不能成圆。反点角度越大,旋转圆圈越小;反点角度越小,旋转圆圈越大。旋转角度最大时可以是速度非常快的圆心自转，此一原理运用在动作上，就可以深切体会何以"大者为弧，小者为无"以及"外不有相，其相在内"。

本节功法为"螳螂捕蝉"系列功法的总结，也是集大成的代表。外部动作看起来平凡无奇，其实内部线路盘旋环绕，迂回复杂，所蓄养的内劲也是无穷延伸的。此功法强调做动作时重心在前脚，上身在极小范围内做深度的多角度立体旋转。所有的内在转迹绵延相连，没有断点，因此能在身体内部形成一个只有自己知晓的防护网，不管外在力量从哪个方向来，都无法动摇其根本，正所谓"咬定青山不放松，立根原在破岩中；千磨万击还坚劲，任尔东西南北风"。

从入门到精熟，整个学习历程都要求凝念与觉知，先要求对每一块肌肉、关节了了分明，然后对呼吸产生的内部气压也能清楚觉知。因此动作要慢，慢才能了了分明地一一经历身体内部的严密结构，从而建构出内部的线路；慢才能松，松才能空，否则很容易跳空。若光靠想象，用幻觉感觉自己在内转，就无法真正建构内部的线路空间，要从身体入道，否则就是缘木求鱼了。

做法

1. 吸气，重心落右脚，两手向右后方延伸抱元，眼睛注视两手。
2. 继续吸气，以腰胯带动身体向右后方甩转一大圈，至两手延伸抱元于头顶后，再向右后方旋转至极。
3. 吐气，仍以腰胯带动身体沉转，使左手前落过膝，右手背在肩后。
4. 吸气，两手由上下两端做旋腕转臂延伸拉开身体。
5. 左右两边反复操作。

图 1-1　　　　　　　　图 1-2　　　　　　　　图 1-3

图 1-4　　　　　　图 1-5　　　　　　图 1-6

图 1-7

動作要訣

1. 動作中重心保持在前腳，而不退到後腳。若重心退到後腳則是甩鞭手，重心保持在前腳則是大刀手。（一是棍法，棍打一大片；二是刀法、槍法，槍要一條線。這是武術的力學原理。）
2. 以腰胯的旋轉帶動身體做大角度而細膩的旋轉，故可深及大小關節及肌理組織。
3. 甩轉時兩手持續保持放鬆延伸，重心要穩，下盤固定，才能動到膏肓。

【课程综合摘要】

转到全身缝隙中

"螳螂捕蝉"是整套功法的浓缩精华，必须练到一定程度，才能体会前面几个动作究竟是如何化入此动作中的；而这个体会、发现的过程，就是身体变化的过程，也是练功最值得玩味之处。

做各种动作外形是为了拓开肢体，熟悉动作之后，接下来就要留心动作中末梢与端点的作用，然后找到动作的根部，把动作中的根部表现出来。因此，练习一段时间，就要回过头整理身体的认知，否则会一直停留在外形动作上。特别是动作已经非常熟练时，若未能寻求突破，身体的觉知就会停滞不前。例如，重新从基础的坐腕、旋腕（把腕关节拓开）、突掌、舒指（每个指关节一节一节地拓开）做起，仔细体会这些动作与其他部位的关连，以及它们如何跟身体内部的线路产生联结。然后，脚底亦做相同的练习，去感觉一呼一吸之间，脚踝、脚跟、脚趾和涌泉的互动。松沉到涌泉时，脚底平贴地面，尾闾放松，踝、膝、胯、肩、肘、腕也逐一沉落，全身沉到不可知的深渊。如此，渐渐地就可以从身体的根部操作身体的开合起落。

让已经非常熟悉的动作产生新的体验，是学习的重要过程。所以，一组动作练习一段时间后，就要停下来，换另一组动作，过一段时间再回头复习。身体必须累积很多动作经验，然后这些经验会以相乘的速度产生改变，由渐变而突变，有朝一日，让顿悟在一夕之间发生。

在改变的过程中，要化掉卡住自己的力量，就必须转到全身的关节缝隙中。转到深及骨缝、毛孔，慢慢就会产生身体自我修补的元素。练虚就是练身体的空间，关节一动，空间就出现；关节不动，身体没有空间，那就是粘连。全身都有关节，全身关节都能动到，虚的空间就出现了。虚才可以无中生有，从身体产生很多西方医学找不到的物质元素。这种能量会送到骨头，再送到骨髓，所以能保持关节不退化。小时候受伤复原的速度很快，因为小孩子的关节天天都在动。长大之后，受伤三个礼拜还不会好，因为关节没动，骨髓里没有复原的元素。运动才会产生空间，才能生生不息。关节亦然。人类的老化是因为身体空间产生变化，越来越不能动，造成身体的深层粘连。

等到关节渐渐转开，丹田就会取代关节的旋转，成为一切动机之主，意守膏肓，心在丹田，以丹田为运作中心，带动全身，丹田转，膏肓即转。因为"螳螂捕蝉"的转机很深，空间越大，转机越多，这个转机连接到丹田，就是"火龙球"，也就是更深的"旋转丹气"（详参《气机导引：内脏篇》手滚天轮炼丹功法）。这都是一步一步慢慢累积的功夫。唯有实践、再实践，经历、再经历，练到专注、透空，身体结合丹田才能越来越虚无。身体越虚无、越无障碍，功夫就越高。

"螳螂捕蝉"是全身组织的深层运动，松无止境，大关节松开，还有小关节，以及全身的细胞间隙。你可以动到哪一个层次？可以在身体里面形成多少个旋转的组合？那就得看你下多少功夫了。

旋臂转脊

第一章　功法原理

旋臂转脊扩胸腺

第一节　胸腺与免疫大军

胸腺属于中枢淋巴系统，是免疫大军 T 细胞的培训中心。胸腺发育至青春期达到最高峰，其体积甚至超过心脏和肺脏。但胸腺通常从 20 岁后开始逐年萎缩，到老年期只剩 10 ~ 15 克，导致 T 细胞培训功能不足，造成 T 细胞开始攻击胸腺周边与脸部自体细胞，所以人就会开始出现老态。由于人有前向性活动的身体惯性，本来就很容易压迫到胸腺，加上现代人的生活与工作方式更加深了这个态势，人体与生俱来的免疫机制七折八损，人体功率一代不如一代，这是不可逆转的。不过，练功可以活化身体机能，延缓老化，让身体细胞长保年轻强壮。基于用进废退的原理，身体侦测到需求，也会提高胸腺的功能。

同样地，遍布全身的淋巴管系统，也受到不当的生活惯性影响，大大降低原本具足的功能。淋巴系统不像血液系统有专属配备的心脏马达，其流动必须靠运动和深呼吸产生动能。配置在淋巴管中的单向瓣膜会将淋巴液往心脏的方向推送。动脉、静脉的尾端以毛细管互通，动脉会把多余的废弃蛋白质、脂肪酸、胆固醇等物质从尾端释出，交给淋巴系统处理。淋巴是人体最重要的废水处理和过滤系统。驻扎在淋巴结的巨噬细胞负责清理淋巴液中的废物，再把干净的淋巴液注入静脉，回到血液循环。人体的血液总量约为 5 升，淋巴液则有 2 ~ 4 升。为了保持生命的正常运作，身体会用尽一切力量保持血液的清洁。而淋巴液就以废物清运等工作，成为全身血液的调节、缓冲中心。换句话说，全身血液约 1 ~

2 天就经过淋巴净水厂全部过滤一次。如果缺乏运动，加上呼吸短浅，淋巴回流量少，血液则要 3 ~ 5 天才能全部过滤一次。若血液不够清澈干净，六十兆细胞所得到的营养供应就有问题。

细胞从动脉微血管渗出过剩的蛋白质和脂肪，再渗入淋巴毛细管回流到淋巴结过滤，过滤的物质包括废物、死细胞和癌细胞。如果太多物质是淋巴也无法处理的，就会增加淋巴的负荷。而淋巴负荷是否过重，对癌症是否转移有关键性的影响。因为癌细胞转移要通过血管，淋巴系统会阻挡细菌病毒进入血管。若淋巴结被癌细胞感染，癌细胞如入无人之境，直接侵入血管，这就是癌症的恶性转移。我们强调慢速放松的运动，减少燃烧产生有害物质，可以有效减轻淋巴的负担。

第二节　动作说明

胸腺位于胸骨后，往上可延伸到颈部，往下可盖住部分心包囊，因此要直接动到胸腺并不容易，但是，通过大开大阖的动作与深呼吸的作用，除了帮助淋巴液的流动，亦可对胸腺进行舒缓的按摩。因为呼吸会形成肋骨的上下移动，而使胸骨往前后移动，配合横膈膜的缩放，会使胸腔空间产生开合压缩，对于胸腺等胸腔内组织，以及大动脉与静脉血管、胸部淋巴系统，都有重要的积极作用。"旋臂转脊"系列功法共十个动作招式，从"踝胯松身"到"旋臂转脊"，都强调以胯和手臂的旋转带动腰胯、肩背做全身传链的深层运动，一方面可扩展胸腺、加速淋巴的流动，另一方面可锻炼大腿耐力与肺活量。因为胸腺的锻炼必须配合心、肺功能与呼吸量，淋巴流动亦需依靠运动时的肌肉收缩，以及深呼吸形成体腔内负压的推动力。

作为身体的重要防卫系统，淋巴组织遍及全身，除了脑部和骨髓，以及无血管组织的软骨或上皮组织，每一个重要器官或部位都有淋巴结或淋巴结群"重兵驻扎"，称为淋巴中心。"旋臂转脊"主要作用到的淋巴中心有位于肩关节前上方，专门收集颈部、胸部和肩臂部淋巴的肩前淋巴结，以及位于大圆肌下方内侧，专门收集前肢淋巴的腋淋巴结，还有位于腹下壁皮下、大腿内侧，专门收集大腿内侧、腹下壁皮肤的腹股沟浅淋巴结和乳腺上面专门收纳乳房淋巴的乳腺上淋巴结。

"旋臂转脊"系列功法是以肩与胯的旋转开合带动全身的运动。因为肩与胯合，肩胛不松则胯不开；胯不松，肩胛也没办法松开，两者互相牵连，而且会影响肩胯之间、脊柱两侧的肌肉与结缔组织，也会往下影响到整个腿部。身体是结构严密、唇齿相依的有机体，一个小地方的错位不正，就会引起一连串的连锁反应。例如，操作"踝胯松身"时，当两脚膝盖同时落地，臀部贴地，两手往后撑，整个上半身必须往前延伸拉开，此时倘若脚踝、膝盖之间，或胯与肩胛之间有任何组织错位、粘连，或有筋结、血结、气结的问题，都会影响这个动作的准确度。操作"伏地松胯"时，若肩胯不松，动作的空间范围就会受到限制。练习一段时间后，肩胯的空间明显改善了，就能从肩胯的推移感受到全身骨节相推的内部空间感。

再如"前后开合"的外形动作是以两手于前后拍掌，但要能以迅雷不及掩耳的速度化解两手拍掌产生的撞击力，必须以脊椎往前往后节节相推以及百会、会阴之间的大开大阖为根柢，若肩胛不开、胯不松，或者有任何一节脊椎没有松开，动作就会被卡住，严重影响动作的整体流畅。而"鹞子翻身"两手绕过臀部抱住后脑，必须全身放松蜷曲，不仅肩胯腰背要松开，身体前侧要能收缩至极，颈椎亦需放松至极。有一条件未能具足，就无法完成动作。

这些动作都是依据人体本然状态而设计，当身体处在正常、健康状态下，就可以轻松完成动作。若感觉动作吃力，或做不到某些角度，表示某些部位或身体的整体协调有问题，反而更需要通过这些动作进行长期、缓慢的自我调整。就像乳腺癌、肩周炎患者操作这些动作会觉得很辛苦，但这些动作对于预防及术后的调养，都有莫大的助益。

第二章 心法要义

无执而可承

中医诊断发现，人因脾胃气机升降不利会产生所谓的"六郁"，即气郁、湿郁、痰郁、热郁、食郁、血郁。行气解郁的药方有很多，东医则主张靠运动不靠药物。人吃五谷杂粮，又有七情六欲、五根五尘，有形的身体固然会生病，无形的情绪、思虑，也会形象化成为看得见的疾病，因此身体要免于六郁侵扰，实在不容易。故凡夫俗子之身，或多或少都有壅塞不通或机体不协调的地方，而这些郁结在尚未造成外显症状时，并不容易发现，它会集结在组织里，或深或浅，轻轻一按，就疼痛不已。

　　我因为长期借运动探索身体，对身体有特殊的直觉，故能从一个人的身形、动作，看出此人全身病灶所在，并循线追索最初造成问题的"事发现场"，以及整个病势发展、扩散的脉络。然而我也知道，一个人的疾病与其根深蒂固的生活、饮食习惯以及个性，乃至家族遗传息息相关，即使可以通过医药或导引按跷等方式缓解一时，倘若不能从根本处发生改变，亦不能彻底免于疾病摧折之苦。因此，根本良药就是通过动作自我觉察，一方面借运动使筋骨强壮、肌肉放松，以行气解郁，以有形调理其无形；另一方面以动觉的整合，先整合眼、耳、鼻、舌、身、意，再整合身心灵，以无形调理其有形。如此，才可能一步一步从腠理、血脉、骨髓，乃至DNA遗传，根除疾病之因。

　　这当然不是一件容易的事，而且，往往在处理疾病的时候才发现，在疾病背后，也不只是疾病而已。所谓"菩萨畏因，众生畏果"，有智慧的先知先觉者懂得回到因地，拔除病因；盲目的后知后觉者则四处奔忙，被纷然变化的疾病现象搞得不得安生。我们也许无法成为不被七情六欲拘系的先知先觉者，却可以"上士闻道，勤而行之"自勉，老老实实从筋骨的锻炼、动觉的整合开始。

人人都有精神的力量，精神力量来自眼、耳、鼻、舌、身、意输入的信息，经过内部的分析整合，再以内分泌回应，支持整合后的行动。倘若感官无法整合，眼睛、耳朵、嘴巴不一致，看到的事实跟听见的不一样，自己说出去的又是另一个样，长此以往，就会精神错乱。冲突先在自己身上发生，然后在人际关系中发生。内在不能整合，如何与外界保持和谐？我们通过动作整合身体，让九大关节、六大腺体在动态中保持协调。也通过动作中的觉知，让眼耳鼻舌身意的信息在下视丘、脑下垂体和肾上腺的 HPA 轴调节中得到协调。

然而世间之人多半是内外不一的，所做之事跟心里想的不一样，吃着这锅望着那锅，终其一生都活在这种矛盾中，因而耗掉大部分的生命能量。练功就是要整合这些矛盾，让想法越来越单一、纯粹。一个动作上手，就可以马上掌握动作核心，不会被动作外形困扰。身体是最客观、最公平的，人人都可以通过身体操作整合眼耳鼻舌身意，进而整合人群。唯有通过自我的身体整合，充分了解自己，才能充分理解众人，而后推己及人，提出足以整合众人的意见，这叫作"立言"。当一个人经过千锤百炼，人格风范已经确立，不论做什么，总能不偏不倚、须臾不离其道，每一次出手，就能包含一切，这就是"立功"。能清楚了解自己，而且目标明确，一旦选定目标，虽千万人吾往矣，纵有千难万难，前有深水大山挡路，仍不改其志，这就是"立德"。

所以，立言、立功、立德，其实是在全然专注之下，心无旁骛，一超直入，反而能尽其所能地贯彻其所爱，故能不求立而立，不求成而成。无所执着，与时偕行，乃能无所不能包容承担；不然，心有挂碍，身在江湖，就为江湖所累。看遍天下名画，自以为遍识天下名家，结果自恃而骄，本该眼界更开阔，没想到却落到思想更为执着的地步。

第三章 系列功法

踝胯松身 伏地松胯

前后开合 摇头摆尾

跌岔压腿 摘星换斗

鹞子翻身 浴火凤凰

画圆松臂 旋臂转脊

第一节　踝胯松身

【原理说明】

从踝胯整脊正骨，加强代谢

儿童的基础代谢率比成年人高，随着年龄逐渐增长，基础代谢率持续降低，身体的分子合成率高于分子分解率，加上吃得太多、动得太少，脂肪快速囤积，热量堆积在腰腹部，使大腹便便成为步入中年的明显标记。因此，若要保持健康灵活的身材，就要随着年龄增长以每年增加 10% 的运动量，借运动增加热能，以提高基础代谢率，使身体代谢功能维持正常。然而，如果每天只有 10～15 分钟的运动，身体只能燃烧到葡萄糖，无法燃烧到脂肪和蛋白质，故需维持每天至少 30 分钟以上的运动量，才能符合身体的需求。

《素问·上古天真论》谈到人从生长到衰老的变化周期，女子自"五七阳明脉衰，面始焦，发始堕；六七三阳脉衰于上，面皆焦，发始白；七七任脉虚，太冲脉衰少，天癸竭，地道不通，故形坏而无子也"。男子则"五八肾气衰，发堕齿槁；六八阳气衰竭于上，面焦，发鬓颁白；七八肝气衰，筋不能动，天癸竭，精少，肾脏衰，形体皆极；八八则齿发去。肾者主水，受五脏六腑之精而藏之，故五脏盛，乃能泻。今五脏皆衰，筋骨解堕，天癸尽矣。故发鬓白，身体重，行步不正，而无子耳"。

因为阳明经的能量不足，无法充分输布到颜面部，故女子到 35 岁就开始变成"黄脸婆"，男子则到 48 岁开始出现面焦发白的衰老之相。有没有青春常驻的方法呢？还是有的，除了保持"气脉常通，而肾气有余"，最重要的是："夫道者，能却老而全形，身年虽寿，能生子也。"返老还童，百岁犹能生子，这也是中国气功学的引人入胜之处。气机导引贯串身心灵的全方位锻炼法，是以更有效的运动维持基础代谢率，保全有形的身体机能和健康活力，这是长春不老最安稳的捷径之一。

就以"踝胯松身"功法来说，保持踝、膝、胯的灵活操作，是维持身形矫捷的不二法门。现代人舟车便利，走路的机会很少，很多年轻人的身体活动力往往跟老人差不多。而踝、膝、胯的灵活关乎骨盆、脊椎的正位，又影响内脏的健康。因此，此功法虽为基础的松身功法，却有影响全身之效。若有身形不正、骨盆歪斜的问题，做此动作就会感到窒碍难行，这时更需要加强练习，以缓慢的调整，进行全身性的整脊正骨。同时，通过下腹腔的运动，加强代谢循环机制。

做法

1. 端坐于地，两脚屈膝张开，两手撑在臀后。
2. 右膝落地，腰胯轻轻往前推，带动膝盖往前滑动至极时，左膝落地，使两膝同时平贴于地。
3. 右腰胯往后拉，使右膝先抬起，接着左膝抬起。
4. 左式如上反复。

图 2-1

图 2-2

图 2-3

图 2-4

图 2-5

图 2-6

动作要诀

1. 力量要交给胯，在胯上下功夫，不要用力在膝盖上。
2. 两手轻轻撑在地上，不可用力，否则手腕受力过甚，会造成伤害。
3. 动作中须保持臀部贴地，不可离开。若骨盆不正，腰胯太紧，维持臀部贴地就有困难。故动作宜慢，方可慢慢松开僵紧处，太急太快，就无法动到更深层的关节。

【课程综合摘要】

多劳动，少思虑

　　现代人对工作的依赖太深，美其名是借工作服务社会，但多半是必须无奈地从工作谋取生活之资，或者更不堪的是，想要通过工作得到如同保护伞一样的"社会地位"。这些或隐或显的念头，说穿了，其实都是贪念，甚至是恐惧。有一次，一位上市公司董事长在上课时跟我诉苦，他说因为社会责任，虽然已到退休之龄，仍无法逍遥引退过几年恬淡自适的生活。我对他说："不要用社会责任来掩饰自己的贪心，你不敢揭开自己的真面目，就会永远盲目地追逐下去。"

　　很多人退休后不久，就开始出现健康问题，这多半是心理问题引起的，因为长久依赖一个"社会角色"的屏障，一旦脱离社会网络，便觉得茫然无所依靠。孔夫子劝告老年人要"戒之在得"，早期印度社会根深蒂固的人生规划观念，就是在经过辛苦奋斗的人生晚期放下万缘，专心修行，追求生命的终极目标，否则人到向晚暮年时，还汲汲营营于事业地位，或掌控家庭、社会权力，不但对自己的灵性生命全无益处，而且往往执着于不知变通的观念，阻碍后代的改革进步而不自知。

人生各有阶段，不同的阶段应做不同的事。所以，退休后的生活首先要让心态趋于平和，放下名利，培养兴趣爱好，坚持适量的运动，注意人际关系处理，包括家人，适当放低对儿女的期望值。如果有能力，可参与一些公益活动。这样才能让退休生活过得舒适、充实。

年轻人要为退休生活作准备，最重要的是储存身体的资本。保持身体的灵活健康固然重要，但须知，心灵的爽朗开阔才是常乐久安的仙丹妙药。

第二节　伏地松胯

【原理说明】

胯由肩治，肩由胯治

臀大肌是人体最大、最有力量的肌肉。臀大肌的粘连会牵连到髋关节粘连，导致腰腿力量退化，影响下半身的活动能力。胯松气方坠，髋关节放松有助于气沉涌泉，也可以协助骨盆歪斜的调整复健。同时，由于肩与胯互相对称，胯有问题由肩治，肩有问题由胯治。胯不松，肩关节也一定僵紧不开，进而压迫胸腺，影响整体的免疫功能。

"伏地松胯"是借由两胯的旋转为转盘，以肩关节的转动，带动整个脊椎、腰胯的深层运动。由于动作伏趴在地，身体在往前后移动时，两胯受力最深；往前后侧移动时，两肩受力最深。初期因为抓不到动作要领，会感觉肩胯僵紧不适，经过一段时间的练习，身体逐渐松开，在前进后退的转圜之间，开始体会到身体细部操控的能力慢慢增强了，这个动作将带给你很大的身体法喜。

此外，此动作对于打开环跳穴也有极大的助益，有利于下盘腰马的稳定，可作为其他功法之松胯的配伍动作。

做法

1. 两膝盖尽量打开，两脚踝放松张开贴地，使臀部可以坐在脚跟上，两手延伸握拳，与脊椎成一直线，趴伏于地。
2. 右肩落地，使脊椎向右倾斜，再以腰胯带动慢慢往前推至极限后，身体回正，使腹部贴地。
3. 左肩落地，使脊椎向左侧倾斜后，以腰胯带动向后推至臀部坐在脚跟。
4. 身体回正，使脊椎放松延伸至极，胸部贴地。
5. 先右进左退，再以左进右退，反复练习。

图 2-1

图 2-2

图 2-3

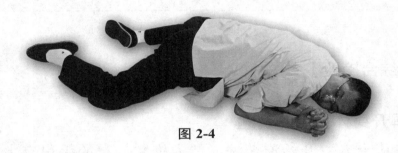

图 2-4

图 2-5

动作要诀

1. 前进后退时，若两胯不够松，身体灵活度不足，肩肘就有过度用力之虞。一段时间后，身体空间出现，肩膀可以放松，动作就会比较灵活。不要逃避，好好体会这段时间的身体变化。

2. 肩胯要同时，身体后退，臀部往后推到脚跟时，要量力而为。倘若胯不够松，动作太过急切，容易拉伤。

3. 因为动作可以动到深层组织，练习几回，就会觉得两胯酸痛，这是正常的，不需担忧。

【课程综合摘要】

一把解开身体盲点的钥匙

我从十五岁开始泡药洗、帮人推拿，我的手很有力气，就是靠推拿练出来的。年轻的时候，我可以在几分钟内让一个人感觉全身松开。无论刮痧、整骨，还是我的"背法"治疗，都可以在十分钟内帮人排出身体浊气。我当兵当得很舒服，因为每天晚上大家都排队找我治病；但这些方法我现在都放弃了，因为我发现，所有的矫正都无效，身体不平衡，最后都会故态复萌。所以，根本性的治疗，就是让患者自己学会让身体松开，在不平衡中保持平衡。

我将"气机导引"扩大为"东医"，但我主张的医疗方式有"四不"——不针灸、不开药、不把脉、不看诊。四不就没有是非，我只教大家运动。我到处演讲，连医生也同意我的观点，因为我从不说人家有什么病，我只说他哪里不平衡。

不平衡引起的问题，一看身体就知道，甚至可以从身体动作透视家族的遗传基因。

因此，比方说松胯很重要，我有方法帮大家在短时间之内将胯松开，但是我并没有这么做，因为练功像革命，要先破坏才能建设。而且，靠自己动到相当程度再长出来的组织，经过人体整体传链系统的协调互动，是状况最佳、韧性最强的。同时，通过"伏地松胯"慢慢磨、慢慢练，练到后来，不只是松开肩胯、脊椎，而是全身性的协调训练。说得感性一点，就是跟自己的身体对话，跟自己的身体谈恋爱。

试想，在此动作中，先将膝盖拉开，再以两手肘撑地，让身体前后移动……每一个步骤都要放轻、放慢，你得多试几次，先找到一个适当的角度，再慢慢开始做动作。等到胯稍稍松开了，膝盖可以贴地了，再一次又一次尝试让胯慢慢往后坐，臀部尽量推到脚跟，推到适当的距离，停一下，再往后退。这里何时要停？何时要再往后退一点？到什么角度停顿，会有什么变化？不停顿，又将产生什么变化？全靠你自己从实践中累积经验值，只有你和你的身体知道。

从实践中产生的领悟，是最朴实、最清澈的，因为其中的妙趣不可言说，所以，你也不想多说什么，只想继续沉浸在身体里面，安静地与他相处。

只要把每个动作练到有体悟，你就可以行走江湖，行"法布施"。因为你的每一块肌肉、关节都已经操练过，你所学的一切都会慢慢在身上长出自信。将来，你也可以跟我一样清楚意识到自己的经脉。我从来不看经脉图，因为每个人的身体比例不同，脏腑大小、形状不一。脉象也不一样，有的脉深，有的脉浅。这是很多中医师在诊断时常遇到的难题。古代的很多医生都练功，很多医家就是道士，通过练功看到的经脉与身体内景，那才是活生生、动态的。

气机导引的一套功法就是一个门派，学会十八套功法，是为了给不同的人不同的法门。就像龙树菩萨在《大智度论》中所说的："譬如小药师，以一种药、二种药，不具足故，不能差重病；大药师辈，具足众药，能差诸病。"学习者必须多记药、少开药。要学会观察：这个人需要修炼什么题目？硬邦邦的人要修柔软的课题，瘦巴巴的人要修强壮的课题，脊椎侧弯的人要修脊椎调整的功课，气太短太弱的人要修炼呼吸，全身都坏掉的人就要用"大鹏展翅"重新打造身体的机能……根据各人的条件，组合一套解开身体密码的功夫；助人解开盲点，给他一把钥匙，让他学会完全理解自己的身体，这才是我想做的工作。

第三节　前后开合

【原理说明】

多向性的身体开合

　　"前后开合"与一般流行的"拍手功"外形相似，其实大有不同。"拍手功"借拍手达到刺激手上六条经脉的效果，为了增加对脚上六条经脉的作用，再加上踏步动作。其实，要疏通脚上的经脉，必须借站桩或动作中内气的松沉，让十个趾头受到刺激，产生自动调整的功能。"前后开合"将内气松沉、涌泉长根视为基本条件，因为手的经脉跟横膈肌以上的脏腑相连属，因此动作的主要功能是通过大量的胸廓开合，将内气瞬间压缩到掌心，形成气机的撞击，促进手指末梢的经脉循环，活络内脏、维持胸腺功能。此外，"前后开合"需配合全身性、多向性的开合，才能以放松、不用力的拍掌撞击，将气机从末梢经脉压缩到内脏。这个原理就像海浪从海底深处卷起，我们只看到浪花拍打岸边的岩石，却看不到海运的能量来自地球与月球的相互作用力；而其作用力，不仅表现在海浪上，风向、温度与湿度等，都是不可分割的整体。所以，"前后开合"的重点不在拍手，而在全身一致的开合，否则，光是在手掌上用力，气机受阻于肩背、夹脊，那就只有皮表增温的效果，只见其一，不见全体，实非养生之大道。

　　动作过程中，身体必须前后摆荡，既开合，又摆动，因此两手互相撞击时，所产生的震动传输率最大、最深。手跟腰胯、肩背需同时，手一拍，身体就瞬间拉下，接触点的力量会被另一个反向的拉力化掉，所以手不会痛，而且声音清脆响亮，如玻璃碎裂之声。这个千钧一发的化力，来自由丹田掌控的全身性协调，背部要能拉得出去，腰胯要松、软、灵活，心要安静。瞬间拍手的接触点不靠目视，全凭直觉。肩关节后面是肩胛骨，手连着脊椎，故可将锁骨和胸锁关节视为手的一部分。因此，这个动作先要练习力量从夹脊出来，否则力量会被手掌吸收掉，所谓"力发于夹脊"。功夫更深时，力发于丹田、涌泉。故全身放松时，身体内部没有阻力，力量反而大。

做法

1. 两脚分开略宽于肩，令全身放松。
2. 以丹田带动，身体瞬间张开，两手往上拍合；再以丹田带动，身体瞬间收合，两手往下拍合。
3. 往前、往后拍，方法亦然。

图 2-1

图 2-2

图 2-3

图 2-4

图 2-5

图 2-6

动作要诀

1. 此动作非用手拍，而是以丹田、全身的开合带动两手拍合，如此就不会有"拍不到手"的问题了。
2. 下盘要稳，身体做开合摆荡时，根基才会稳。
3. 胯下亦要开合，才能动到会阴。会阴需随着身体的开合提放自如。

【课程综合摘要】

从局部到整体的体会

就上班族而言，功夫要练十年以上才分得出高下，一开始看不出来，因为外形动作似乎都是一样的。我们练内功，刚开始也要做拉展操，但一段时间就要停止，从另一个角度锻炼；否则，如果认真拉展十年，一定会造成组织过劳，除非你不太认真。

拍手也是一样。"前后开合"其实是从武术的"双风灌耳"脱胎而来，功夫练到位，只要一个瞬间开合的动作，就力不可当。我们不强调武术的功能，从养生的观点来看，要达到这种境界，必须练到上下一条鞭、身如九曲珠的功夫，全身上下没有一处粘连，不论是力发于脊，还是力发于丹田、涌泉，上下贯串，没有阻碍。这个功夫当然不容易，正因为难，所以充满自我挑战的趣味，人生如此，才真正活得有劲。

练内功就是给身体的开发定高标准，不只是求健康、让身体出功能，而且要练到把功夫藏在身体里面，不动则如槁木顽石，一动则如风云变化无端。在学习过程中，则要不断揣摩、体会自己的身体，先体会局部，再体会整体。如先体会含胸、夹脊发劲，进而体会从丹田、命门发劲。一步一步往更高的山峰迈进，不管目标如何，这个自我探索的过程，就已经一切具足了。

第四节　摇头摆尾

【原理说明】

尾椎前顶、百会往后拉的肢体符号

腰椎对应膝盖，膝盖对应后小腿。很多女孩子一穿上高跟鞋，身体为了寻求平衡，就会不自觉地挺起腹部，不但压迫腰椎，而且会拖累膝盖，也让小腿承受更大的重量，甚至造成整个腿部与脊椎的问题。要解决这个问题，就要从尾椎动能的调整下手。

人类最显著的进化就是成为直立人，同时将尾巴退化成四节没有椎间盘、没有神经的尾椎。一般认为尾椎并没什么用处，然而通过练功，对身体每一个部位产生细腻的观察与互动之后，发现尾椎其实大有用处。不论在炼气时通过尾椎前顶形成内气压缩到丹田的作用，还是通过尾椎前顶进行脊椎的自我矫正，都必须对尾椎保持清醒的觉知，才能对尾椎操控自如。

"摇头摆尾"就是通过大开马步平抬腿的姿势，形成大角度的脊椎旋转，并配合从尾椎和百会两个端点做反向的延伸拉展，借此矫正脊椎、拉开胸廓，使胸腺得到大量的刺激；而在这个并不轻松的身体角度上，可让腰腿、肩背、腹部的关节、肌肉、骨骼组织群产生整体协调的默契，以分担此动作产生的压力。同时，借由尾椎的灵活操作，可培养尾椎与腰腿，乃至整个脊椎互动相连的关系，为日后的跟管呼吸打下扎实的基础。

　　此功法可为学习者快速打下磐石般的腰马基础，强化胸廓气机，并使内气下行，成就下实上虚的身体境界。日积月累，心胸自畅，体健筋柔，气固腠理，日行百里而不倦，遇外邪而不侵。因为平抬马步桩是以大腿受力刺激心肺功能，使胸肋活气，并借大幅度的脊椎旋转摆动，激化全身及脊椎气机，使气血通运周身。在前俯后仰之际可利通任督，牵引胸腹，利内气下行而去心火，开胸骨而拓胸线。

做法

1. 两膝略宽于肩，松腰坐胯成大开马步。两肩肘尽量张开，两手掌置于膝盖上。
2. 以腰椎带动脊椎向右旋转至极后向右俯落，压缩到腹部；再从右向左旋转至极，身体回正，脊椎后仰，伸展胸腹。
3. 左起动作如上反复。左右来回为 1 次，做 12 次。

图 2-1

图 2-2

图 2-3

图 2-4

图 2-5

动作要诀

1. 动作中马步尽量维持不动。脚尖扣住，可让环跳穴打开。

2. 做图 2-5 动作时，百会后仰、尾椎前顶。此一身体角度是关键所在。

3. 身体前俯压缩到腹部时，脊椎必须打直延伸，同时两肩肘往外翻，务使肩背全然开展。

【课程综合摘要】

身体最能戳破你的假象

　　"摇头摆尾"是用坐胯大开马步做"盘腿旋腰"动作，但因为需要更高难度的全身性协调，身体动到的角度会比"盘腿旋腰"更深。准备动作完成后，坐胯，把胯撑开，脊椎打直，脚尖内扣，尾闾内收，往后仰。先把正确的角度调到位，停顿一下，再慢慢转。慢，才能熬出身体的火候，在慢当中体会松的感觉。若有肾阴虚的问题，此时就会头晕耳鸣，毋须害怕，反而要更放松、更慢，蹲姿可略高些，假以时日即可改善。

　　练习一段时间后，会觉得脚越来越重，如大象腿般沉重，这是因为深层肌肉的强度改变，暂时有被拉住的感觉，这叫作换力。练到换力，肌肉会越来越强壮，需要相对增加力量才能拖得动它。所以走路会很痛苦，但耐力会比别人强，别人都不支倒地了，你的肌肉才刚刚完成热身，才要开始起跑。

　　身体六十兆细胞是六十兆个群龙无首的独立个体，但他们共同服膺于你这个主人。你的想法会左右六十兆细胞的意愿，因此，若能依循自然法则统领身体，身体就可以保持最佳状态，让身心灵成为自然之道的一部分。如果心被惰性、欲望征服，用欲望统领身体，身体就会被各种情绪堵塞，看不到生命的最高价值，灵性就会被禁锢在欲望的牢狱之中，无法开展发挥本具的功能。

　　所以，练功不是自我虐待，而是通过自我训练跟自己的身体对话，让身体了解你的企图，而把全部潜能发挥出来，支持你，让你实践梦想。刚开始还没学会放松，因为你跟身体长久的疏离，身体被卡住了，所以会觉得很酸。身体松开了，各部位都能各司其职，背阔肌做背阔肌的事、股四头肌做股四头肌的事，就不会增加彼此的压力。身体太重时，试着松开、虚掉。脚步先要沉，气能沉，再松，就会很稳。对自己没有企图心，就会怕痛。不要把身体的痛看在眼里，要学会将痛松开、虚掉。练功的时候不要被自己的软弱所屈服，那就是你的敌人，是你要苦练的所在。听一场演讲，你马上觉得自己也可以成圣成佛，但只要给你一个动作磨你一下，你马上就会看到自己的恐惧、懦弱，原形毕露。坚不坚强，先看身体动作，身体最能戳破你的假象。所以，酸痛是你自己的感觉，那是假象。否则，为什么做第一个动作不会酸，做到第十二个动作就会酸？你没有平常心，你被次数暗示了你在受重量训练。

我们从长久的练功当中培养对尾椎的觉知，发现骨之中心点在尾椎，气的中心点是肚脐，所以尾椎前顶是练功的重要原则。提气时，气从根管上来，尾椎是重要的内气开关。我们在很多动作都要求尾椎要前顶，在"摇头摆尾"功法中，特别是在身体回正、脊椎打直挺起的时候，为了拉出尾椎到百会这条后弓曲线，尤须强调尾椎往前顶。能在难度颇高的动作角度上做到这一点，表示身体的细部操控能力增强了，各组织部位分工协调的能力也成熟了，所以平抬马步不会感到吃力。

此外，当身体转到正面，尾椎往前顶、身体往后仰，百会与会阴成相反方向延伸时，这个垂直点的角度非常重要，必须稍稍停顿，再慢慢转，不可草率混过去。转的时候要始终维持尾闾中正，垂直线不能跑掉。做到这些当然不容易，但一定要越过去，将来气循脊椎盘旋而上的路线就会越来越顺，否则气会从后背闷到前胸，压迫胸腺，也压迫心脏。所以尾椎一定要接得起来，如此，气从涌泉上来时，只要尾椎一接，任督就可以循环。

第五节　跌岔压腿

【原理说明】

训练身体分工协调的能力

　　人体的能量传导，肩与胯都是重要的转运站。肩胛在头部与腹部之间，负责将能量传导输布至头部。胯在腹部与下肢之间，负责将能量往下传导输布至双腿。然而，人体能量的输布传导，却往往在肩颈、腰胯受到最大的阻碍，因为两者都是人体最容易造成粘连的部位。组织粘连，血管和淋巴管的流动系数都会受到影响，而肩与胯又有腋淋巴结与腹股沟浅淋巴结的分布，必须借充足的运动，维持能量的畅通。

　　"跌岔压腿"主要是针对胯的灵活性锻炼，以及髋关节、大腿、小腿、膝盖、脚踝，乃至全身组织的整体协调训练。要知肩与胯合，松肩必先松胯，要松胯则必须松开肩膀，两者在身体力学上是一体的，不可偏废。躯干不松，压力就会卡在膝盖上，上身松如流水，下盘才能稳固。

　　必须提醒的是，压腿时并不是拉筋，而是轻轻弹动，让小腿贴地，放松脚后侧的筋，让筋充氧、保持弹性，同时让髋关节附近的肌肉、韧带放松。一个关节对应一条筋，只要一个关节松开，那条筋就没问题。

　　这个动作的练习过程最能领受身体改变的喜悦，从不能到能，除了大脑理解，最重要的是在一次又一次的尝试中，让身体学会分工协调。刚开始身体怎么样也起不来，经过无数次的尝试练习，突然一个不期而至的旋转荡势，就把身体带起来了，原来踝关节和两腿、腰背、腹部肌肉群的动觉已经被唤醒了，此时若能得到尾闾提气的帮助，动作将更为轻松自在，任何一个部位都可当作支点，让身体起来。

做法

1. 大开马步，两肩背张开，两手轻贴在膝盖上。

2. 重心移至右涌泉，身体向左旋，左脚放松打直，轻轻弹压，使脚踝、膝盖和胯放松，小腿乃至整条腿贴地。然后慢慢尝试坐下，并使右膝落地，身体转向左。

3. 以全身性的协调，借身体由左向右旋转的回荡之势，使右膝翻起，臀部离地。身体回正后，收左腿，成大开马步。

4. 重心移至左涌泉，身体向右旋，右脚放松打直，轻轻弹压，让踝膝胯放松。然后慢慢尝试坐下，并使左膝落地，身体转向右。

5. 动作反复如上，左右来回为 1 次，练习 12 次。

图 2-1

图 2-2

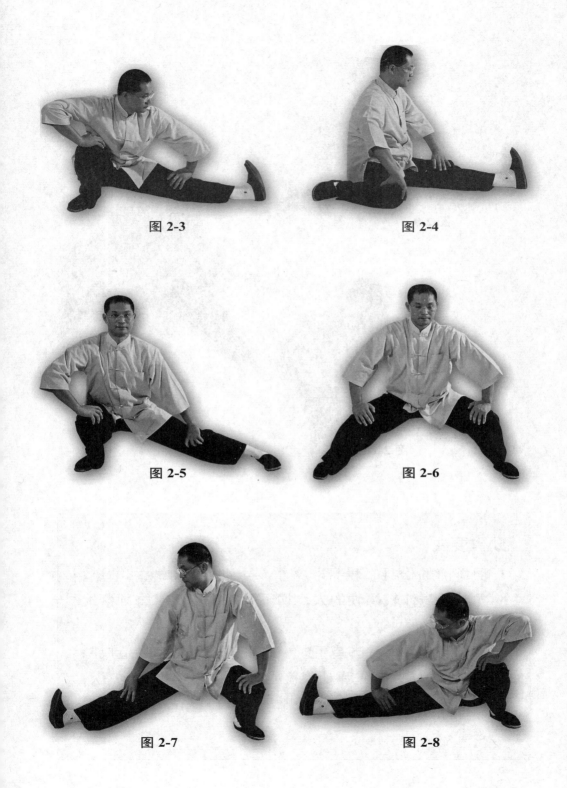

图 2-3

图 2-4

图 2-5

图 2-6

图 2-7

图 2-8

图 2-9

图 2-10

图 2-11

动作要诀

1. 动作前的松身、暖身非常重要。动作务须缓和渐进，尤其是身体较僵硬的人，切不可一次就要求臀部落地坐下。

2. 一脚打直，另一脚蹲下时，蹲下的脚通常容易造成膝盖受伤。所以要先弹动膝盖或按摩小腿，让膝盖放松，臀部越来越低，小腿慢慢贴地，就可以在不知不觉中坐下。

3. 起身时，通常会因为踝关节卡住而上不来，所以先让脚踝韧带附近的肌肉学会放松，以免受伤。否则，若肌肉转不动，会以韧带代偿。

4. 旋转起落的动作过程中，动机不在膝盖，膝盖必须完全放松。

【课程综合摘要】

一个只有自己知道的螺旋劲

这个动作一开始会让很多人感到挫折，但经过练习之后，会让很多人从此重新认识自己的身体潜能。即使年过五六十岁，仍可以从这个动作的练习中，体会身体开发的喜悦。不过，这绝不是硬拗着身体去完成一个高难度的动作，而是以缓慢、柔和的动作，慢慢唤醒身体的本能觉知。所以，动作的标准样式不重要，重要的是身体的本体功能是不是活跃起来了，每一个关节的浅层肌肉、深层肌肉与韧带是不是都已恢复弹性。到了一定年纪，跟身体的相处尤需要智慧，过度的身体操练，往往养生不成反杀生，特别是膝盖不宜过度转动，否则容易造成侧韧带受伤。要松开关节，而不是盲目地拉筋，放松才能让筋充氧、恢复弹性。我们要练到身强体壮，强壮才是最丰厚的资本。所以要慢慢练，不是自我虐待，人家一个月可以做到，我一年做到又何妨！

所以，呵护身体，要像呵护婴儿一样，轻、松、绵、透、虚、定，每个动作都了了分明。先练习压腿，让蹲下的大腿能贴紧胸部，再慢慢往下坐。让每个关节慢慢松开，先熟练动作，再培养动作的本体，让动作内化到身体里面，产生彻底的改变。松沉是毛孔松沉、皮肉骨松沉，如尘埃落定，像流水一样无招无式。身体要流动，用身体的流动带动起落。回荡起身时，身体才能无声无息。所以不练技巧，要不断往内开发，在身体内部形成一个只有自己知道的螺旋劲。

第六节　摘星换斗

【原理说明】

周流不虚的圆运动

　　"摘星换斗"原为达摩易筋经的第四式，一般将"摘星"理解为单手向上托天再采"星"而下；"换斗"则因弓步上下换手形似北斗七星而名之。我的理解不尽然如此，故动作设计与一般"摘星换斗"略有不同。

　　我所重新诠释、整理的"摘星换斗"是"旋臂转脊"系列功法之一，主练胸腺及淋巴系统。因此，在单手托天"摘星"之后，是由腰腹丹田带动上半身向左、向右旋转，再延伸下腰贴掌抹地，然后沿着膀胱经轻抹而上。如此拳换掌、掌换拳，左右反复、上下交换，形成一个大宇宙与小宇宙周流不虚的圆运动，是为"换斗"。除了可以彻底松开身体左右两侧的肌肉关节与经脉，打开胸廓，促进淋巴系统的流通运作，亦可形成全身腺体的对称性流动与经脉的上下首尾衔接。当身体更放松、心更安静，气定神闲时，即可感觉全身气机的旋转流动，上接天气、下引地气，经腰肾、膀胱与人体相接，仿佛置身于宇宙六合之中，乾坤就在指掌间。

做法

1. 两脚与肩同宽，两手握拳，拳心向上，置于腰侧。

2. 吸气，左手沿着身体前侧翻转手心向上，托至头顶。继续吸气，身体右旋至极后，吐气，身体向右侧推出，脊椎打直，与手臂成一直线，继续吐气，并下腰至手心贴地，再以腰椎带动，手心由右至左轻抹至左脚跟旁。

3. 吸气，左手掌心沿着膀胱经上抹至腰隙处，右手握拳置于腰侧，换右手翻转掌心朝上托天，身体左旋。如上反复做36次。

图 2-1   图 2-2   图 2-3

图 2-4   图 2-5

图 2-6

图 2-7

图 2-8

图 2-9

图 2-10   图 2-11

动作要诀

1. 上吸下吐。吸气时意守命门，吐气时意守肚脐。

2. 背要直，胯要松。旋转点在身体中线，高低起伏都要放松，身体松，手自然松。

3. 手往上托时尾椎前顶，下腰吐气时尾椎放松。

4. 单掌抹地时手要轻，劳宫如有物，要将"揉丹"的方法用出来。（详参《气机导引：内脏篇》）

5. 左右下腰时重心会跑到前脚，但前脚不要蹬直，直而不撑，才可以延伸膀胱经。拳不直、腿不蹬，出拳留三分，腿也要留三分。

6. 手抹膀胱经而上之后立刻接手握拳推掌而上，这条内气衔接的线路不可出现断点。放松，气才能回到手指脚趾，用手指脚趾拉出身体内部的气线。

7. 动作要有气势，就要注意每一个细节，例如收手握拳的细节要交代清楚，气势才会出来，不可以浑浑噩噩，马虎草率。

8. 握拳于腰侧时，拳要贴紧，才可以练到胸肋气饱而不用力。

【课程综合摘要】

准确体会动作和身体的联结

身体要放松，才能感觉每一个动作的意义。例如，一手握拳、一手向上撑掌的身体反向、对称操作，再仰头看手托天，这些动作角度会产生什么意义？手沿着膀胱经上抹时，身体会有怎样的反应？此外，撑掌托天抹地以及握拳于腰际的意义何在？反复做六次之后，身体的感觉跟第一次有什么不同？能仔细体察每一个动作，身体就会越来越稳、越来越平衡，因为对自己了如指掌，这是静心定气的基础训练。

接下来，必须更准确地体会动作和身体产生的联接。比方说，因为"摘星换斗"动作所牵引的都是和淋巴、胸腺相关的路线，去体察动作如何作用到胸腺和淋巴，身体两侧的足太阳经与手少阳经又如何受到动作的牵引，手接天气、地气到腰肾、膀胱的身体感如何，以及拳一握，立刻接掌上托的气机衔接感……

当然，这些都是进入气功态以后的身体感，刚开始还在筋骨皮肉的感知范围，那就感觉动作跟筋骨皮肉的关系。在动功练习时，觉知自己的身体是非常重要的训练，而这个觉知又是一层深过一层的，从"无听之以耳，而听之以心"，到"无听之以心，而听之以气"，从有形的肉体超越到心，再从可感的"心"超越为恍兮惚兮、惚兮恍兮的"气"，越来越细腻，也越来越无形。到最后做动作是跟着气走，不是跟着心走。以意领气，意是无为的心，而不是想。无气则不成形，若不是用气带动作，到年纪大时，还要跟年轻人一样下腰，不是太辛苦了吗？所以，不是弯腰，而是气下去，弯腰无腰，开腿无腿，腿都没有了，还要拉什么筋？我们要体会的是这种境界！松到虚透，全体透空，什么都没有，但是身体要多弯都可以，而且因为松透，全身骨节都可以开。

动作跟着气走，就不会急。跟着气走，就是跟着气的感觉走，而这个感觉不是想象的感觉，是真正的内部气感。做动作时能听到气的感觉就会很自然，但假如是用动作把气做出来，那就不对了。

练到松的境界，像一片烟，连撞击都没有，所有的动作都是松的，所以会很快乐，到八十岁还可以继续动。这样持续练到八十岁，人一站出去，就是一个典范。

以身体为道场

真正的修养绝不是忍耐。刻意表现出很有修养的样子，那是压抑自己，其实内心充满坎坷，最后刺伤自己。不敢刺伤别人，只敢刺伤自己，是因为怕别人说你没礼貌、没修养，这不叫修养，叫伪君子。嘴巴说"甘拜下风""承让承让"，其实内心不爽，那都是伪君子。君子不一定都要做出"揖让而升，下而饮"的样子，鲁智深是君子，猪八戒也是君子，君子没有一定的样子。君子坦荡荡，小人常戚戚。什么是坦荡荡？

练功练到最后，就是要能"知机"，要知道有形的身体之外，还有性灵的境界。我们现在还在性、命之间修炼。炼身为命，修命在下丹田，在动功；修心在静，在中丹田；修灵在泥丸，在上丹田，那就得动静兼养，身灵与心灵都提升到相当的高度之后，交集融会而成一片是空非空、是有非有，无我相、无人相、无众生相、无寿者相的境界。

　　所以，练功当中要知道自己是在修心，身体是你的罗盘，是工具，是沙盘，让你推演心的变化。当心有变化时，可以从身体的罗盘推演找到方法，你会有所依归。所以，身体是修心的道场。

　　性命双修之后，就是性灵双修，也就是灵性学。真正练功的人，有一个坏念头进来，自己就有所警觉。你不能放纵自己的想法，思想是有罪的，不要以为思想无罪，行动才有罪。灵修怎么修？就是远离负面能量。

　　可是在性命双修的阶段，反而要经历负面能量。没有经历负面能量，怎么知道什么是正？不要同流合污就好。怎么做跟怎么想是两回事，做同样的事，想法不同，从灵修的角度来看，就有截然不同的果。所以在修炼身心的阶段，不能到庙里去，必须在人世间历练。所以我不叫你出家、放下，你的心必须在争夺、互相倾轧的环境中磨炼，那才是炼心的道场。过度猜疑、以小人之心度君子之腹的人到处皆是，因为人没有安全感，希望表现自己，喜欢在这里戳一个洞、那里戳一个洞，然后说我是来补洞的。但这种人并不是坏人，他只是不了解，他需要这样获得自信，他活在错误的自信中，想获得价值，也想从善，但他不懂得方法。不要以为一个人学问很高、官很大，他的心灵必定也很强壮。在修性命的时候，必须以身体为道场，以社会为炼心的道场。你需要工作，必须投身社会，去面对人的纷争。遇到痛苦，不要逃避，让那些痛苦痛得更深一点，然后再放一点、松一点。就像我的生命导师明复法师临死的时候说："肠子啊，再痛一点！再痛一点我就可以断气了。"意思是让刀子挖得更深一点，再深一点那执着不肯放开的心就断了。

等到性灵双修时，则要放下道场，放下身体，恍恍惚惚，无所在，无所不在，没有价值，也不是没价值；好像活着，又好像没有活着。还在人群中，但完全把自己空掉。不是你不关心家人、社会，而是你无所不在，全宇宙都有你。这个境界，我已经闻到味道了，只是功力不够，能量还不足，我也得继续修。那是活死人的境界，人家看到你视如不见，所有的感觉都不存在。

虚才能无所不在，如果人家说一句话你就不爽，如果你还要标榜自己，还要建立品牌、维护尊严，你就还在身心修炼的阶段。跟人家沟通完毕，事情处理完，可是完全没有想法；不要讨厌谁，也不会喜欢谁，这才是众生平等，无我相、无人相，所以要把心断掉、空掉。神经大条的人比较好练，不像我，简直是定时炸弹！像我这种人都能修，你们都比我好太多了，为什么不能修？给我十年、三十年，我一定会悟道；再不行，给我五十年，我也一定会悟道，因为我已经朝这个方向在练功，方向对了，学理正确，就一定到得了。

不要空谈放下、空谈心性，没有从身体实修，嘴巴谈出来的未必是真的。人家给你一巴掌，你的心性又浮起来了！大家称赞你修养好，是好人，你的修养当然好；可是人家一说你是伪君子，你就会气得跳起来！所以，修心性一定要从身体的修炼开始。我的身体可以忍，我的心也可以忍；身体可以放松，心里种种纠结也一定可以松开，但灵性没办法。你就是这么肮脏龌龊，眼睛一闭起来各种坏念头就出来，这些负面能量也不是你要的，可是它就浮出来了。眼睛闭起来你就是坏胚子，你的脑袋充满负面元素，所以修性灵，第一步就要远离负面能量。

修行就是清醒而自在地生活，所谓"远近通达道，进退返逍遥"。人生就是不断往前走，从近处开始，一步接一步才能走远，这才是道、才是自然，也才是修行。该过关时过关，该逍遥时逍遥。一路上会遇到红灯是你遇到，不是你运气不好，遇到就遇到了，不必说一大堆道理来自我催眠。尤其是年轻人不要空谈心性，过得像出家人，以后一定不切实际。

真意往来无间断，知而不守是功夫

呼吸要慢匀细长，动作要松。不过，假如还在胸式呼吸，就不要学慢匀细长的呼吸，先学腹式呼吸，让身体尽量放松就好了。先不管有没有专注、有没有入定，一定要一步一步，扎扎实实才能练出真功夫。练拳不练功，到老一场空。"功"就是基本实力，就是循序渐进的层次。

手松开，肩膀要沉；肩膀不沉，气就会卡在胸腔。把慢匀细长的呼吸感觉做出来，你就会发现，呼吸会出现在下腹腔丹田。到后来，你又会发现，丹田呼吸的现象是身体动作、身体的开合在控制的。动作的变化由身体空间决定，这就是身体呼吸。如果用意识带动，表示呼吸虽然慢匀细长，但火候不够，是用意念强制为之。

呼吸要无形化，动作也要无形化。动作要从练松入手，呼吸是有相的，让动作带动呼吸。所以动作越慢、呼吸越慢，经脉越通，身体空间越大，越放松，纳气量越大，这就进入"巽风"阶段了。这时候呼吸不能用想，意识呼吸是静坐时用的。练动功时，意识呼吸的纳气量不足以供应动作燃烧所需。所以做动作时要止火，停止意识，要用动作去开身体的空间。

静坐用鼻根呼吸，那就是用想的，是意识呼吸，不是鼻呼吸。用鼻根呼吸让气吸到延脑，吐气到丹田，因为延脑是呼吸中枢。也不用想要吸气吸到满，不要吸气，感觉身体有气就好，进入一种浑然整体的呼吸状态。肩膀放松，让身体自然形成橐籥现象。

所以，"意"不是想象，更不是死沉枯寂，脑袋没有想象时，自性就会显现。安静是活生生的，不是死寂，在这种安静的状态下动起来，意识的能量就会带动身体。亦即当中枢神经停止之后，还是有一股能量会被启动，它超越中枢神经，控制你的气，但不会控制你的肢体。气不是空气，空气是原料，但气是人体内在最精华的功能。这种功能性是一种浑然的身体开合之象，由一种无形的存在所控制。

绝对的安静才具有动人的能量，我们被太多由中枢神经主导的思维捆绑，这是练功一定要突破的。知识分子的理性逻辑认知，积极的做事态度等都会变成很大的障碍。不用积极，要放开，放开很多人间的法则。我也是经过很久的练习，才渐渐懂得放开。要先把自己空掉，脑袋想什么，身体就会变成什么。脑袋空掉，身体就会改变。脑袋掌握你的一切，只有改变它，你才会改变。

我们每天都在执行死亡，生的定义就是不断接近死亡。我们经历许多烦恼，每天都往死亡迈进。不要执着任何的形式，否则非但空不掉，反而会掉进另一种框架。说什么静坐要断念，断什么念？把念头空掉就好了！静坐是大道，断念是小道；大道就是生活，小道是及时应用；大道是自然而然，天天要做的事。从生活中淬取的体会，才是大道所依循的方向。完全放空，连方法都不要。掌握这些，才能渐渐进入"真意往来无间断，知而不守是功夫"的大道。

第七节　鹞子翻身

【原理说明】

松到更深的骨缝中

常有朋友善意提醒我，气机导引十八套功法 173 个动作，太过繁杂，若能简化动作，强调"一招治百病"，这样推广起来容易得多。我早年专事行销工作，对于各种行销手法深谙其妙，然而我一辈子都在探索自己的身体，对于肢体的真相如何，知之为知之，不知为不知，不敢自欺欺人。身体是何等深奥、复杂的有机体，若有肢体工作者敢妄言一招可以治百病，表示他其实并未真正理解身体。尤其若想通过功法锻炼让身体恢复灵敏的觉知，成为悟道的渡河之舟，从根源上彻底解除病苦，更需动静兼养、身心同修，其间的辛苦艰难，岂是几招就可以达成的功夫？

就以本节所介绍的"鹞子翻身"功法而言，此功法是从前后、上下、左右各个角度形成大开大展的压缩，配合松肩、开胯的训练，一方面给予胸腺、淋巴充分的刺激，另一方面要松到更深的骨缝中，好让整体的气机循环更顺畅，为日后的任督循环奠定基础。本功法的每一个动作，即使在前弯的角度，也都是为了拓开胸腺。该套动作的作用很大，一般病人无法做到；但是，要让一个病人的胸腺达到正常人的程度，又得利用这个动作慢慢锻炼。必须注意的是，气不足，肾阴虚、肾气不足的人，做完以后会耳鸣、脸色发白。有人会胸闷、想吐，特别是心脏病患者，要特别留意，因为这些动作都会作用到肾脏和心脏，一开始不要做太多，做三次休息一下。掌握每个动作的要诀，确实动到身体里面，就可以从动作中产生自己的觉察。

此外，关于"鹞子翻身"的动作角度，也会随着身体条件的改变而调整。在锻炼初期，为了让身体产生深层质变，从身体内部强壮起来，每一个动作角度都要做到位，否则就只能动到浅层肌肉，等到年纪大了，无法做大角度的动作时，原本强壮的浅层肌肉就会变成脂肪。很多运动员在停止运动之后立刻暴肥，就是这个原因。身体的深层质变，是为了学会透体放松。真正的松是外柔内刚，因为不燃烧、不用力，浅层肌肉是柔软的，深层肌肉则是强壮的。这才是让人体发挥最大效益的理想状态。

由此看来，一个动作角度的些微差异，就会在身体内部形成截然不同的功能作用。我们利用各种角度的深层运动，完整经历身体的每一个细部组织，而且随着不同的阶段随时调整做法。面对不可思议的身体小宇宙，我们慎之又慎，尚不敢奢言可以治百病，何况一招一式！

做法

1. 两脚分开与肩同宽，吸气，两手臂放松延伸，抱元于头顶。
2. 继续吸气，两手拉开画大圆，上身后仰，将胸廓、两肋与任脉延伸拉开。
3. 继续吸气，两手放松落下抱元于臀后。
4. 开始吐气，身体前俯下腰，两手尽量往头顶翻落。
5. 吸气，身体向右旋转，再向左旋转，然后回正。
6. 吐气，屈膝坐胯，两手指交握绕过臀部，再绕过大腿抱头，闭气三到六秒；然后手指松开，回到身前成十字手。

7. 吸气，身体缓缓张开，两手随之延伸张开，抱元于头顶。
8. 如上反复操作。

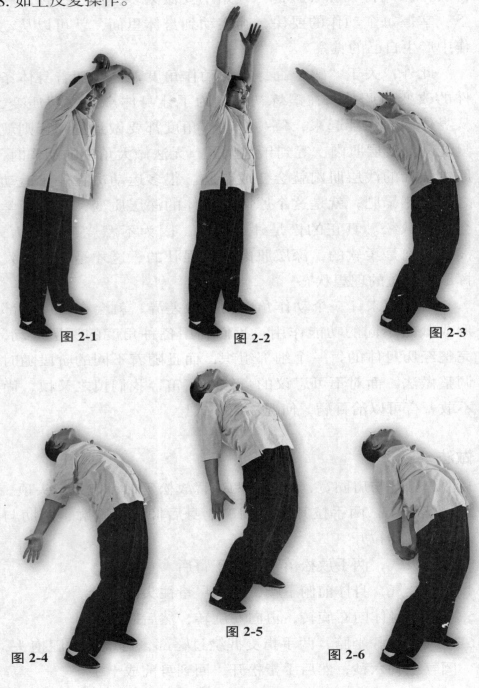

图 2-1

图 2-2

图 2-3

图 2-4

图 2-5

图 2-6

图 2-7

图 2-8

图 2-9

图 2-10

图 2-11

图 2-12

图 2-13

图 2-14

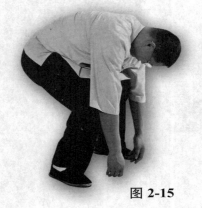

图 2-15

图 2-16

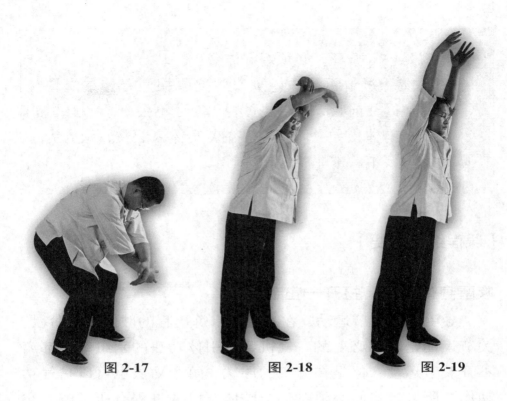

图 2-17   图 2-18   图 2-19

动作要诀

1. 屈膝落胯时任脉松沉下行。两手成十字手，身体缓缓
   拉开后仰时，会阴缩提，任脉拉开。此时，若有腰痛
   或高血压症状，可以坐胯，以缓和其作用。

2. 两手在背后交握，再往前推伸时，两手需尽量拉撑到
   肩、颈的位置。颈部尽量放松往后抬，再往后旋转，
   也要转到肩颈与所有脊椎的位置。做 24 次，肩膀就
   可松开。

3. 两手交握在背后往前扳时，气在丹田，双腿亦可略弯
   放松，胯才能灵活。转丹压缩丹球到脚跟，再转上来。
   气离开丹田后，松沉到涌泉，再缩提上来。动作的道理就是内气循环，必须好好体会。

4.两手交叉过臀再抱头，是以腹部收缩使身体尽量蜷缩、尾闾往前收，两手绕过臀部时才不会松开。总之，必须让身体松如一团棉花，倘若身体太僵硬，勉力为之即可，不一定非要做到不可。

【课程综合摘要】

唤醒身体意识，打开一座宝库

导引术是关节运动，在身心灵修炼历程的肢体治疗阶段，关节运动是非常必要的。气机导引引体功法的六组动作都离不开关节运动，但是在炼气的层次，每个功法也可以是气功动作。所以，我们必须对整个肢体开发的进程有所了解。在引体动作中，就要以"放松""专注"为主要的学习目标，不要被动作干扰你的放松和专注，慢慢把腰椎、胸椎、颈椎放掉，甚至到后来，连呼吸相都要放掉。

因此，在练习"鹞子翻身"这种大开大合的压缩动作时，例如，在前俯下腰，两手在背后交握，再往前翻推，身体向左右旋转时，这是颈椎与背部脊椎的旋转，刚开始要确实动到脊椎与背部肌肉，但渐渐要以丹田的旋转带动身体的旋转。这是随着身体松柔与能量的提升、转化而改变的，因为越高层、越精致的能量越无形。当我们渐渐年老，有形的肉体能量逐年递减时，身体还有另一种能量，会随着心灵的纯净安静而逐渐增强，那就是元气能量。

不管在哪一个阶段，都要清楚觉知每一个动作，能量来自哪里，都要很清楚。弯腰推臂出去时，整个背部的膀胱经都要拉开。左右转动压缩丹田，必须转到极处。手沉到丹田，然后提气上来，身体就会有放松膨胀的感觉。两手从臀部绕过抱头，看似脊椎放松延伸，其实完全要靠腹部收缩的作用。通常两手能过臀就能抱头，因为肩胯是相对应的，肩胯能松，腹部一收缩，两手就可以过臀、抱头。抱得到头，腹部就不会囤积脂肪。在捞月式时，气一缩提，气就运行到背部。气运行到哪里，就可以治哪里的病。导气时一定有升降出入，否则就不是气功学，而人体调整也要从调和升降出入下手。

练功是返璞归真的过程，诚如《易经》复卦指出的方向，通过剥之又剥的修炼，就可以复见天地之心。天地之心，就是大脑杂念停止之后的真心。脑神经受眼、耳、鼻、舌、身、意接收的外界信息影响，那是被各种欲望混淆、蒙蔽的人心。人心遮蔽了天地之心，那是脑袋的思想，不是身体的思想。脑袋的思想结构源于外界；身体的思想是纯真无染的天地心，是没有思想的觉知。人心被欲望驱动，也被社会规范制约，慢慢就消失了本能天性。身体的思想决定你是否快乐，决定你是充满力量还是不堪一击。我们不必受限于文字或语言，通过身体动作真实经历，不断向内寻找，自然可以洞察天地之心的存在。这个思想就是道心。

人人都有道心，忘记人心的思想框架，就可以跟一棵树合而为一。道心是万物共同的心，它也是身体的逻辑。这个力量从一出生就被蒙蔽了，从婴儿期开始，他对世界的探索一再地被阻拦。他喝马桶的水，把铁钉插到插头里去，因为孩子心里没有是非，但是被骂过无数次之后，他探索世界的天性就渐渐被堵死了。所以，人渐渐长大，也渐渐被驯化了。如果你无法看穿这个事实，就无法保有真心，而且，你也会臣服在整个社会化的规范中，受到无知的教育蒙蔽，你原有的内在智慧也就被蒙蔽了。

每个人心中都有一个小孩，但这个小孩都会变成世俗的大人。充满创造力的人心里都保有童心，所以他敢于跨越世俗的藩篱。只要你唤醒内心的小孩，唤醒沉睡的身体意识，你就拥有无穷的创造力量。找到这把解开身心桎梏的钥匙，你就打开了一座宝库，里面应有尽有，因为思想会形成所有的真相。

　　练功就是要唤醒 DNA 的思想，DNA 的资料库远比大脑的知识更完整，也比你的想法更有智慧，因为他记忆了三十亿年的地球演化史，也记忆你的前世今生。你的祖先曾经历过的生存与死亡方式，包括你曾经犯过的身体的罪，都记录在你的 DNA 里面，你的后代会不断地重蹈覆辙，用相同的死亡方式走向死亡，也用相同的行为模式经营人生。防不胜防，无处可躲，唯一的机会就是唤醒细胞的力量，"松开"，让它自我调整；"转开"，所有的力量都会发生。

第八节　浴火凤凰

【原理说明】

从膀胱经开胸腺、淋巴

　　"浴火凤凰"为"陆上游泳"系列功法中的自由式，原为气机导引十八套功法"旋臂转脊"拓展胸腺的动作之一。

　　我在推出"陆上游泳"系列功法时，是想用肢体运动的四大原理——螺旋、延伸、开合、绞转涵盖所有运动，以此打破功法招式化的概念，让运动回归本体，摆脱各种运动工具的束缚，以身体开发为主要目标。例如，游泳的目的是全身筋骨的极限开展，但如果没有游泳池，一样可以达到全身大开大合的作用；再如太极拳已成为国术的代表，但许多太极拳爱好者仍受到招式的捆绑，反而动不到更细腻、更深层的身体内部结构，久而久之，太极拳开创之初的精神原貌就会消失不见，所谓国术只剩下空架子，缺乏生生不息、与时俱进的实质内涵。因此，我用"身体自觉"的概念提出"体育改革""用颠覆传统来发扬传统"等号召，并将此贯彻在肢体教学中，希望能以长时间的实践来落实这个想法。

就以"浴火凤凰"为例，此功法融合马王堆导引图中鹬鸟伸展肢体的动作，与现代游泳自由式结合，在开胯、脊椎延伸的基本架势下，以双臂带动身体两侧及胸、背部的大幅延展，拓开胸腔、刺激胸腺，并活络阴跷阳跷、阴维阳维经脉。同时，由于双手通常是前向操作的，此式亦强调双手于背后拉开的反向操作，可达到扩胸及肌肉体格均衡发展的效果。亦可缓解腰背、两肋酸痛及五十肩。须知要动胸腺就要动肩膀，而肩与胯相应，因此动作必须兼顾肩膀和胯的相应关系，练到肩胯一体，身体自然灵活。成长期的儿童、青少年或体质虚弱者，若能勤练此动作，可改善体质、强健体魄，增强免疫力。

做法

1. 两脚打开与肩同宽，两手自然下垂。落胯下蹲至马步。
2. 吸气，两手臂于身后缓缓张开至极，再交叉贴掌于后颈部，脊椎放松打直。
3. 吐气，下腰前俯，两手从后颈部绕圆延伸而出，脊椎与地面平行延伸至极。
4. 吸气，双手由外往内拨回至胸前，同时下巴尽量仰抬，伸展任脉。

5. 吐气，身体放松打直，双手自然下垂恢复至准备动作。

6. 吸气，转胯，重心缓缓移至右涌泉，左手自然下垂。

7. 右手由右后方往上画圆至颈后，吐气，再从颈后往前伸出，带动脊椎延伸至极。

8. 吸气，身体旋回正面，同时右手拨回至胸前。

9. 吐气，身体放松打直，双手自然下垂恢复至准备动作。

10. 左旋动作如上反复操作，左右来回为 1 次，做 6 次。

图 2-1　　　　　　　　　　　　　图 2-2

图 2-3　　　　　　　　　　　　　图 2-4

图 2-5

图 2-6

图 2-7

图 2-8

图 2-9

图 2-10

图 2-11

图 2-12

图 2-13

图 2-14

图 2-15

图 2-16

动作要诀

1. 左、右手由后往上绕圆时，幅度越大越好，可使肩关节充分开展，活络淋巴与胸肋。

2. 身体转回正面，左、右手往胸前画圆拨回时，吸气，令气入丹田，脊椎反向拉撑出去，头尽量往上、往后仰。

3. 每一个动作都要动到背部，务使背部彻底张开。背部张开，才能动到胸腺。胯要松开，弓步时尾椎才不会高于前脚膝盖。

4. 做完动作后若有耳鸣，此为肾气往上冲的自然现象，不需忧虑。

5. 动作情境中，关键在虚手。一手在动时，虚手自然下垂，以对应实的手。动的手一定会僵硬，但要练到跟虚手一样松。

【课程综合摘要】

储备"取丹于身"的能力

大鸟的翅膀必须张开才飞得远，做大事的人是用整个身心性命投入的。身体会影响心性格局，心性格局当然也会影响身体。所以我认为，融会儒释道思想精华于一家的中华文化之所以能开展出这么了不起的思想格局，是因为从身体实践的经验中，确实可以体验到"天地与我并生，而万物与我为一"的内在景象。今天我们要发扬传统文化的原创精神，就不能忽略身体实践的意义。我过去谈"体育改革""用颠覆传统来发扬传统"，就是要打破已经僵化的制式，重新回溯原创时期的"元文化"精神。而身体实践永远都是"原创"的，这也是我主张"从身体入于道体"的依据。

所谓"动到本体"，就是指每一个动作都会牵动身体内部组织，引起精密的人体传链反应。例如，本功法中旋转手臂时就要牵动夹脊。捞气回来，两手指尖相对时，是向内压缩产生的反作用力让身体起来，主要是拉开任脉，而不是拉身体。将任脉拉开，背部自然会平行拉伸出去，所以动作都是动在背部，开在胸腺，若动在腹部就不对了。而同样是举手的动作，"旋臂转脊"系列功法都是动在胸腺，"大鹏展翅"的"开胸辟肺"则动在胸腔。因为动作角度不同，故能以精准细腻的操作对身体进行针对性的练养。

当体力足够、关节可以放松之后，还要能体会动作当中的内气逻辑。例如，手从大椎绕大圈切出去再拉回压下，是从玉枕推气到百会，再拉回到重楼，然后从重楼压气到膻中、下丹田。再换手，则是把气从尾闾、夹脊旋转上来到玉枕，再从玉枕切出，推气到百会……这里面有一个周天循环的轨迹，所有的内气循环都有不变的逻辑，要从动作当中发现这个逻辑，然后动作才能跟身体融合为一，成为身体的本能。当然，这个境界需要相当时日的修炼才有可能达成。

我很早就强调练功可以"取丹于身"，因为身体就是药局，是最伟大的神医。人体经眼、耳、鼻、舌、身、意与外界接触，身体接受刺激，产生激素，以准确无误地因应身体之需。练功可以让身体保持最佳状况，维持身体原始设定功能，提高身体自我修复的能力；但肢体治疗要有确切的效果，就必须对于动作的些微差异了如指掌，要有前后左右上下的平衡概念，然后才能开立运动处方，对症下药，以多重组合设计定制化的动作。

因此，通过动作仔细阅读身体这本书，等到都读通了，明白了身体的逻辑，就可以取丹于身、自助助人。将来不论走到哪里，遇到人家不舒服，都可以拿出适当的药方，而且这个药没有副作用，也可以随症状轻重施与不同的剂量。所以，把动作学在身体里面，储存起来，以后它就会在身体里面慢慢发酵，成为一生最重要的资产。

第九节　画圆松臂

【原理说明】

五十肩的特效药

胸腺在儿童期快速生长，发育至青春期达到最高峰，20岁后开始退化，逐渐被结缔组织代替。胸腺的生长周期，让我联想到生命的变化周期。有一本关于外星人和地球人对话的书籍谈到教育，外星人对地球人说："你们的孩子降生后大约从三岁开始，你们就不断地用'恐惧'教育他们。"若未经过深切反省，我们不会承认我们种种以爱为出发点的教育，其实充满威胁、利诱和恐吓。请仔细回想我们是怎么训勉、说服孩子加入成人的行列的，也请想想神话故事中的红孩儿，还有拒绝长大的小飞侠彼得·潘。恐惧成为人类代代相传的共同基因，潜入生命底层，型塑成我们的身体。于是，在随着成长而逐年加深的恐惧威胁下，当一个人开始彻底臣服于人群社会，胸腺的萎缩退化就演化成自然的生理机制了。

胸腺的萎缩退化，是从肩膀开始的。当生命失去勇往直前的率真与坦然，人就会不自觉地耸起肩膀，试图用肩膀抵挡什么。久而久之，肩膀越来越僵硬，胸廓空间粘连，胸腺受到压迫，自然会逐年萎缩。

"画圆松臂"就是重心以前六后四的小弓步，让身体往前倾，再用身体带着手臂放松旋转画圆，借此渐渐松开肩胛骨。刚开始是用肩胛骨带动手臂旋转，然后再以胸椎带动，最后是腰椎。这个越来越深的渐进过程，也就是松开手臂、肩膀，最后忘记手臂和肩膀的过程。在动作过程中必须保持肩膀放松，手没有意识，让它自行绕转，维持中心点不要跑掉。等到肩膀完全放松，手会感觉很重很热，圆圈会越荡越大。一手松开之后再换另一手，两手交换操作，最好能持续四十分钟以上。此功法除了是治疗五十肩的特效方，也是松开肩膀的妙方，更是身体自觉，让灵性生命逐渐复苏的法门之一。

做法

1. 两脚分开，成前六后四的小弓步，两脚微微屈膝。
2. 左手撑扶在左膝上，右肩右手皆放松，以腰带动，让右手在两脚之间荡圈画圆。当手松至没有手的感觉时，换左手操作如上。

图 2-1　　　　　　　　　　　　　图 2-2

图 2-3   图 2-4

图 2-5

动作要诀

1. 小弓步屈膝，后脚微弯，不须打直，保持骨盆成水平状，如此，长时间以腰椎带动手臂放松旋转，才不会伤到腰椎。

2. 转圈时，正转逆转皆可。

【课程综合摘要】

真正的致癌因子是态度

　　手松开之后气往末梢走的现象会越来越明显，而且气感会持续变强，然后发热。治疗五十肩最重要的就是这段过程。西方复健医疗一直在寻找有效治疗五十肩的方法，他们一般都教人一手扶墙，另一手爬墙，结果只练到那只正常的手，受伤的手反而没练到。其实扳一扳手指反而更有效，因为可以导引气往末梢，自然可松开肩关节肌肉，使之不再紧缩粘连。

　　五十肩患者必须每天连续操作此动作四十分钟，累了就换手，用正常的手教患侧手怎么动，不能单独做患侧手，才能保持平衡。若能配合拉单杠，效果将更为显著。这个动作很管用，很快就可以让肩膀松沉。肩膀松沉，气就通了。五十肩通常是信心危机，所以约有一半的五十肩患者最后会并发忧郁症。五十肩患者的手臂常常会痉挛，做完之后会有明显的气感，一旦能感受到气，手的觉知恢复，信心也恢复了。

　　人生最可悲的是在事业的道路上开疆辟土，却往往丧失了身体的道路，让身体的道路杂草丛生。穷一生之力，蓦然回首，才发现一口痰就让自己不得不撒手西归；装在棺材里，才发现一生的成就只留下子孙争产的斗争。若能提早明白这些，才能获得真正的快乐。这种快乐不是物质满足、恐惧被掩盖的快乐，更不是到达把恐惧关在门外的天堂，而是在恐惧中没有恐惧，在危险中没有危险，在快乐中没有快乐，这才是天堂的所在。曾经有灵魂出窍的人说看到一束光，看到天使来迎接，终于可以放下一身悲苦，来到天堂。其实那不是天堂，只是逃避的幻影。

　　走在大街上，到处都是充满身心障碍而不自知的面容，许多人的身体道路是壅塞不通的。我不想用抽象语言指出人间相的共同问题，指出问题无济于事，最重要的还是找到有效的方法。所以，我只能不断地让大家通过动作，把自己的酸痛、僵硬、障碍调出来，并学会松开它，这才是离苦得乐的根本大法。

　　很多事情不需要抽丝剥茧，搁着反而没事，需要抽丝剥茧的是身体。会得肺癌，不光是空气污染的问题，也不一定是常吃油炸、烧烤食物让你得肝癌，真正的致癌因子是你对生命的态度。当你觉得尊严受伤，你就用最大的攻击力反击，这种性格最伤肝。我们被很多欲望驱使、被情绪捆缚，所以会得癌症，身体僵硬、不快乐、性格变质扭曲。我们要从身体一层一层剥除这些东西，把身体的脏东西清掉，让每一个细胞充满张力，对身体充满觉知，才能用更宽广的角度看待人生。

第十节　旋臂转脊

【原理说明】

肩背胸廓的深层旋转

　　"旋臂转脊"是本系列功法的最后一式，是其余九个动作招式的集大成者，习练者可从本功法中发现其余九个招式的元素。其中的共同元素就是通过肩与胯的旋转开合，活络胸腔与腹部组织，刺激胸腺。

人体胸廓部位有胸肋骨的严密保护，胸腔内的器官包括心与肺，是维持人体能量的动力马达。此外，尚有胸腺、主动脉、食道、气管、神经等组织。然而一般若有胸痛、呼吸困难和咳嗽等症状，大部分是因长期缺乏运动导致胸腔外壁组织供氧不足，或因全身能量不通，造成上焦水湿运化受阻，使得痰饮瘀积在胸腔。长此以往，就会牵连到腔内脏腑，造成心肺功能疾病，并压迫胸腺，降低整体免疫功能。

"旋臂转脊"是以腰椎带动肩背、胸廓做大幅度的深层旋转，促进胸腔内外气血循环，可消除胸闷、呼吸困难等症状，提高心肺功能，对于淋巴腺、胸腺能量的开发、增加人体免疫力亦有直接的帮助。五十肩患者亦可以此进行自我疗愈。此动作强调颈椎的缓慢旋转，可松开肩颈关节，刺激颈动脉，减轻颈部、肩膀及手臂僵麻、疼痛等症状，预防中风与老年痴呆。

初学者可先从卧式"旋臂转脊"体会动作旨趣，掌握要领之后，再与"画圆松臂"搭配练习，更能领会后升前降的内气循环在此动作角度上是如何运作的。届时，就不只是关节肌肉的旋转开合了。

做法

1. 右脚在前，左脚打直在后，成右弓左箭步。右手掌撑按于右膝，左肩、左臂放松下垂，眼睛注视左指尖。
2. 吸气，以腰椎、胸椎、颈椎的依序旋转，带动左臂顺时针画圆至头顶。
3. 吐气，左臂从头顶慢慢画圆落下。
4. 反复做 3 次、6 次后，换边操作。
5. 此动作亦可躺下操作，动作要领如上。

图 2-1

图 2-2

图 2-3

图 2-4

图 2-5

图 2-6

图 2-7

图 2-8

图 2-9

动作要诀

1. 动作中务必保持全身放松，以缓慢的动作，配合慢、匀、细、长的呼吸。

2. 可与"画圆松臂"搭配练习。先以"画圆松臂"松开肩胛骨，再以"旋臂转脊"做更深层的运动。

3. 以腰椎带动手臂旋转，手臂需绕过头顶，眼睛始终注视指尖。

4. 动作中意守膻中，可使身体保持平衡。亦可侧躺着操作，左脚在上弯曲时，右脚放松打直，以右手扣住左膝，旋转左手，反之亦同。

【课程综合摘要】

关节觉醒、腿的觉醒、细胞的觉醒

要转动脊椎、动到胸腺，就一定要松开肩关节与髋关节。胯松，肩才能松沉；胯稳，肩才会稳。要练肩关节的动作，一定跟髋关节有关。倘若胯不松，气不能沉，做这个动作，就容易摔倒。初学者刚开始要先练前面几个动作，让腿力够强够稳了，再练这个动作。或者先练习"卧式旋臂转脊"，掌握旋转的轨迹，以及动作与呼吸如何配合而使身体更为放松的原则，再进行站式的练习。若与"画圆松臂"搭配练习，对手臂松沉的感觉将有更真切的体会，那么，练习"旋臂转脊"时，就可以以气运身，而不是以关节运身了。

不过，要注意"画圆松臂"是重心前六后四的小弓步，切换到"旋臂转脊"时，则成前七后三的弓步了。其间的差别，也值得细细体会。

因此，虽说是"旋臂转脊"，但手臂不动也不转，是腰腿带动的荡势，将手臂往上荡，扭腰上来，手随腰腿而起。每一个小动作都有深层的诉求，从肩膀转到肩胛、颈椎、胸椎、腰椎到胯，再反转，让全身松开。所以身体无处不可转，一圈又一圈，圈圈又不断扩大。底盘要稳，身体的架构也要稳，再放松，慢慢觉知。这是关节的觉醒、腿的觉醒、细胞的觉醒，一步一步往深层发现。故觉醒不是睡一觉醒来，而是发现，是感觉能力醒过来了；原来不知道痛，现在知道痛了，因为身体变得敏感；鼻子原来闻不到，现在闻得到了。越松越不痛，但越松压力越大，脚步会越练越重，松到手、腿好像都举不起来，因为每一步都要气沉涌泉，脚怎么轻得了？所以，练到后来虽然平步如登山，但身体却会不断产生质变。

　　练完本套功法后，你是否已经明白，胸腺与哪些身体空间的关系最为紧密呢？

延脊划臂

第一章　功法原理

延脊划臂引腰腿

第一节　从强直性脊柱炎说起

缓和的运动是自救良方

　　一位知名的社会精英因为严重的强直性脊柱炎，医生建议他学习气机导引，可惜他因为工作关系时常出国，加上强直性脊柱炎已经引发各种疾病，身体条件很差，一动就喘，头昏眼花，加上疼痛，明知道这种缓和、深层的运动是有效的治疗方法，但他还是放弃了。

　　强直性脊柱炎通常是 DNA 作业系统跟免疫系统、神经系统的联结出了差错。所以，一个强直性脊柱炎患者通常就伴随着一整个家族基因的深层问题。而它所造成的连锁反应，会使其他器官也跟着出状况，因为脊椎僵硬，神经也一定会僵硬。有强直性脊柱炎家族病史的人要特别注意保护荐椎和尾椎，重心不稳时一屁股跌坐下去，最容易伤到荐椎和尾椎。骨盆腔部位有两条由韧带和肌肉形成的细缝，摔到时韧带拉伤，骨盆上的神经接点稍稍移位，神经就会出问题。为了保护髋关节，最好走路稍微有点内八字，可调整其角度。长期打坐单盘，会造成这个角度的倾斜，所以最好是双盘，或者两边轮流交替。女性生产时骨盆拉开，这是自然机制，但男性若骨盆拉开，就会伤到神经。人体结构之妙，实非人力所能介入。骨盆腔的缝隙靠强韧的肌腱固定，以维持 0.1 毫米的间隙，万一摔伤造成错位，就会造成很多健康的隐忧。免疫系统侦测到这里有紧急状况，就会立刻出动破骨细胞、造骨细胞，先将坏死组织清理干净，再用造骨细胞生产很多钙离子进行修补。身体在启动某些机制时，必须打开钙离子通道，让全身钙离子全开，若基因有瑕疵，造成信息传导错误，钙离子就会跑到全身器官。强直性脊柱炎就是在启动修补机制时造成脊椎钙化，因此，强直性脊柱炎患者特别需要以和缓放松的运动进行全面的自我调整，以提醒免疫系统保持负回馈的机制，平衡造骨细胞过度修补造成的脊椎僵硬，同时要少吃海产和含钙过高的食物。

让身体学习和病变相处

除了强直性脊柱炎，常见的脊椎病变还包括脊椎侧弯、椎间盘突出和脊椎骨刺。脊椎侧弯除了受到先天因素影响，最普遍的原因就是姿势不正，例如三七步或跷脚，几乎是日常生活中随处可见、人人皆有的不良习惯，长期影响身体两侧肌腱、肌肉受力不均，就如滴水穿石般造成不同程度的脊椎侧弯。其实这都是学校体育科目的教学范畴，使国民从小对于如何正确操作身体动作有一清晰明确的概念，例如，使用电脑务必使座椅尽量靠近电脑，保持眼睛平视电脑，可减少长期固定错误姿势造成脊椎侧弯；搬运重物时必须先蹲下，并使重物尽量靠近身体，避免弯腰就物，以错误的施力增加脊椎负担，迫使椎间盘破裂或脊椎弯曲变形。

两节脊椎椎骨之间有充足的水分和状似轮胎（内胎）的髓核，可在关节活动时减少关节面的磨损。发生关节炎时，关节面软骨容易磨损破裂，失去保护功用。若关节面磨擦增加，会影响关节活动的幅度，造成脊椎僵硬，使背痛更加严重。椎间盘的正常含水量约为80%，随着年龄增长，椎间盘含水量减少，造成椎间盘退化。椎间盘的纤维结构是充满弹性的坚固组织，身体各种看似理所当然的动作，例如从高处一跃而下、身体的蹲下站起、弯腰扭转等，都因为有椎间盘的支撑保护，才能如此顺畅无碍。脊椎过度使用，或随着年龄增长、活动量过少，身体侦测到需求降低，都会使髓核的含水量降低，导致椎间盘变窄或髓液溢出，压迫神经。

椎间盘突出是不可逆的，唯一的缓解方法是矫正姿式，并以运动补强脊椎两侧的肌肉和肌腱组织，否则就只有手术切除椎间盘，将两节椎骨架起来，但手术的风险太大，不如求助于运动。

脊椎骨刺是骨质增生，又叫作骨瘤，其实是身体自我保卫机制的副作用，就像手上长茧，也是为了保护自己。只是骨刺会压迫神经，造成不同程度的疼痛，若不愿意承担手术的风险，就要通过运动找到适当的空间角度，让身体习惯它的存在。

用身体的语言和身体对话

此外，在整条脊椎当中，比起颈椎只需承受头部的重量，胸椎仅承受头部和胸部的重量，腰椎因为要承受全身的重量，所以最粗、最壮。腰椎四五节承受的压力特别大。人到中年，身体各项条件大幅滑落，特别要注意保护腰椎、尾椎，以免脊椎韧带受伤。脊椎韧带非常坚韧，只要韧带发炎感染，就会引发一连串的病变。不论何种脊椎病变，都会造成全身性的疾病，因为脊椎统领全身神经系统，包括影响至深的自律神经系统，连带影响神经系统与内脏的正常运作。

人体的基因资料库记录包括数百万年来所有祖先的生命史，也巨细靡遗地将我们当世生命的每一个经验过程随时输入。这个基因资料库会时刻依据身体使用的实际状况，以随时调整资源的供应，让生命活动保持最佳状态的平衡。例如，人在太空中工作三个月，就会导致骨质疏松症。当生活正常、情绪稳定时，身体会按照原始设定值提供必要的资源支持，倘若跟自己的身体细胞对话，破骨细胞也会帮忙避开破裂流出的髓核，避免压迫造成疼痛，就像榕树的根会绕过岩石伸展一样。因为身体自己长出来的东西，身体一定会设法与它和平相处，所以要与自己的身体对话，加速身体吸纳所有增生的物质。然而与身体对话，并不是与身体说话，因为"语言"是后天人为的，身体未必听得懂，必须通过无言的动作与意识作用，用身体的原始语言与身体对话。

第二节　动作说明

导引术是仅存的净土

我常对人言，气机导引是中国身体资料库，气机导引的每一个招式动作都具备肢体治疗的效果，而且其疗愈效果囊括身心灵各个层面。若能深刻理解整套功法全貌，必能自然而然有此领会，否则就如盲人摸象，各执一端之见，对此说法抱持怀疑，也是在所难免。我深知其中道理，故不求成于当世，只求尽一生之力，将所学尽量教出去，并留下简明扼要的文字记录，希望至少能留下几株根苗、几条线索，好将这份资产流传下去。

在文字记录方面，关于肢体治疗的部分，因为牵涉因人而异的动态差别，很难一言以蔽之，将一门活生生的学问形之于一种成说定论。例如，若人体无法确实执行"扣握舒指"之动作要领，表示可能有各种各样的问题，有的是纯粹生理结构失去平衡，有的是脏腑病变，有的是全身协调度不足。而不论是哪种问题，又可因人再细分为数十种，其对治之法也有数十种。这跟中医用药的道理是一样的，同样的症状，在开处方时需根据不同体质做微幅的调整，断无一种药遍治天下人之理，这才是最理想的个体医学。此所以历代名医医案广布流传，有识之士人人皆可援引钻研，隔代之人犹可继续讨论、辩难。唯因近年气候水土大幅变迁，加上栽培过程中过量施化肥与农药，以及炮制等诸多问题，如今中草药的药性也大受影响。博大精深的中国医学，目前仅存的一方净土，在我看来只有导引术。所以，我在提出"东医"自然养生医学时，特意标举此乃"动的医学"。

然而，经过各种考虑，本书的撰写仍以功法为主要论述，涉及肢体治疗的部分则尽量淡化，以免一二举例之说，反被奉为金科玉律，不免贻误大众。毕竟功法为一切之根本，通过功法指引，把自己的身体彻底摸透了，让身体结结实实练出高于常人的功能，身心康泰、心性平和，肢体治疗的功夫本事自然豁然开朗，一点就通。

只是，要通过练功彻底摸透自己的身体，诚非易事，如今的时代，干扰特多，要能一门深入，更见其难。这也是时代机缘如此，强求不得。我也只能随顺因缘，依学员的天赋禀性，尽力而为。

延脊划臂引腰腿

须知每套功法都有不同的磁场情境，掌握要领，熟练要领之后，只要一上手，功法情境自然出现。功法情境结构在动作角度的变化、气的作用，以及功法的目的之上。就如"螳螂捕蝉"系列功法强调全身大小关节无所不动，"大鹏展翅"系列功法强调以大开大合的动作开筋拔骨，等等。初学者刚开始无法区分每套功法的情境，这是因为还没练到功法的神髓，经过不断揣摩学习，这些情境就会自然而然表现在动作上。因此，务必掌握每套功法的操作原理，才能在动作操作过程中举一反三、闻一知十。

　　"延脊划臂"系列功法就是引腰腿，腿部神经来自腰椎，腰椎的平衡取决于双腿的协调，腰椎强壮则两腿必强壮，故腰腿间的气脉必须保持通畅。通过脊椎与手臂在不同角度的操作，疏通腰腿的僵紧粘连，因此每个动作虽然各有侧重，但都不离这个范畴。例如，"敲臀扭腰"通过敲打环跳和胆经，再以尾椎带动腰椎旋转，将热能导引到脚底，以利通腰腿。"旋肘转脊"则以手肘带动脊椎做由下而上、由上而下的左右缓慢转动，以锻炼脊椎及其两侧组织的平衡协调。"力拔山河"是以大角度的弓步开胯，弹动髋关节与鼠蹊，同时以两手相扣弹动，拉开上手与环跳穴的对应点，给腰腿全方位的固养锻炼。"翘足抛物"则是以两手向上抛出，配合提脚跟与抬脚尖的反复操作，锻炼腿部前后侧组织的平衡。"食虎扑羊"借由腰部的扭甩，将两手分别向前、向后甩动。若能配合丹田的压缩开合，则可将力量贯穿到手指、脚底，亦将手指、脚底的能量压缩到肚脐。"扣握舒指"是在落胯的位置上以脊椎的节节相推保持前后摆动，配合吸气到丹田、吐气灌涌泉的气机作用，使气达末梢，增加腰腿、脊椎的韧性。此外，"懑（mán）猴俯伸""引挽弯腰""延脊划臂"亦皆是以两手臂和脊椎在不同角度的延伸拉展，配合呼吸引气，达到腰腿锻炼的目的。

　　而这些功法又是在引体的功能架构上，专门针对腰背空间的开发与腰腿功能的锻炼而设。所谓"引体令柔"，即引体功法是以开发身体空间，使身体达到整体的平衡、协调为主要目的，再为下一阶段的"导气令和"预先铺路。尽管如此，"延脊划臂"系列功法仍暗藏着许多内气压缩与气机后升前降的机关，一旦引体的功能条件成熟，这些机关就会自动开启，把身体推向另一种运作的层次。

第二章　心法要义

圆融而能通

修掉身体的棱角棱线

不论什么动作，都要保持尾闾中正，百会、会阴一条线。身体不能扭，动作熟练，身体就可以自由开合延伸，依规矩而摆脱规矩。因为对身体内部的线路很清楚，所以不会乱，否则弯腰凸臀，那就变成舞蹈了。武术必须把身体的棱角棱线都修掉，所以练功之外，修为更重要。

动作只是工具，有做法就会动到运动神经，做法模糊记得就好，重点是在有形中洞察无形，掌握动作情境，看到动作的内部动机。所谓"瞒者瞒不识，识者不能瞒"，功夫练到后来都需要悟，最高的境界，已非苦练可到达。外形动作是技艺之末，都要化掉。我学拳术到最后的体悟就是这一点而已。人会恐惧，是因为有得失心；没有得失，空掉，就没有恐惧。所有的恐惧都是从心发出的想象。武术到最后是真正的和平。人因为是动物，所以要借武术把尖牙利爪、棱角棱线磨掉，打磨你的锐角。一个人活到四五十岁，一定有某些对社会的偏执，像我一样。借由武术的历练，把负面的偏执磨掉，把正面的部分表现出来。

在因地耕耘

所以，我最看重学员从岁月累积的生命经历，而不是肢体功夫。所以，千万不要忽略自己的人生经验，那才是真功夫，但要修掉被市侩污染的部分。练过十八套功法之后，每一个人身上的独特价值一定会展现出来，但重点是要先能洞察自己的价值。练功时学会看出对方的价值，教学时把对方的觉知引导出来，这才是真正的教育，所以十八套功法只是桥梁。社会上很多义工做了很多事，若只是从"果"上下功夫，未能从"因"上努力，再多的工作也是徒然。物援万人，不如教育一人。

人一动起来自然就懂得反省；人静下来，再动，就可以了解自己。这个社会不安定，是因为大家无法自我了解、自我反省。然而，人的能量最重要的是转化，而不是压抑，为无为，故能无所不为。练功一辈子若还怕这怕那，那就不必练了。

武术的终极价值是在最短的距离，找到最精准有效的做法，我们就用这种精神帮社会找到进步的关键要素。只要持续往前、保持行动，不必换算成果；已经在因地上持续耕耘，就不必计较"果"是什么。我们的工具就是这些动作，在教学时把自己的人生体验谈出去，你的体验就是你的"道"，跟世间一切法门都是相通的。把你从生命体验得到的价值不断地复制出去，因为是自己的体会，讲出去的每一个体会都有力量，那就是气场。

一流的人生是给自己找困难、给自己出难题，而且一流的高手永远不期待外援，他永远是独立作战的丛林战士。气感强的人，生命的敏锐度天生就强，这样的人才是有能力相信自己的人。相信自己才能真正谦卑，因为你服从发自内在的真实感觉。一般人服从医生、服从知识的定义，同意被公众认证的东西，却不服从甚至压抑自己的感觉，这不是谦卑。

圆融而能通

练功最重要的一点就是，所有的内涵自己知道就好。内涵爆发越少，蓄能量越大。诚实面对自己的缺点，越没有能力的地方，越要停在那里修炼，不能逃跑，这就是你的道场。道场就在自己的身体里面，哪里有弱点，就在那里扎营修炼。平常就是意守丹田，不要乱跑乱动，心的能量不要起伏，不要想东想西。

练功练通了，世间一切道理就自然明白了，在做动作的时候自由自在，不管身体是不是真的松透了，都可以把"松透了"的情境表现出来。因为已经得到神髓，在动作而不被动作所局限；可以放开，又规矩俨然。根基稳固，就可以随风摇曳，不管风从哪里吹来，都可以顺着风向而动，但不会失时失位。经过前面阶段的磨练考验，身体的、心理的棱棱角角都被磨掉了，身段松开了，心平气和了，圆融而能通，行到水穷处，坐看云起时，不论走到哪儿、遇到什么都是好的。

第三章　系列功法

敲臀扭腰　旋肘转脊

力拔山河　食虎扑羊

翘足抛物　扣握舒指

惴獗俯伸　引挽弯腰

延脊划臂

第一节　敲臀扭腰

【原理说明】

敲打环跳穴和胆经，导引热能到脚底

解决腰腿疼痛的第一课，就是促进腿部气血循环，导气到脚底。因此，"敲臀扭腰"是通过敲打环跳和胆经，再以尾椎带动腰椎的旋转，将敲打产生的热能导引到脚底，达到腰腿通利的功能。

环跳穴在髋关节的大转骨上，是胆经的重要穴位，也是全身面关节的中心点，跟人体中心线的中心点肚脐，以及背部的中心点命门，都在带脉上面。此外，由于下肢神经是从腰椎神经到达腿部，环跳穴就在坐骨神经所经之处。很多人的腿都败在环跳穴，尤其老化后膝盖后方的肌腱与韧带容易紧缩，环跳能开，膝盖才不会受损。若环跳不开，下行气受阻，腿部的活动能力就会大受限制。练功的基本站姿强调脚尖内扣，好让环跳穴打开，因为能量能下沉到涌泉，才能循环上百会。因此，环跳穴不仅关系人体排毒、水循环，也是利腰腿、通经络的重要关窍；正身正骨，养生练气，若环跳不开，条条大路都行不通。

环跳穴所在的胆经循行于人体左右两侧。穴位如湖泊，经脉如河川，在缓解腰腿疼痛的作用上，治环跳必须兼治胆经。胆经循行所经的腋下、胸胁、腰胯及下肢外侧的僵硬疼痛，都与胆经有关。在治疗手法上，不管推拿、针灸，常从

胆经入手。我们则以"敲臀扭腰"作为自我治疗的良方。近年亦有大力推广敲胆经的仁人君子，其立意甚善，但必须提醒的是，所谓"经络拳"，是借拍打经络而使身体每个地方都可以发劲。因此，敲打的主体是经脉，而不是手，故敲打时必须用一点内劲，才能透到里面去，并且要懂得在接触点上放松绷开，手和其他部位都要放松，不然不仅无效，还可能伤及两手。因为接触点的放松绷开可以启动组织的自我保护功能，其他部位放松，则可避免力道卡在手上及经络上。就如打人与被打，力道一样，却只有被打的会受伤。因此不能用手拍经络，必须以经络拍手，如此才可避免受伤。

经脉、环跳通气之后，必须导气到涌泉。先以坐胯拉开骨盆与腰椎的角度，借尾闾的顺向、逆向画圆，可舒缓坐骨神经压迫及腰椎粘连等问题；接着做从脚踝、膝盖到腰胯的大幅旋转，让整个下行气畅通。

做法

1. 两脚分开与肩同宽，落腰，身体微往前倾，百会往前顶。两手握拳，先敲打环跳，再从环跳打到后背腰隙及腰椎两旁肌肉。

2. 再沿着胆经由上往下、由下往上持续敲打 10 ~ 20 分钟，约 120 次，打到腰腿发热为止。

3. 接着将两手放在鼠蹊、腰胯之间，慢慢坐胯，将骨盆、尾椎往下拉开，以尾椎的水平旋转，带动腰椎与骨盆做 360 度的缓慢旋转，左右来回各做 6 次，持续约 10 分钟。

4. 然后将转幅扩大，以腰椎带动腿关节和脊椎关节旋转，从脚踝经膝盖、髋关节到腰椎，打通下行气，将气送到脚底。

图 3-1

图 3-2

图 3-3

图 3-4

图 3-5

图 3-6

图 3-7

图 3-8

【课程综合摘要】

敲臀扭腰，长保下半身气血畅通

握拳敲打时，以食指根部为着力点，沿着腰部、环跳及大腿两侧上下依序敲打。打过之后再接着扭腰，先转尾椎，让坐骨转开，再从脚踝依序往上转到腰椎，上下反复，也会转到脚底，所以脚底会发烫，如此即可保持下半身的气血循环通畅。老人家气血循环不良，可以当作日常保养的功法。弯腰捶打时，手臂要放松，也可以练到手臂的力量。打过之后肾气动，肾气虚的人就会耳鸣，如此更需要多打，让肾水上济心脏，促进心肾相交。

转腰时是以尾椎为中心，坐胯、拉开骨盆和腰椎，就会动到坐骨神经，对坐骨神经痛的人有很大帮助。在娘胎时尾椎还没退化，共有五节，一出生就瞬间粘连成两节。扭腰的动作就要动在这一段，把尾椎拉开，让它保持垂直，然后从这一点开始，用尾椎画圈圈，圈圈越画越大，再慢慢从这一点扩张到脚踝，绕过膝盖、腰椎、胸椎、颈椎。旋转的轨迹会像台风一样，一股热能沿着脊椎由下而上呈螺旋旋转而上。转动幅度大一点没关系，上身放松，腿略略打弯，尽量保持尾闾中正即可。越放松，能动到的部位越多，看起来是转腰，其实是尾椎在动，头顶中心线不动。这是和缓而动迹很深的骨盆放松运动。动作过程中，要学会感觉身体，动到哪里，觉知就要到哪里。

扭腰的旋转动力主要来自下丹田的摇荡。就如同在下腹腔装满了水，水在水桶里旋转晃动。这种晃动就会带动踝膝胯、甚至腰椎和整个脊椎的活动旋转。幅度慢慢加大，动机仍在丹田。丹田如夏天的太平洋，海上凝聚够多的水气之后，慢慢就会结成台风；旋转是为了旋转腹部的内部能量，让能量凝聚成丹田。所以，在敲打环跳与腰椎后，使丹田发热，再以尾闾带动身体的旋转运动，就可让热能贯串全身。

第二节　旋肘转脊

【原理说明】

人体的纵向旋转训练

前一节的腰腿疼痛第一课"敲臀扭腰"动作结束后，紧接着进行的第二节课是人体的横向旋转训练——"旋肘转脊"。这是借由手肘的转动进行脊椎的自我矫正，通过由下而上、由上而下转动腰椎、胸椎、颈椎，依序锻炼脊椎每个部位的平衡，并借此带动脊椎的气机升降，沿着脊椎导气到督脉，上百会。同时，也是开发跟管呼吸的重要训练，以及在后升前降的气机循环中，"后升"的感觉训练。

　　脊椎的平衡运动是保健的重点工作，因为脊椎除了是人体骨架的主轴，从脊椎辐射而出的神经网络统领全身的神经系统，执行管理可控制的躯体神经系统，与不可控制的自律神经系统，并以此支配人体的生理活动，甚至间接影响情绪与思维。而人体全身细胞都会随时根据身体的活动强度来调整资源的分配，脊椎亦然。现代人的活动量大减，脊椎韧性不足，许多身心疾患也常因此而起。通过和缓放松的"旋肘转脊"，唤醒脊椎的学习机制，除了可及时缓解因为神经压迫造成的腰腿疼痛，增强下半身活动能力，亦可通过脊椎的气机升降，达到全身保健的功效。

　　刚开始练习时会觉得到处不平衡，因为此动作的平衡感来自脊椎。转到脊椎发热，脊椎松开、平衡，重心会越来越稳。若能连续做 1600 次以上，身体自然会让你体会到这个动作的精义。

做法

1. 两脚分开与肩同宽，两手交叉相握于小腹前。
2. 吸气，以脊椎为中心，往左往右旋转摆荡，使两手逐渐由下往上至打直延伸于头顶。
3. 吐气，一样是以脊椎为中心的旋转摆荡，两手从头顶缓缓下降至小腹前。
4. 一吸一吐、一上一下为一次，反复做 36 次或更多。

图 3-1

图 3-2

图 3-3

图 3-4

图 3-5

图 3-6

图 3-7　　　　　　　　图 3-8　　　　　　　　图 3-9

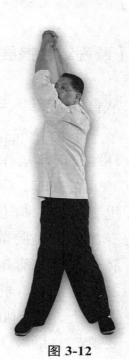

图 3-10　　　　　　　图 3-11　　　　　　　图 3-12

动作要诀

1. 两脚要踩实，两手指尖相对，或握拳，或交叉相握。两手臂成一直线，不能成弧线。

2. 动作中须微微坐胯，胯以下不动，动在脊椎，故脊椎一定要正，以脊椎为旋转中心。通过手的左右摆动产生离心力，受力在脊椎，而将脊椎一节一节慢慢转松，并调整脊椎两侧的肌肉，使之渐趋于平衡。

3. 重心始终在涌泉，不在尾趾。若重心落在尾趾，会造成膀胱经受伤。

4. 身体摆正再转，否则会越动越糟糕。动作中倘若身体左右摇晃就不对了。

5. 动作中保持头顶悬，久而久之，头顶悬就会成为本能。

【课程综合摘要】

从脊椎旋转入手，渐进至冲脉的旋转

不论导气是到脚还是到脊椎、百会，都要先开通腰椎、环跳，故本动作可以和"敲臀扭腰"合并练习。

转脊时，手和胸口约保持一个拳头的距离。不管转到哪里，一定要守住中线，百会、尾闾成一直线，重心在涌泉，身体微微坐胯前倾。不能转到膝盖，因为脊椎的旋转常会由膝盖代偿。脊椎始终保持垂直，才能让整个脊椎以一节一节的放松旋转，将脊椎两旁的肌肉平衡放松。由上往下，再由下往上，降到肚脐的高度，转到腰胯；再慢慢往上，颈椎也要旋转；继续上升到头顶。转到脊椎发热为止，让腰椎、脚底的热气往脊椎走，最后会到达玉枕、百会。膝盖不能动，只能转到胯。动作中将可发现，手的高低会影响脊椎的受力点改变。

沿着脊椎一节一节地放松旋转，可以松开脊椎及其两侧组织，亦可以产生气机的升降。往上转时吸气，往下转时吐气，将气下压。吸气时气沿着脊背上升，吐气时气由任脉下降。舌顶上腭，尾闾前顶，上下鹊桥搭住。吐气时轻轻地将尾椎放松，让气下到涌泉。吸气时仿佛气从跟管上来，慢慢收提海底，气循背部而上。动作中观想脊椎，让气在脊椎上一节一节环绕。

亦可以握拳相对，把两拳之间的引力转出来，慢慢会转到两拳之间如两块同极的磁铁互相排斥。先感觉手肘的引力，慢慢引力会出现在拳头上，然后出现在两拳之间的引力也会出现在脊椎上。两者其实是同时存在的，两拳之间的引力来自脊椎。脊椎放松，引力才会出现，脊椎会同时承受那个力量。脊椎承受多少引力，就必须放松多少。两手必须保持一定的角度，不能拉开或偏离身体中心线，两手拉开，力量就会跑掉，无法凝聚。若无法控制，不妨先从虎口将两手扣起来，让手固定。

以脊椎为中心的旋转，就是三丹田的旋转，其实，也就是冲脉的旋转。冲者、充也，有扩充、充满之意，故冲脉可以上下，也可以向左右四面扩展。但冲脉是无形的，它是连接三丹田的无形贯穿线，唯有这条贯穿线连接起来，膻中、肚脐之间的气才能升降。这跟"肝指勾引"的冲脉呼吸类似。所以，"旋肘转脊"最终要转到冲脉，做动作时要以丹田带动，以冲脉为主线，转动上、中、下丹田。刚开始不认识冲脉，就先找到脊椎，从脊椎的旋转入手。转到脊椎极松，就能渐渐进入冲脉旋转的情境。

"旋肘转脊"动作外形很单纯，但其实运动量很大。旋转的力量来自脊椎，假如脊椎的旋转力量再加上意识作用，只要轻轻转，三丹田的能量就会同时启动。因此动作内涵变化无穷，值得仔细玩味。

第三节　力拔山河

【原理说明】

弹动髋关节，牵引肺部到腰隙

很多人的腰腿疾病，病根未必在腰腿，而是因为脊椎病变或腹部、腿部肌肉不协调，气血不通、能量不足所致。例如肾主腰腿，肾主骨，若肾气不足，就会造成骨气不足，导致腰肢酸软、腿脚无力。再如胆经和膀胱经是人体重要的排毒管道，这两条经脉不通，浊气累积在下半身，同样会造成腰腿不利。从导引治疗学的观点来看，最理想的治疗方式是患者先自行通过导引运动疏通腰腿筋骨气血，待略具基本身体条件之后，再辅以导引按跷的治疗手法，即可治疗腰腿酸痛，达到养生保健的目的。

我们学习导引术，一方面达到保健强身的效果，另一方面通过各种动作角度熟悉身体每一块组织及其相互连动的关系，日后不论是授人以导引术，教人健康的方法，还是藏技于身，以精准的按跷手法为人正身调气，广结善缘、自助助人，乐莫大焉。

"力拔山河"是以大角度的弓步开胯，然后让前腿髋关节上下弹动，后脚鼠蹊部放松，以促进髋关节与鼠蹊部的气血流通，利通腹气下行、锻炼腿力。同时，以两手相扣于面前或颈后，后手肘朝后脚跟的方向弹动，拉开上手和环跳穴的对应点，使两点同时弹动。除了可牵引肺部直到腰隙，延伸拓开整个肋间腰隙及斜方肌、冈上、冈下肌、小圆肌，配合脊椎的旋转，亦可刺激肾脏部位与腹前肌的肌群，并平衡大腿内外侧肌肉，吸气到丹田，纳气于肾脏，给腰腿全方位的固养和锻炼。

做法

1. 跨步成右弓左箭步，手指相扣。
2. 身体朝左后方旋转，然后放松弹动腰胯、鼠蹊，同时以下手拉动上手，使右胁下尽量延伸拉开。
3. 弹动 6 次后，换边操作如上。
4. 换脚成左弓右箭步，动作操作亦如上。

图 3-2

图 3-1

图 3-3

動作要訣

1. 两手相扣互相牵引时，两手亦可置于脑后。
2. 弓步要拉到最长的距离，身体前倾，往前趴下。上手尽量放松，以下手拉动上手，使后手肘与身体的角度刚好和后脚跟成一直线，后脚跟不要离地。
3. 弹胯时弹动左胯、松开右鼠蹊，弹动右胯则松开左鼠蹊。脊椎需放松旋转，眼睛注视后脚跟。

【课程综合摘要】

纪律是练功的基本个性

换脚操作时，维持落胯半蹲的姿势跨步进脚或退脚。这一跨步非常重要，跨出去的脚步要踩稳了才能前进后退，否则会摇摇晃晃，不成样子。不过，倘若心脏机能有问题，脚跟就会不稳，动作要更慢才好。

这个动作除了落胯弹胯，还要在脊椎旋转之后拉开脊椎，特别是肩胛要开，因为肩与胯合，肩胛不开，胯也会受到牵制。在这个角度做上下弹动的训练，身体机能一定会强壮。我们要让身体练到产生质变，从物理变化到化学变化，先增强机体的韧性与强度，然后改变内分泌。这个过程得靠持之以恒地参与自己的身体，不靠外力。而这持之以恒的行动就是一种纪律，与佛教徒以持戒作为修行入手处的精神是一样的。

纪律是练功的基本个性，是一种品行。纪律就是持之以恒，每天十分钟，十年不间断，那就是纪律。纪律是以滴水穿石之功，让能量逐渐蓄积，所以，精气神的饱满，会表现在行事、作为上。看法很真实，常常一针见血；做事很积极，每件事都是快、狠、准。缺乏纪律训练，就会导致精气神都是散漫的。

我从前练功是很辛苦的，我得一早去挑柴卖给人烧木炭，一公斤十三块钱，挑一个暑假，赚的钱仅供去台北缴三个月的学费学功夫。那时候我得从万里搭车到基隆，为了省一点车钱，必须搭普通车。那时候也有特快车，但是比较贵，所以我要提早出门。万里到台北一趟要花四小时，来回八小时，很辛苦。可是我每次上课都很雀跃，我总是问自己：上星期学的东西，这个星期是不是有进步？不知道自己在家练得对不对？希望老师可以点拨我，让我更进步，所以我总是自愿留下来帮忙打扫道场。

练功就是毅力加上纪律，对自己的要求要更严格一点，如果不愿意脱一层皮，怎么可能练成功夫？

我的脚盘骨最近肿起来，发热，痛到不能踩刹车。我告诉自己，一定是动到脱胎换骨，里面发生质变。痛成那样，我照样可以走路、跳跃，因为我在身体里面找到可以避开痛处的着力点。所以功夫不是怎样学、怎样练，而是要练到即使脚断了也能自己好起来，练到身体会听你的话。你能运用庞大的意识作用主导身体，身体就会依从你的指令，蜕变成那个功能。身体是很聪明的，六十兆细胞听得到你的行动语言。人人都有惰性，身体也有惰性。如果你的心态很散漫、很随便，身体也会很随便。如果你很积极，它也会跟着你拼命。

练功过程中，身体每个部位都会经历不同程度的疼痛，这是生理性的蜕变，接下来还要经历心理性的蜕变。不过，越承受压力越没有压力；越经历动荡、承担苦难，越没有苦难。你的亏损会从另外一个角度得到补偿。

现代人最大的问题是不修炼身体，盲目追求知识，罹患

"知识癌"。知识容易让人产生惰性，让人不能身体力行，只会动口不动手。现代人勤于记忆方法而不实践方法，实践的方法都变成知识了，正是世界堕落之端，所以凡事贵在实践。

第四节　食虎扑羊

【原理说明】

以肌肉的阴阳协调训练，开发全身气机张力

身体是一种传链系统，腰腿与背肌有关，背肌又与两肩及腹部牵连。很多人两腿不能蹲，以为是膝盖的问题，其实病在腰腹。至于腰腿训练，必须兼顾肩背的协调训练。若肩背无力，腰腿一定大受影响。罹患五十肩的人，从走路就可以看出来，就是这个原因。

"食虎扑羊"是模拟老虎捕猎的情态，以落胯重心坐在后脚跟，前脚为虚步，身体往前趴下的姿态前后进退，借腰椎的左右甩转，将两手向前、后、上、下甩动，并配合吐气时手指往内扣如虎爪，不但可训练腰腿、肩背的整体协调能力，亦可开发全身的气机张力。

然而，此动作既为"食虎扑羊"，就要掌握虎之所以能在百兽中称王的特质。老虎靠雷霆万钧的瞬间攻击力取胜，我们要学习的重点，倒不是它的攻击力，而是它在发动攻击之前，全身松柔软绵，和可爱的家猫一般无二，这其实就是蓄养内劲的不二法门。所谓以柔蓄刚，至柔乃有至刚，"食虎扑羊"的练功精髓即在于此。吸气蓄劲时，以丹田为运作中心，两手、肩、背皆需放松，前手从尾椎以抛物线甩到百会前、

后手甩至后腰侧，才能一体贯串。吐气时丹田、手指同时收缩，配合海底缩提，将丹田压缩的力量贯穿到手指和脚底，同时借意念将手指、脚底的能量压缩到肚脐。这是运劲到末梢，再将运劲的回力往内收缩到肚脐。

　　肌肉有阴阳，通常属阴的肌肉都比较软、比较深层，属阳的肌肉多属长肌。属阴的肌肉都往内缩，手指扣进来是属阴的肌肉扣进来，全身属阴的肌肉都要同时收缩。心脏功法的"握拳争气"也要收缩，但要先将属阳的肌肉放松推出，阴脉收缩、阳脉开。食虎扑羊也是阴脉收缩、阳脉放松。从指尖末梢收缩进来，所有力量集中在手指最后一节，其他则收缩到丹田。手指端点用力，其他收缩，阳脉放松；虎爪不用力，怎么抓住猎物？后手要坐腕，往下抓。注意阴阳两组肌肉的协调，阳脉要放松才甩得出去。劳宫要露出来。

　　初学者一定是先练其力、练其形，渐渐再往身体内部蓄劲。因此，刚开始只需注意动作角度，后脚坐胯要稳，前脚虚步换步才能灵活。转腰甩转两手时，注意手指抓扣的张力，同时全身的动能都要活跃起来。做完以后，心脏会跳得很厉害，因为大腿跟心脏有关。病人、老人若要以此进行锻炼，只需身体打直缓步前进，一边走，一边转腰将两手往下、往后甩动，重心在脚跟。如此日行 36 步，即可常保腰腿灵活，身心康健。

做法

1. 一脚成坐姿，一脚成虚步，左右坐胯，身体前倾，将脊椎延伸拉直。

2. 吐气，两手瞬间扣紧成抓物状，将末梢扣紧。收扣的力量来自丹田收缩，瞬间将气吐出。

3. 吸气，跨步换手，将手甩上来。再瞬间吐气，收缩扣指。

图 3-1   图 3-2

动作要诀

1. 此类动作有猴拳、虎拳之别。猴拳的手在额前或脸部四周；虎拳的手一定在头顶上。故本功法强调前手在百会前，高度超过头，下手坐腕，两手心皆朝下，百会与前脚尖同方向。

2. 进退皆以前脚尖带方向，并保持平衡；后脚需踩实，并尽量落胯蹲低，身体往前延伸、趴下，要有前扑之意。

3. 换手时以转腰甩手，手甩到底时瞬间扣指，手腕要有力量，运劲在指尖，内劲是从尾椎上来。

【课程综合摘要】

以一张一弛的压缩，产生内气回补作用

身体要往前甩扑、探出去，以陀螺的旋转轨迹松柔运劲，

不要出力。吸气到丹田后，再瞬间压缩，配合身体甩转，就可以产生离心力，将能量送达末梢。不过身体必须松极而透空，一举动周身具要轻灵，尤需贯串，否则压缩的力量会被身体卡住，只能靠肌肉动作产生的本力，缺乏气的贯串性。身体功能的运转能量数倍于身体的本力，我们要练出气能量，因为气是一种功能性的存在，五脏四肢百骸是一种物质性的存在，唯有气的功能力学可让人体外抗力与外发力增强数倍。所以，身体一定要放松，丹田收缩到末梢时，才会产生足够的爆发力。手指是反射神经最快之处，要练出瞬间的反射作用，扣指抓握的速度要快。练一段时间，手指会痛到骨缝里，但渐渐会练到手指的韧性增加。这是强压缩，故需用嘴吐气，并配合吐三留七的丹田压气法（吸气十分后，回吐三分、反压七分气入丹田）。以鼻吐气和以嘴吐气，依其功能目的之不同而常有区别。

本功法的练习要点就是末梢的瞬间收缩，再由外而内，从手指、脚趾收缩到肚脐，所以手、脚都要朝向肚脐，将能量聚到肚脐，意识守在肚脐，但运劲在末梢。每一种功法的运劲方向不同，例如"左右开弓"的运劲是往前、往后。"延脊划臂"都在末梢。

前脚虚、后脚实，前脚是踮步的虚步，以此保持平衡，需轻灵到如同踩在沙子上也不会留下脚印，所以前脚跟一定要抬得起来；而两脚的虚实交换是靠丹田移动，不是走路。先跟步，脚踩实，不能直接跨步。脚步要很稳，这都是腰腿功夫。脚下阴阳变，手上虚实现，阴阳变化在脚底而不在手上。

以丹田为动机中心，前后手的协调力就会出来。身体的张力是从松开而来。转头是模仿老虎转头回看的身形，颈椎转，带动脊椎微弯，但身体不能偏离中线，尾椎的位置不能移动。身体往前趴，力在后脚；抬头眼睛看后方的目标，压气往后收缩，力量往后坐，故可以把目标抓进来。

注意怎么应用丹田。前脚出去，手同时甩出去，眼睛往后看。这是让气冲出来以后，再从手脚、丹田同时收缩。先吸十分，吐三分，留七分从末梢压缩回来。若无法理解丹田收缩，可勤练"屈膝抬臀"（请参考"攀足长筋"功法）。所以，"食虎扑羊"是训练内气回压的力量，提肛闭门、吐三留七，这是一个内功门派的精华。

所以，"食虎扑羊"的呼吸应用，就像一块泡棉先吸满水后再将水压缩出去，此时将气压缩入丹田；吐气、松开，这是低频。低频松开，是为了让能量进到身体里面，产生高频。这是练功的经验关键。

练功终究要炼气，关节操练一定会造成损耗，因此只能当作拓开身体空间的阶段性任务，好让身体成为大容量的蓄电厂。长期过度的关节运动，势必会造成过劳耗损，加速退化。关节要年轻，必须适当地动、适当地休息，然而就像任何机器经过正确的使用、适当的保养，功能会越来越好，但零件到了使用年限一定会坏。很多练功者就是卡在观念的错误，造成关节劳损，以致无法进入气功修炼。

身体在消耗以后能回补、受伤以后能复原，就要让身体经过"防空演习"，这才是练功的意义。所以练功要行气彻底，回补就要补到丹田的元气，就像把电池用到没电，然后充到饱，这样就可以延长电池的寿命。因此，丹田呼吸训练就是炼元气，导引就是练到深层关节。练习"食虎扑羊"，就是要借由一松一紧、一张一弛的压缩功能产生气的回补作用。若在缩、握时没有造成瞬间爆发的力量，放松以后就没有回补的冲力。

第五节　翘足抛物

【原理说明】

锻炼两腿前后肌肉与脚踝韧带的平衡

　　每当有人问我哪一个动作可以治什么病，我通常会语带保留地回答：我们不谈治病，只谈保健。所有的动作都是从锻炼、保养的角度让身体强壮起来，免于疾病侵害。所以，我们的重点是平衡医学、预防医学，不是临床医学。

　　以"翘足抛物"为例，通过吸气时身体收缩，吐气时身体放松，令脊椎如弹簧往上抖开，顺势将两手向上抛出，配合提脚跟与抬脚尖的反复操作，一方面可锻炼大腿、小腿前后侧肌肉与脚踝前后韧带的平衡，另一方面借由吸气到丹田，再交互下灌到脚跟、涌泉，可促进下行气与腿部的血液循环，解决诸多腰腿疼痛的困扰。但这个方法不只是针对病灶之所在予以锻炼，而是以全身的上下收缩延伸，做整体的平衡协调训练，补足骨质密度，从根源处让整体机能与功能都强壮起来，使疼痛自然消解于无形。气机导引的肢体处方也就是这个原则。

　　此外，"翘足抛物"除了增加腰腿灵活，更深的意义在于借此身形动作，配合吸气收提、吐气沉落的体腔压缩，而在体内形成高、低压的切换，为内气的出入升降、逆行河车，奠定扎实的基础。

　　必须强调的是，以练功解决身体病痛，还只是小道，气机导引的平衡医学、预防医学，不仅要达到肉体的平衡，还要以身心性命的平衡解决生之大惑，开启智慧。因此，将引体动作的肢体开发提升为内分泌的平衡，或者更进一步提升为气能量的开发，就能主导身心灵的蜕变，得到生命的大自在。这才是肢体锻炼的大道。

做法

1. 两脚分开，两手平行往上举，手心相对。吸气时如将重物由上往下拉，拉到丹田，收提海底。吐气时将丹田之气瞬间经海底往下灌到涌泉，并配合一次提脚尖、一次跐脚尖。
2. 来回反复操作。

图 3-1   图 3-2   图 3-3   图 3-4

动作要诀

1. 身体如节拍器，以三拍吸气，一拍吐气，刚好吸到三丹田，吐气到涌泉。

2. 这是垂直上下的体腔压缩。握拳吸气海底收缩到丹田，不是弯腰。吐气海底下降，丹田灌到涌泉，像爆竹爆炸反弹上来，身体自然往上下两端拉开，手弹出去，手指松开延伸。顶点要停顿一下。

3. 大腿不是蹬直，是放松，轻轻的，只剩涌泉的力量。不是推，而是弹抛出去，所以距离会比较远，让力量贯串到末梢。

4. 呼吸只在脚跟、涌泉之间往来循环，故能产生气的贯串，气下涌泉，故能健迈步、引腰腿。

【课程综合摘要】

灌气到脚跟、涌泉的内气压切换

练功时，呼吸是推动器，动作是燃烧器，可以推动吸气的力量，并形成更大的吸气扩张与吐气压缩。因此，我们需要以不同的动作开发身体的每一个角度，让身体的每一条肌肉、每一个细胞都有充足的纳氧量，然后，就可以借不同的身形动作，在体内形成内气压力。"翘足抛物"是通过吸气时身体收缩，在体内形成低压；吐气时身体放松反弹出去，形成高压。

在气象学上的低气压与高气压，简单地说，云层低为低压。低气压时，由大气压力、云层压力产生的笼罩力往地面压下来。地表能量与热空气上升，和大气压力产生对流，使云层表面结冻的云层融化成雨水。假如对流无法产生，密云不雨，此时一定会产生代偿力量，转换成高压，把力量化掉，形成龙卷风或台风。在平原辽阔之处，当云层越来越厚，地气无法对流疏散，就必须从低云层产生一股强大的力量，化掉压力。这个原理应用在人体，吸气收提，就是让云层下降，产生低压，这个区域就是丹田（在自然界，就是云层与地面之间的虚空。而人体的地面就是指海底线）。地面下还有地气，那就是涌泉。吸气收提时海底上升，地气同时也要从两个涌泉上升。沉转时产生一虚一实，就会旋转，所以动之则分，静之则合。静，我就不让它转，两边平衡，重心在两涌泉。力量一来，动之则分，就会旋转，因为一边重一边轻，旋转之理跟台风是一样的。

气机导引的呼吸原理即是如此，只是"翘足抛物"强调不断将丹田之气灌到脚底。因为任督两脉的自然循环是前上后下，练功要逆行河车，当气下涌泉时，脚跟的气会同时上来，形成阴下阳上的循环；而"翘足抛物"借由脚跟、涌泉之间的交互提放，可让气机的上下循环更为彻底，同时延伸舒展小腿前后肌肉，有利于膝关节复健与腿部平衡。

吸气到丹田，是将能量聚到丹田。吐气时丹田下压、灌气到涌泉，然后立即收缩海底。这种能量的压缩、内聚，就是黑洞原理。星球爆炸后瞬间收缩，就形成了黑洞。人出生之后很多能量都被阻塞，肚脐被剪断，男子睾丸通精管有两个洞会被阻塞，以免过早发生性欲。囟门也会慢慢变硬。等到发情的年纪，激素会让睾丸的洞松开，气会往生殖器走。练功也是要让气往生殖器走，让阳不灭、阴不衰。人在十七八岁时最强壮，因为精气饱，精主肌肉。练功是要让被阻塞的地方松开，囟门开、精门开，一提气，睾丸就会回到在娘胎时的位置，这就是复返先天。练功要练到马阴藏相、子宫能收缩到一个点，身体的质量密度很高，就能抗打。能抗打的都是正向细胞，癌细胞是负向细胞。当能量可以聚到一点，表示很强。癌细胞是无法聚到这个点的，所以它脆弱。练功练到马阴藏相，自然会让正向细胞越来越强壮，负向细胞就会被限制活动范围。正确的气功修炼的确可以产生这种能量，不是为了抗打，而这些现象也只是过程，并非最终目的。

因此，在引体阶段的肢体韧性锻炼与空间开发之后，一定要练习吸气到丹田和收提的功夫，而每个引体动作也都包含这些练功层次，只是引体动作是为了让身体有足够的纳气空间。要练到肌肉可以纳气就不要拉筋，拉筋会把气拉散，不让它聚气。身体也一样，过度拉展是紧不是松，放松才能纳气。练功最根本的目的就是内壮、外壮。内壮就是内脏机能强壮，外壮就是肌肉骨骼的功能强壮。一个植物人躺了四十年，他的机能很强，但功能很弱。像阿诺德·施瓦辛格这种动作明星，功能很强，机能却很弱。所以一定要平衡，只有功能和机能都很强，生命才会充满干劲。这才是练功的最终目标。

第六节　扣握舒指

【原理说明】

脊椎的前后摆荡

一位朋友在紧急刹车的车祸中颈椎受伤，千钧一发之际，身体只能靠本能应变。若当时有"扣握舒指"脊椎前后摆动的学习经验，即可将伤害降到最低。事实上，人的身体功能退化，是在出生、成长之后逐年发生的，练功要复返先天，就是清除身体功能受到后天习染的障碍，恢复最佳的本能状态。"扣握舒指"是针对脊椎的灵活训练，让身体松至有足够的内部空间转化外力冲击，增强脊椎当下反应的能力。而最重要的是练出内部的无限生机。

"扣握舒指"的动作有很多角度的变化，操作原则是顺着脊椎的弧线，做前后的摆荡，一方面顺势将气送到指尖、脚尖，另一方面使脊椎如九曲珠般节节松开，使腰胯灵活，无一处僵硬粘连。因为凡僵硬粘连处即有受力点，所谓"坚强者死之徒"，受力点就是最容易受伤折损的所在。此外，人体前后侧的协调训练，也是腰腿锻炼的重要原则。走路要稳要快，一定要前后平衡，否则会造成晕眩、动作迟钝等问题。而长期的前向性活动，让很多人前后失衡而不自知。时常反向走，会有一定的帮助，但效果不如"扣握舒指"的训练细腻、完整，因为"扣握舒指"是让脊椎在落胯的位置上保持前后摆动。当两手拉进来时，胯往前推，使脊椎由下往上一节一节向前推至头颈部后仰，形成前侧的身体弧线。两手推送出去时，胯往后拉，脊椎同样由下往上一节一节向上推至百会与指尖同方向，形成背部的身体弧线。配合吸气到丹田、吐气灌涌泉的气机作用，使气达末梢，久而久之，腰腿、脊椎的韧性增加，而且充满灵活的动力。

做法

1. 静心定气而立，身体荡出，跨右脚，顺势将两手荡起来，将脊椎一节一节推送出去。
2. 往前甩手荡出时吐气，后收时吸气。
3. 也可以马步两手平行向前甩出、向后拉回，方法如上。

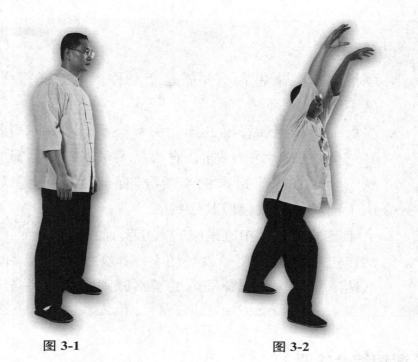

图 3-1   图 3-2

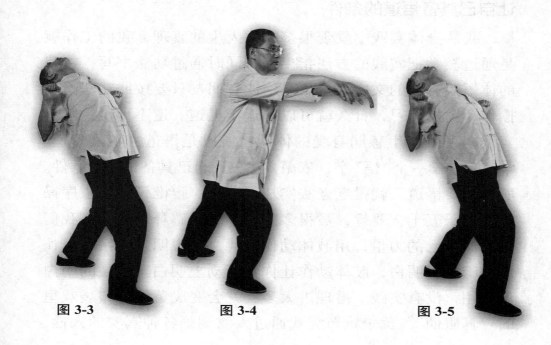

图 3-3   图 3-4   图 3-5

動作要诀

1. 颈椎间盘突出患者不要做这个动作。若有颈椎骨刺，就不要后仰。
2. 注意手指扣握和脊椎的连动关系。手指一扣，脊椎就要节节往前；手指一伸，脊椎就要节节往后。就像荡秋千一样，以手指末梢牵动身体前后摆动。熟练时，这个连动关系就会极其敏锐。
3. 手伸出时吐气，扣进来时吸气。吸到丹田，吐到涌泉。动作过程就是一缩一放。用末端指尖、趾尖带动，使气达末梢，这是腰腿锻炼的基本原则。

【课程综合摘要】

让自己具备悟道的条件

我从身体实践中发现很多宇宙人生的真理，我的工作就是通过教学把实践的方法指出来，同时通过功法书写，将我的体悟用有限的文字表达出来。读者朋友只要按照功法指引操作，勤加练习，日久就可以趋近于见道。道不可说，唯有实践，可以产生感同身受的体认，所以是悟道，不是学道。学道只是学一个"悟"字，依循方法，让自己具备悟道的条件。所以，要悟道，就得老老实实从踝膝胯、腰椎颈开始依序操练。老子五千言要旨，被很多空说不练的解释蒙蔽了，我们只能尽自己的力量，用肢体动作取代文字说明。文字可以让你在脑袋里明白，肢体动作让你在行动上明白。脑袋的明白没有用，没有实践，道理讲太多，就会变成黄俊雄布袋戏里的"真假仙"。黄俊雄布袋戏通过人物刻画各种真实的人性，例如假慈悲的史艳文、真邪恶的藏镜人，还有就是"真假仙"。练功的真假仙就是知道很多，但没有真功夫，身体的认知赶不上意识的认知。就像书法的道理懂很多，未必会写书法。道理懂太多，潜意识以为会了，但身体不会。所以，要从身体悟道，实践是唯一的法门。

就像"扣握舒指"这个功法，道理很简单，但是得一次又一次地通过动作跟身体对话，让脊椎、腰胯、膝盖、大腿的相关组织全部活络起来，一起参与这个动作。练习日久，肌肉调整平衡，脊椎的摆动成为本能习惯，就可以瞬间产生强大的力量，也可以瞬间化掉冲击力。如果不是通过实际操作，那么，我们再三强调的操作重点，就完全失去意义了。可是，对于一个身体实践者来说，诸如以下的操作重点，虽然只有片言只字，却是非常珍贵的提醒。

动作中脊椎要放松，如日月往来，不要出现停顿点，松，气才能送到手指末端。脊椎松、腰腿松、骨盘松开，气才能到肾脏。练到无形无相，只有丹田呼吸的气机作用。臀部往前推时，要扎根到涌泉。要养成松的习惯，须先把身体空间的反应练出来，脊椎松开了，身体有空间，然后就可以练习化掉一切障碍的功夫。能化掉自己的僵硬，自然能化掉外力的冲击。动作幅度不必很大，轻轻就好，不论哪个角度都是靠腰胯摆动，把脊椎一节一节推送出去，由上而下，再由下而上。反复来回。胯摆动，脊椎自然摆动，前后的幅度要一样。往后是腹部的幅度，往前是背部的幅度。

要想办法动到心脏动脉，甚至全身的动脉都要练到。脊椎摆动时，高度保持一样，胯移动就好。颈椎的摆动不要用力，臀部则是前后滑动。摆久了，力量瞬间就出去了。气功有一个重要原则，就是阴阳相对性，有前必有后，必有相对的两股力量同时作用，否则孤阴不生，独阳不长。

第七节　懡㺗俯伸

【原理说明】

瑜伽的集大成

　　"懡（mán）㺗俯伸"功法在《气机导引静坐炼气秘法》一书中已有详尽完整的介绍，但这套功法原本是归类在"延脊划臂引腰腿"系列功法中，其主要目的是借由身体的极限延展，让身体机能从前后、左右、上下各个角度达到平衡，使全身僵紧之处松开，是全身的机能训练。腰腿蹲跳走路的功能与全身的机能训练密切相关，不管是腰背还是腹部的肌肉僵紧失衡，都会影响正常行走，或者牵一发而动全身，引起身体一连串的骨牌连锁效应，造成脏腑或气血循环机能障碍。所以，从一个人走路的样子往往就能判断他的身体疾病所在。

　　气机导引融合百家之长，"懡㺗俯伸"即涵盖瑜伽术的原始精华，但其最大的差异在于现代瑜伽术强调定点体位，而"懡㺗俯伸"强调动态中的连续性刺激。亦即在动作过程中所牵动的每一个部位都是同等重要的作用点，所以必须缓慢放松，才能一丝不苟，进行全面观照。这也是我对现代瑜伽术所作的一点修正。

　　当然，印度古瑜伽跟中国导引术一样，都是人类肢体智慧的瑰宝，但今日流行的瘦身瑜伽已非当时面貌。古代瑜伽据说是随着达摩东渡传入中国的，但我认为，达摩《易筋经》《洗髓经》其实就是融合了导引术的瑜伽术，这个看法后来也被学术界证实了。达摩入中土传扬佛教，势必要利用中国人最熟悉的语言来解释佛法，尤其道家思想与佛法有许多相通之处，当时许多精通儒、道思想的佛教界大师就常以《易经》《老子》《庄子》或儒家经典解释佛法，南北朝时期的净土宗初祖慧远法师就是一例。佛法以教外别传而与华夏文化融洽和合，这也是关键所在。因此，达摩融合瑜伽术与导引术而编创《易筋经》与《洗髓经》，并以"如是我闻时，佛告须菩提。易筋功已竟，方可事于此"开宗明义，并宣说此"借假可修真，四大须保固"的方法，也是"渡河须用筏，到岸方弃诸"的世间方便法，最终目的还是"心空身自化，随意任所之。一切无挂碍，圆通观自在。隐显度众生，弹指超无始。待报四重恩，永灭三途苦。"其实这也是佛道思想的共通之处。

尽管也有人怀疑《易筋经》和《洗髓经》是假托达摩的后世伪作，不论如何，《易筋经》和《洗髓经》确实融合导引术与瑜伽术的概念，这也是早期中印文化交流的必然结果。而气机导引将瑜伽术的精华要义经过裁减浓缩，涵融于一招"懒猕俯伸"之中，但愿习练者能会得此中深意。

做法

1. 两脚分开，全身放松，下腰，使两掌松贴于地。
2. 以脊椎左右带动，使两手如走步般往前移动到脊椎延伸至极处。
3. 吸气，两手撑伏于地，使身体缓缓向前推至腹部落地，颈椎后仰，拉开身体前侧，同时以脚尖顶地。
4. 吐气，臀部往左侧落，再继续往左后侧推移至臀部坐在后脚跟。
5. 吸气，臀部往右侧落，再继续往右前侧推移至两手撑地、颈椎后仰、拉开身体前侧。

6. 再吐气，以两手撑伏于地，身体缓缓撑起如金字塔形，手
　　脚延伸至极，脊椎延伸至极。

图 3-1

图 3-2

图 3-3

图 3-4

图 3-5

图 3-6

图 3-7

图 3-8

图 3-9

图 3-10

图 3-11

图 3-12

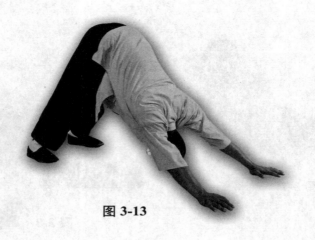

图 3-13

动作要诀

1. 动作务须缓慢放松，才能使身体每一个部位的组织都能动到。
2. 臀部往左右侧落时，臀部必须落到地面，使腰椎动迹更深。
3. 颈椎后仰，身体前侧拉开时，务使任脉延伸至极。

【课程综合摘要】

《易筋经》八部与气机导引八大原理

　　达摩于南朝宋末航海到达广州，又往北魏洛阳传布禅学，后住嵩山少林寺。旧说达摩过金陵（今江苏南京）时，与梁武帝话不投机，遂渡江北去。梁武帝护持佛法不遗余力，造寺写经无数，但达摩告诉他这一切作为并无功德。这个说法严峻冷冽，不但为后世禅宗的棒喝家法开了先声，也为修行求法之人点亮了一盏烛照千年的明灯。

达摩到中国传扬佛法，养生术无疑是最佳界面，可作为成佛的入手奠基功夫。所谓"心空身自化，随意任所之。一切无挂碍，圆通观自在"，故以《易筋经》传强身术，以《洗髓经》传修心之术，因为直接炼心不可得，身体的酸痛无法克服，如何能克服心理的伤痛？所以《易筋经》是基础，"易筋"之后才可以"洗髓"；洗髓之后才可以修习佛法，进入悟道的法门。这和气机导引十八套功法分"引体""内脏""导气"三个阶段的基本精神是一样的。《易筋经》和《洗髓经》具有浓厚的瑜伽术和导引术结合的色彩，经后世不断增衍，发展为八部。此八部都已融入气机导引十八套功法当中，是气机导引螺旋、延伸、开合、绞转、静心、旋转、压缩、共振八大原理的一小部分。《易筋经》八部与气机导引八大原理的对照关系约略如下：

正身（图）→静心、禅定

侧身（图）→延伸

半身（图）→旋转

屈身（图）→开合、压缩

折身（图）→压缩

扭身（图）→螺旋

翻身（图）→绞转

转身（图）→绞转

《易筋经》首先提出"膜论"，所谓"膜"是指肉之外、骨之上的筋膜，也就是我们要炼的气行之道。气行入于膜，才能壮骨入髓；但炼气需先松开筋骨，才能入于膜。因此，《易筋经》就是改变筋骨的现状，筋有弛、有弱、有缩，筋弱者病，筋弛者慢。现代瑜伽过度强调拉筋，以致超过人体自然状态，就会造成筋弛，像橡皮筋失去弹性。慢就是指身体跟不上速度，筋肉瞬间收缩的力量不足，会降低反射神经传导的生理物理性功能，就会像车子翻覆的时候应变不及。

《易筋经》其次提出的是"内壮论"，简言之，就是谈怎样练内功。气机导引十八套功法就是内功修炼的次第，比《易筋经》清楚而且完整。而《气机导引静坐炼气秘法》就是融合《洗髓经》修心之术的精华。达摩强调先炼身再炼心，以《易筋经》为脱换，以《洗髓经》为清虚。我以导引术为入道的基础，就是受到达摩的思维启发。

第八节　引挽弯腰

【原理说明】

使气机贯串至腰腿与脚趾末梢

年轻的时候，我一直认为身体的韧性锻炼，一定要靠肌肉的重力训练。现在我发现，除了意念、志气的韧性，营养摄取和内气炼养，以后天补先天，才是增加身体韧性的不二法门。意志力的韧性必须在生活历练中累积，身体关节的韧性除了有效运动，则完全来自五谷杂粮，但关键在能否完整吸收。年轻人因为吸收与代谢机能好，所以韧性一般都很强。中老年人要保持身体韧性，最重要的原则就是减少耗损，避免过度与偏向使用，以减缓韧性的退化。若想增加韧性，就要从内摄取的机能下手，让更丰富的营养精微转换成身体的韧性。

练功第一阶段的成就是炼精化气。用现代语言解释，炼精化气的"精"指的是五谷精微；"化气"的"气"，就是五谷精微通过五脏六腑分工而转换成内能量，供给我们日常生活所需的精神和体力。五谷精微经过分解吸收之后，其实还有很多未经完全吸收的残渣，必须通过大肠和膀胱排出体外。我们练功是希望能将五谷结晶之气（古代称为"丹"或"内丹"）储存聚集在下丹田，通过肾脏气化机能再一次燃烧，形成内摄取，以减轻五脏六腑的负荷。因为肾脏连接在脊椎上，所以内摄取是以脊椎为管道，真气沿着脊椎强制运行，这就是升阳火而降阴符，也就是周天运行，打通任督两脉。所以，简单地说，打通任督两脉，就是人体具备内摄取的功能。一旦具备这个功能，就可以减轻五脏六腑的负荷，人体自然处于低频率、低耗能、高波长的状态，这时候的身体韧性，就不仅是筋骨皮肉的韧性，而且是由气能量产生的韧性。因为内摄取的真气运行会通过骨髓连接到延髓、脑干，小脑再到大脑，这就是还精补脑。练功可提升智慧、毅力等正向的精神能量，就是这个原理。

"引挽弯腰"虽属腰腿锻炼的引体功法，若能结合更多内气压缩与后升前降的作用，即可加深其功效，因为腰腿锻炼跟四肢末梢和腰的能量有关，腰的能量即指丹田。故此功法是借由两手于身前引气，弯腰延伸脊椎，配合呼吸吐纳，吸气鼓胀肾脏，吐气将气灌压到涌泉，一方面放松腰腿肌肉，使腰腿得到伸展；另一方面促进下行气的运行，使气机从腰到腿、再到脚趾末梢皆能贯串扩充。其间，先吸气到丹田，弯腰时继续吸气，将气压缩到肾脏、命门；然后吐气到丹田，压缩到涌泉。所以吸气时是顺腹式呼吸，一边弯腰下压，一边收提，身体往下、海底上升，一实一虚，就会产生内气旋转。

这才是增加身体韧性、强化腰腿的根本之道。

做法

1. 两脚并拢，两手虎口撑开，开始吸气，两手沿肾经往下滑，弯腰时继续吸气到丹田，并往肾门鼓胀。两手经大腿内侧到脚背，使手脚相连，闭气。

2. 吐气压缩丹田，先将身体拉出去，脊椎打直，两手臂在两耳侧伸直，与脊背成直线。从丹田灌气到涌泉时，腹部鼓胀，将身体缓缓撑起。

3. 如上反复练习 12 次。

图 3-1

图 3-2

图 3-3

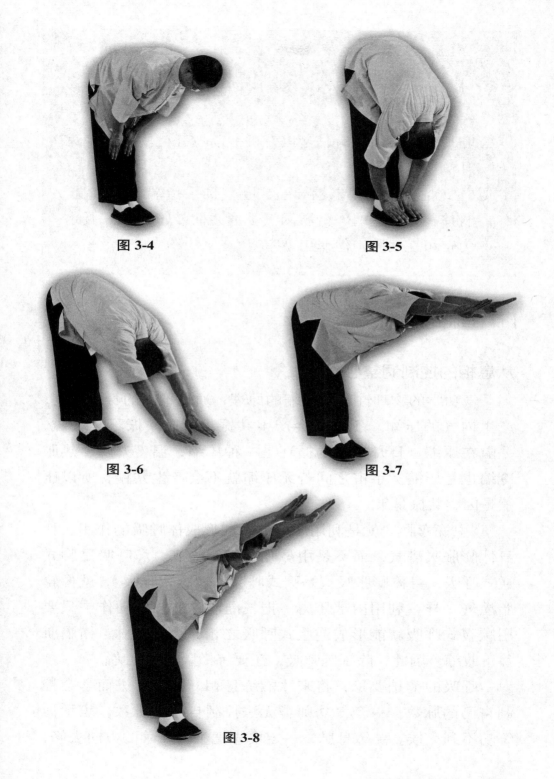

图 3-4

图 3-5

图 3-6

图 3-7

图 3-8

动作要诀

1. 以弯腰吸气压缩命门，令气入两肾；以丹田压缩使身体往上撑起。
2. 吐气两手滑出去时，是以脊椎往前拉开，使两手在两耳侧。
3. 吐气时内气需往末梢导引，吐气到手指端、脚趾端。身体往上撑起时，两腿因气下涌泉而鼓胀打直，因此力量虽在两脚，但非用力蹬直。

【课程综合摘要】

从息相的控制调整心脉

气功学的物理性就是压缩的原理，通过不同的身体角度，产生内气的压缩。压缩才会产生共振，所以共振不是关隘，关隘在压缩。日月星辰的循环是一种压缩，温度升降、热胀冷缩也是压缩。宇宙之间若无压缩就不会产生共振，所以压缩是因，共振是果。

"引挽弯腰"就是利用压缩的原理形成体呼吸的作用，让身体膨胀吸满气，而不是用鼻呼吸把气吸满。鼻呼吸是胸式逆式呼吸，身体膨胀吸气是腹式呼吸（逆腹式呼吸），就像轮胎灌气一样，利用内部压力，把气灌满。所以，动作中只要用顺腹式呼吸就能形成逆腹式呼吸之相，扩张带脉，横膈肌往下收缩。因此，除了练呼吸，还要练横膈肌的张力。

呼吸的节拍要稳，将来才能练息相、脉象，进而学会控制自己的脉数。一个气功师若无法控制自己的脉数，表示他练功不到火候。要练息脉，一定要先把个性往善的方向去修，练到气很沉，当人生再没有个人私欲、不再想争夺什么，也就是无为，就可以息脉皆停。若还有心愿责任未了，有为之心一起，心脉就会上来。到达息脉皆停的时候，心就会很敏锐、很安静，然后就有办法渡脉，连着一条丝线就可听脉。这个能力其实可以靠后天修得。

要学会渡脉，先要学会手松，因为息脉象通，当手真正松开时，你就可以听到脉的共振，因为脉搏会震动到拇指。拇指的跳动，就是脉搏的跳动。拇指是心脉，肺经通心经，故拇指是肺经。练发气时，拇指是关键。

普通人一分钟14息，我们至少要练到一分钟2息。假如"引挽弯腰"一息做完，一分钟做两次，如果做30分钟，就要做60次，始终维持一分钟2息，动作做完，刚好时间到。一分钟2息是入门，一分钟1息才是气功态。倘若一步一息，一息一分钟，走到火车站要几步几分钟？行禅的时候，能维持每一步跨出去都在这个息脉中，那就是禅定。当息脉象通时，时间的概念就可以拿掉了。用息脉计算距离，人生还有几息，自己也可以算得出来。所以，修道之人要不断修炼息脉之相。

息数间接影响脉数，因为息数会影响想法，想法又会决定脉的跳动。所以，调理心脉最重要的是息相的练习与控制。古人从炼气谈炼心，而气在身体中的奥妙，不是呼吸的状态，而是由骨缝开合的细腻度决定呼吸的长短，不是以鼻息出入、胸腔吸满与否来决定气的强弱与息数。所以动作是很重要的工具，因为动作可以导气、引体，可以打通经脉、帮助肉体强壮，还可以帮助我们在行住坐卧当中维持心脉的调理和稳定。

很多人强调炼气、静坐、观呼吸，但一动起来气就乱，因为心跳加速，身体的酸痛使经脉、气息大乱，这是生理性的，任何人都无法改变。有些修行人静坐时心脉可以很稳，但动起来却心脉大乱，所以老祖宗强调性命双修，要在动功上练习安静，动中之静方为真静。强调修心不修身，或强调修身不修心，都是偏执。动作、呼吸、意识，身心同修，才有可能进入动态中的禅定生活。

第九节　延脊划臂

【原理说明】

将骨架、肌肉、韧带置放在正确的角度上

人体骨架是无比精妙的天地灵气之杰作，每一副骨架都是独一无二、为你个人量身定做的绝世珍品，全世界60亿人口，不会有两个人的骨架完全一样。而且骨架会随着成长变化而随时进行调整，好让你在生命过程中，可以完全依照你的生活习惯、思想、性情，雕塑你专属的寄寓之所。古人未必明白这个道理，但是他们很早就提出"身为神之宅"的体证所得。现代人则说，二十岁以前的身体是父母给你的，二十岁以后的身体由你自己打造。

然而，也正因为如此，身体就是心念的投影，你造就了身体，身体也深刻影响你的思想和行为，因果循环，如环无端。我提出"身体自觉"的主张，就是要从这个循环中抽离出来，从身体的改变，渐至于心灵的转化，然后从根源处斩断生理轮回，不再盲目被动地陷入其中。

就以"延脊划臂"为例，此功法是在腰胯固定的角度上，

以两脚成弓步划桨状，做大幅度的全身性延伸运动，使腰腿和脊椎达到平衡。这是将骨架、肌肉、韧带置放在正确的角度上，以动作进行自我调整，让长期偏向不正的部位回复平衡。因为动作会牵动全身组织，同时还要配合体呼吸的作用，吸气弯腰往下时海底收提，吐气时将气从丹田压缩到涌泉，使身体缓缓撑起，所以这种调整才是全面的。很多复健整脊的效果无法持久，是因为靠别人帮忙，只能进行局部调整，组织细胞之间的信息传递也仅限于局部，身体的回馈系统并未启动全身传链的机制。

　　"延脊划臂"是调整腰腿系列功法的总合，总其大要，就是丹田开合。其他动作细节，则包含其他八个功法的要点，因此动作执行时要能融会贯通，把其他方法用出来，即可得其大全。

做法

1. 两脚成右弓左箭步，重心在前，提会阴收小腹吸气，两手顺势由下往上甩荡至极。

2. 吐气，两手握拳，手肘往后扣，身体后仰，重心落左脚，继续吐气。右脚打直，由颈椎、胸椎、腰椎依序往前方俯卷弯曲。

3. 开始吸气，手指伸开沿右腿往下延伸至足尖，此时将气吸满而鼓胀肾脏。

4. 吐气，两脚打直，以手指尖带动两手与脊背成一直线，沿地面往前方极远处延伸，同时气沉丹田，使下腹部鼓胀，顺势将身体撑起，将气吐尽。

5. 继续吐气，两手放下，回复至准备动作。再跨左脚，换脚操作。依此反复操作 24 次。

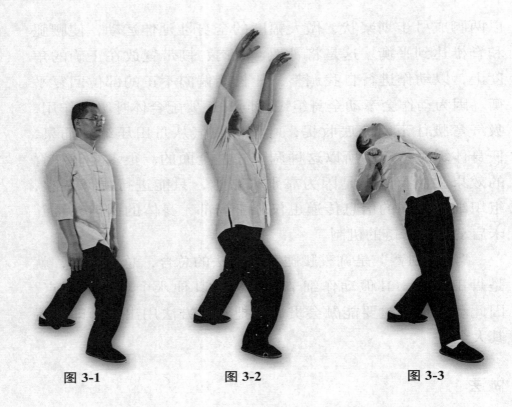

图 3-1   图 3-2   图 3-3

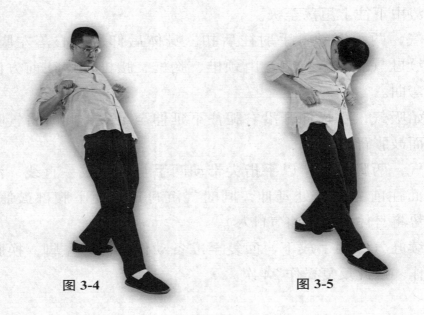

图 3-4   图 3-5

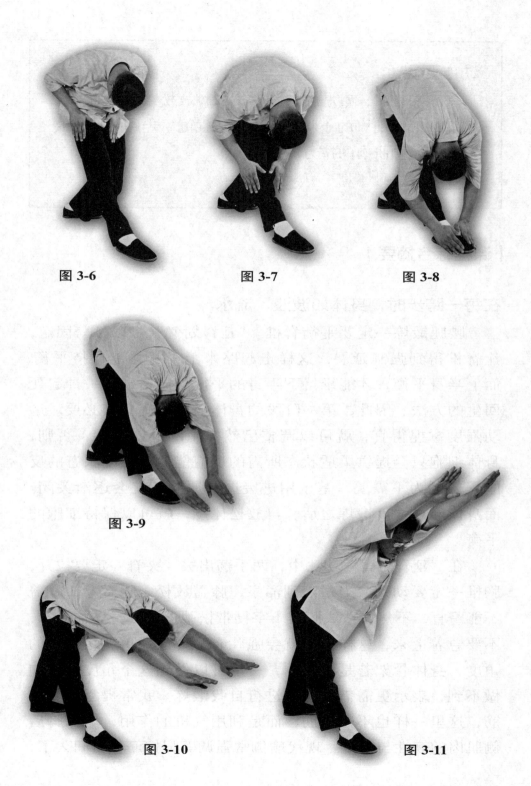

图 3-6   图 3-7   图 3-8

图 3-9

图 3-10   图 3-11

動作要訣

1. 气灌涌泉时，重心往前脚移，前脚放松微微弯曲，可借此锻炼前脚的小腿后肌。腰腿强健，走路要稳，要靠脚后侧肌肉的拉力训练。
2. 弯腰时，身体是一节一节往下卷。

【课程综合摘要】

在每一跨步时，身体如波浪、流水

腰腿锻炼一定要平衡脊椎。"延脊划臂"是以腰胯固定，让脊椎得到强制延展，这样走起路来上半身才能保持平衡；而上半身平衡，才能维持下半身的平衡。这是建构一种起死回生的方法。因此，第一阶段的身体强度锻炼有其必要。运动强度拿捏得宜，就可以调整已然失衡的身体骨架，否则，身体细胞只会提供柔适状态所需的反应能量，强度状态的反应程式因为不需要，基于用进废退的原理，就会逐渐关闭。而身体经过强度锻炼之后，再放松休息，就可以保持细胞的平衡。

在"延脊划臂"功法中，两手荡出去，夹脊一定要拉开，胸椎一定要动到。力量灌到涌泉，膝盖放松，腿微弯，膝盖不能蹬直，不然会造成膝盖十字韧带松弛退化。身体往前拉，不要急着上来，这样两脚就会强壮有力。这个角度是自然的角度，身体骨架若是正常的，一定可以做到这个角度；假如做不到，表示更需借此动作进行自我锻炼。我常提醒不能拉筋，这里一样也不是拉筋，而是利用气机的作用，增加脚后侧肌肉的韧性与力量。现代瑜伽常强调劈腿拉筋，时间久了，不但后腿肌群松弛，反应变慢，而且容易导致髋关节磨损的危机，因此很多瑜伽老师两腿修长，但完全失去快速反应的能力。另外，拉筋时全身内脏的能量都会被紧急调度前往供应下肢的需求，身体会立即补充能量的缺损，虽然短期内头脑会感觉清新、舒畅，但长久以往，会造成下腹腔内脏功能受损，许多瑜伽老师都有严重的妇科病，就是这么来的。练功必须知其理、明其义，错误的角度与方法，反受其害。

我们不只是要借动作增进肉身的强度、处理肢体病痛，最重要的是从动作当中体察不同层次的身体。因此，一定要在动作中启动身体的气机作用。身体内因为有丹田的作用，就有一套体内的思维与动作结合，如此，每一次做动作都会得到不同的体会，其中的乐趣，只有自己知道。得到内在的丹田气机，动作会越来越轻灵，"延脊划背"跨步出去，身体荡出去，如划桨般流畅无碍，身体如波浪、流水，全身骨缝都可松开充气，动作即可进入在气不在形的阶段。

定步操作熟练之后，此动作亦可作活步的练习。但活步需练到气定神闲时，才不会对气的稳定形成干扰。初学者仍须以外形动作的安定帮助内在的安定，因此定步练习的功夫要非常扎实，才可练习活步。所谓定步功夫练到扎实，其实就是"气定神闲"，一个人站在那里，旁若无人，内定在中，手开始动的时候，一定要感觉有一股热气在手中，否则就停下来等一下，等到感觉出现了，再动。那就是一种绝对的定、安静、放松，外形只是考验自己有没有被它干扰。外形没有意义，手一伸出去，动作一开始，就要有内部的东西表现出来。要真实的内涵，不要追求外形动作的感觉。

甩手踢腿

第一章　功法原理

甩手踢腿健迈步

第一节　练功与细胞膜的流动性

流动的人体

近年来，针对现代医学各项缺失的指证越来越多。现代医学崛起于战争与传染病盛行的年代，抗生素的大量使用与开刀急救的技术，使现代医学以压倒性的优势，掩盖所有传统疗法的光芒。然而自从战火平息，流行疾病大幅减少，商业社会高压力的生活，疾病型态也从急救的需求转为长期压力导致的各项文明病。也就是说，当代最主要的医疗工作已经不是抢救生命，而是增进生命的幸福感，让人们不必担心"三高"，可以吃得舒服；避开头痛、胃痛的威胁，夜夜好眠。

2005 年，国际顶级医学期刊《JAMA》指出：美国每年因医疗失误致死的有 25 万人。美国人的死亡原因排名第一位的是心血管疾病，第二名是癌症，第三名就是医疗失误。然而这并不是个别医生的问题，而是整个近代医疗系统的问题。有一年加拿大魁北克省的医生集体罢工半年，结果当地死亡率骤减 30%。台湾的医生一个上午平均要看 60 个病人，一个病人仅仅分配到 5 分钟。每个病人病症不同，这就等于要求一个医生在 5 分钟内答完一张考卷，并至少得到 70 分，可见其风险之高。

养生保健重于治疗，已成为社会共识，降低无效与过度医疗，也渐渐赢得更多民众的支持。近年由于分子生物学界在细胞学的发现，对人体组织内惊人的微观世界有更深入的认识，一方面感叹造物之奇，另一方面对于过去对人体健康的管窥蠡测感到不安，于是主张回归自然，以自我意识主导生命健康的自然医学也开始受到越来越多的重视。

古老的中国医学并未建立精确的人体解剖学知识，在过去，这是指责中国医学只有经验法则而没有科学根据的说词之一。现在，越来越多的科学证据已经证实，身体看似偏向于"固体"，但其实具有高度的流动性。就以分子生物学家的发现而言，在电子显微镜底下，人体细胞膜没有一分一秒是静止不动的，细胞膜上的10万支"天线"（糖蛋白）也随时保持流动。

细胞膜是由蛋白质分子镶嵌在其中的双层磷脂质所组成，具有管制物质进出细胞的功能。细胞膜与细胞膜之间还有空隙，空隙间还有包括胶原蛋白等许多物质。每个细胞膜上面都安置了500～10万支"天线"，其功能包括载运、离子通道、管制进出细胞的化学物质、接受细胞沟通的电子信号与化学物质，以及标志作为免疫系统辨识机制的依据等等，对细胞形成严密的防护网。脂肪细胞大约只有500支"天线"，因为它只有储存能量的功能，不太需要对外沟通。全世界70亿人口，除了同卵双胞胎，每一个人作为免疫系统辨识机制的标志都不一样。器官移植会产生排斥，是因为细胞膜所标示的特征不同。血亲之间的器官捐赠比较安全，就因为细胞膜的辨识标志虽然不同，但还有其他相同之处可供辨识。

气机导引可增加细胞膜的流动性

组成细胞膜的双层磷脂质并不是固定的，好像在池塘里各自漂来漂去，以流动、振动或转动保持运动，仿佛随时更换地基，但却可以维持高度精准的运作。想想看，全身六十兆细胞的所有物质都在晃动中而能保持精确传递，并井然有序地管制进出，这是不可思议的系统，非人力所能为。

细胞膜的流动性越好，细胞信号的传递与物质进出的管制越精准，健康状况越理想。影响健康的老化与粘连就是氧化，氧化就是细胞膜氧化变硬。所有的慢性病与癌症，都是从细胞膜病变开始，导致组织间隙的空间变形，连带引起气能量的变化。气机导引可以增加细胞膜的能量，因为可以刺激活动身体的组织空间，促进细胞膜的流动性。德国柏林医学院很早就开始对气功展开积极研究，他们发现气功的气就存在于细胞与细胞之间的空隙。气机饱满，细胞与细胞之间的空间共振就非常和谐，就像小提琴的和弦一样。

其实，练功的作用不仅如此，例如，我们强调动作的学习是通过动作"经历"自己的身体，与自己的身体对话。用分子生物学的语言来说明，就是通过动作使身体的所有系统进行整合联结，包括运动神经、感觉神经和自律神经系统，等等。一个动作从不会到会的过程，就是全身各大系统联结整合的过程。学会之后终生不忘，因为系统已经联结完成，而且全身上百亿个细胞之间的联结没有一个出问题，否则头脑的认知系统与身体的运作系统就会受到影响。中风患者无法准确地将食物送到口中，无法自己穿鞋子，要让两手指互相碰触则难如登天，都是因为整个大系统联结当中的一个小小环节出了问题。

分子生物学家所见的人体仍仅限于有形的身体，身体仿如一个高效率的化学工厂。在高能物理学家眼里，人体就是一个瞬息万变的能量场或信息场，随时与外界保持互动，起心动念，都会影响能量的强度与结构空间。然而我们练功只管练功，不管科学家有什么新发现，都循着既定方向继续老实练功。所谓"古之学者为己，今之学者为人"，练功是把身体练出功能来，科学新知也许可以让心性未定的初学者增长信心，而我在书写过程中，也不得不借来解释难以言说的功法。对于已经把练功当作生活方式的人，这些知识只是偶然吹过树梢的一阵轻风罢了！

第二节　动作说明

靠运动进行自我疗愈

　　练功是一门面对自己的实证科学，无时无刻不把自己的身体当作实验室。所以练功必须专注地感觉自己，对动作产生的各种身体反应保持旁观。例如，当你往下蹲时，哪个角度最酸最痛？你自己会知道。最酸最痛的地方，就是受力最强的地方。受力最强的地方，就是劳损最严重的地方。之所以会造成劳损，又跟受力的角度与力量强度有关。我们不经过科学实验室的测量，而是通过自己的身体动作进行观察。我相信，这就是导引术能在中国医学史上成为一个重要分支的主因。因此，导引术的主流发展是诸如华佗五禽戏和达摩易筋经，以肢体动作为处方，教导患者靠运动进行自我疗愈。至于整脊按跷，反而是比较后端的手段，当病人无法自行运动，或者病在自己动不到的深层部位，才不得不假借按跷帮忙，否则，遇到一个腰椎疼痛的患者，导引师也许会给患者"敲臀扭腰"的运动处方，让他做动作慢慢自我调整。整脊师却只能让患者躺下，辛辛苦苦、满头大汗地帮他调整脊椎。这就好像个人生病，医生帮忙吃药一样不合理。所谓个人造业个人担，如果没有付出相对的代价，从生活习惯、行住坐卧姿势等进行动态的整体改变，想完全依赖他人之力导正自己的身体偏向，就能量不灭定律而言，病痛最终仍会转换为其他形式，回到自己身上。

以手练腿，以肩练腰，以腰带手

身体的实证功夫看的是动态的整体，因此往往能见人之所未见。例如，有些骨科医生可能会认为，腰椎疼痛患者不能做"敲臀扭腰"动作。这个看法是只知其一，不知其二，刚开始操作"敲臀扭腰"动作时，若症状较为严重，确实可能有疼痛难忍之感；但在自己可以调控的范围内放松、缓慢地转一转，让腰椎附近的肌肉放松平衡，生理结构空间就会改变，促进气机流畅，慢慢就不会痛了。这是从根本处解决腰椎疼痛的问题，否则，除了开刀动手术，只能借助于肌肉松弛剂等药物暂时缓解，终非肢体治疗之大道。

"甩手踢腿"系列功法是专门针对步履稳健的锻炼。一个人的活动力，取决于两腿的活动力。人老腿先老，但现今之人，年纪轻轻就有很多是举步维艰的软脚虾，此因少年儿童阶段缺乏大量的身体活动刺激，导致手眼不协调、手脚也不协调；加上过多的脑力训练，缺乏体力、耐力的锻炼，导致体力与脑力的严重失衡。人体的衰弱，意味着整体竞争力的衰弱。体力即国力，有识之士当及早憬悟，否则错失及时调整的时机，就会耽误一整个世代，不可不慎！

本系列功法源于马王堆导引图。清《寿世青编》十二段动功对此动作的说明是："足不运则气血不和，行走不能爽快，须将左足立定，右足提起，左右交换如前。"我再加以补充，让"甩手""踢腿"两相结合，以达到"健迈步"的功效。因为脚步稳健，需借两手的摆动帮助身体保持平衡。原住民在山野间奔跑，即使在夜间也如履平地，正因为有两手带出身体的方向感。人犯两手被缚时，就一定走不快也跑不动。两手扮演平衡与带力的作用，可带出腰胯的力量。用腰胯走路，脚步才会轻松矫健。而两手的平衡甩动，又与肩胛有关。所以手靠背、腿靠腰；双手要灵活，跟肩背肌肉的平衡放松有关；两腿要灵活，跟腰胯的平衡放松有关；而肩与胯合，两者又互相影响，不可切割。人身原本就是相互牵连的整体，唇亡齿寒，腰败腿必败；肩不松则两手仿佛上了锁。练功要练到根本处，治病要回到最初形成病灶的"因地"，让身体各个系统通过动作进行联结整合，所以要以手练腿，以肩练腰，再以腰带手。我们在动作中玩味身体结构之间的互动关系，理解身体空间，也同时可以理解社会人群。

强化两肾纳气功能

此外，走路需要心肺功能的支持，亦需配合关节的灵活与肌肉的平衡与强壮；而肾气的充盈与两腿下行气的锻炼，更是腿脚强健的要素。因此，本系列功法九个动作招式，都从这些面向入手，一方面锻炼手、脚的协调运作，另一方面要增强脚底每一个细小关节的韧性，还要锻炼两腿肌肉的平衡，同时在可自我控制的缓刺激之下，增进身体上半身与下半身之间的结构协调，导引下行空间，加强心肺功能，并从不同的角度强化两肾的纳气功能，以助下行气，使两腿轻健有力。每个动作招式都可单独成为长期锻炼的方法，亦可每次都将整套功法依次逐一练习。当然，在身体开发的整体进程中，本系列功法仍以开发身体空间为主，好为日后的气功学习奠定基础；待身体结构条件具足，则以丹田为动作执行的依据，届时每个功法招式所展现的就不只是肌肉、骨骼的力量，而是气机空间的张力。

第二章　心法要义

踏实而能远

完整地参与自己，守住同心圆

练功一定要练出一种基本的情操，否则会困在肢体动作的层次上，练不上去。学习之初对于每个动作的关键要领都要能清楚掌握，根基稳固之后，就必须把方法、技巧全部忘掉。不学在大脑，要学在身体，这才能"依规矩而摆脱规矩"，让肢体动作往形而上的方向提升，养成一种独特的肢体格局与胸襟气度。

练功就是要拿掉自己最不敢面对的根性。人最麻烦的是口头上客客气气，遇事却傲慢、无情，暗地里争强好胜、嫉贤妒才。不过这也是人之常情，在练功过程中，特别是同侪之间渐渐有了高下之分时，嫉妒之火就会开始闷烧。这也是必经历程，不必逃避，觉察自己的所有情绪，看着它从动作当中浮显出来，然后更放松、更安静，把它引到涌泉，排出去。不断地借动作完整地参与自己，学习用动作拿掉根性中的所有弱点，让自己一天比一天更进步。请问生命中还有哪一种事业比这更要紧、更过瘾？倘若你已经走在这条道路上，就请千万看住自己的弱点，它是重要的学习契机，千万不要被它拖垮！

在一个团体中，心有所偏就找不到同心圆，能看到全局，功夫就好。练身体就是炼心，炼心炼体就是炼灵性。所谓修为，就是在各种不同事件中看清自己的脸孔，看到自己的狰狞、恐惧，看到自己的反应、态度、做法，合不合同心圆的原理？百会、会阴在一直线是身体的同心圆，气感的平衡也是同心圆。身体结构偏向，空间改变，就会造成疼痛。心有所偏，心量改变，心胸狭窄，就会制造痛苦。不断检视自己，随时保持尾闾中正、重心落涌泉。刚开始看不到自己的身体偏向，但经过长久的自我检视训练，感觉就会越来越精准。身体空间平衡，气就平衡，气下涌泉，身体的体会将越来越丰富，看自己也看得越来越清楚。

踏实而能远

　　人生其实没什么道理可说，一切智慧都在生活实践中。我最讨厌空讲道理，但我在指导大家练功时，必须不断指出身体的超越性，好让大家看到肢体的远景。但前提是每个阶段都要老老实实地练，把根基扎稳。所以老子说："合抱之木生于毫末，九层之台起于累土，千里之行始于足下。"要练出身体的超越性，先从步步踏实的功夫逐步累积。就像练习"甩手踢腿"时，如果没先把气沉涌泉的下盘功夫练出来，身体必有所偏，两手往上甩出去时，身体爆发力的气势就出不来。人生如急流，没有一时一刻容许停顿。练功也是一样，任何一个动作都如后浪推前浪，没有停顿。让自己随时保持像流水一样的状态，有时看似静止，其实是为了蓄劲，把所有的力量集中在一个引爆点爆发出来。身体空间越大，蓄劲的空间越大，爆发力也越大。整套"甩手踢腿"其实就是在讲蓄劲与发劲的原理。而实践之法，同样得规规矩矩依循每个功法要领，从动作、呼吸、意识三要素同时入手。

　　动作的规矩就是要检视自己有没有对自己说谎，要求每个动作角度都做到位，不欺暗室，更不欺心。在动作中保持专注，是为了练出深沉的内息，然后进入意识的训练。意识训练就是炼没有执着的心，把"有事情"的心拿掉。当心中有事，心不够静，心的空间被各种念头、想法塞满，看事就看不清。呼吸训练的目的是停止外息，引出内息。外呼吸停止，人就沉稳了，可以了解外动，也可以理解身体内部的条理，所以内息就是聆听自己的内部气息。但在此之前要先练慢匀细长的呼吸，慢才能提醒自己不过度判断，匀就是公平看待所有事物，细就是练出严以律己的自我批判、自我检视，长就是坚持到底，柔弱再柔弱，化掉力量，最后转为无可抵挡的爆发力。

好好揣摩每一个动作，先把每个动作练到更熟练，然后从动作当中感觉身体内部的语言是什么。让毛孔变得更敏感，去感觉毛孔跟空气接触的感觉；去感觉声音溜过、声音震动到耳膜，去分辨耳朵所听到的所有声音。然后回头练习体力锻炼的引体功法，就会有截然不同的感觉，那时就可以达到气的超越，把实相的东西虚相化。

六套引体功法都是开发身体空间、促进气血循环、疏通筋结的基础功夫，同时也是磨练体力、耐力，增长信心与毅力的基本功。基本功扎稳了，脑袋的杂念空了，心静了，身体松了，才有可能达到气的超越。过去求法求道要先从洒扫庭除开始磨心性，引体功法之于身体的开发，亦有相同的意涵。"甩手踢腿"正要磨出脚踏实地、笃实践履的根性，否则，求道之路是看不到远景的。

第三章　系列功法

甩手松身　旋踝转胯

拦腰滑肘　抛缰过海

弹足抡摆　凌波微步

侧踢甩手　骏马奔槽

甩手踢腿

第一节　甩手松身

【原理说明】

六种甩手功，兼顾动作力学的平衡

手是身体的延伸，双手要强劲有力，力量不在手，而在一体贯串的身体爆发力，手只是引爆点，因此两手越松，爆发力越强。我将甩手动作放在"健迈步"功法的脉络中，因为手脚一体，双手灵活是两腿矫健的必要条件；而双手灵活的关键，在于拓开肩胛，同时放松背部、颈椎等相关部位，所以"手靠背"。腿要强健，则需配合腰背柔韧与双手协调，所以"腿靠腰"。此外，正确的甩手方法必须兼顾动作力学的上下平衡，亦即甩手时需配合海底收提，以平衡甩手产生的单向冲击力，否则过度甩手，反而会造成颈椎受伤。

甩手功法据说是早年上海形意拳大师田瑞芳开始传授，是形意拳的不传之秘；然而必须掌握甩手的关键要领，如此乃可以借甩手增加骨质密度，活络胸腔、胸腺之气，以利后天呼吸的作用，让气往下沉，这也是锻炼脚下功夫的要诀之一。

本功法将所有的甩手角度，总合为前后甩手、交叉甩手、垂直甩手、侧仰甩手、切掌甩手、弯腰甩手等六种，其他不论如何延伸变化，都在这六种甩手角度的范畴内。不过，甩手功只能算是松身功法，是导引，不是气功，目的在开拓身体空间，为下一阶段的气功修炼预做准备。因此，不同的角度，其作用范围不同，需积功勤行一段时间，自然可将其功能作用逐一落实在身体上。若要练成松绵若无物而出手如风的甩手功夫，当然需要配合其他整体的身体条件。此外，火候也很重要，每次练习，每个动作最好要做到一小时，否则，一天十分钟、二十分钟的练习，顶多增进气血循环，动不到深层组织细胞，就无法松透全身，成效有限。

做法一：切掌甩手

1. 单手叉腰，以脊椎带动单手在身前左右切掌，交叉点在肚脐前。
2. 保持自然呼吸即可。

图 4-1　　　　图 4-2　　　　图 4-3　　　　图 4-4

动作要诀

1. 手是肩胛骨的延伸，因此甩手的力学始发点在肩胛。

2. 保持颈部放松、下巴内收头顶悬，头不能摆动，守住中线，肩膀动、脊椎动就好。甩手时肩膀的筋会牵动颈椎的筋，有助于矫正颈椎的问题。若颈椎的肌肉不协调，对颈椎将有不良影响。

3. 膝盖放松才不会转膝盖，腹部收缩。

4. 眼神直视正前方，眼神不要乱飘，才能动中定、动中静。

做法二：前后甩手

1. 落胯，起手时吸气，收手时吐气。

2. 身体上下弹动，使身体自然左右摆动，带动两手前后甩动。

3. 连续做一小时以上，中间可稍事休息、调气。

图 4-1

图 4-2

图 4-3   图 4-4

动作要诀

1. 手要轻，肩胛、背部放松，百会上顶、收下巴，眼睛
   直视前方。
2. 除了侧仰、弯腰、切掌甩手时自然呼吸，其他动作都
   必须配合呼吸法。

做法三：交叉甩手

1. 吸气，身体瞬间往上拉开，提脚跟，顺势将两手往上甩，
   交抱于脑后，两手掌最好拍到大椎。
2. 吐气，身体瞬间收合蹲落，顺势将两手往下带，交抱于前。
3. 连续做 100 次以上。依各人体力，可分段进行。

图 4-1   图 4-2

动作要诀

1. 屈膝落胯，用身体的开合起落，带动两手做前后交叉甩手。
2. 锁骨需放松，上甩时才能让手自然拍到大椎。
3. 起落的速度可逐渐加快，若脚步不稳，可用呼吸调整。
4. 吐气时坐骨往下放，内气往下降，可使内气越来越往下沉，避免气机上冲，对平衡血压很有帮助。

做法四：垂直甩手

1. 屈膝，缩提会阴吸满气，闭气甩手，到第六下时放松会阴，吐气略蹲，再吸气收提、闭气甩手。
2. 反复操作。

图 4-1

图 4-2

动作要诀

1. 保持全身放松，身体不断练习往下放到脚底，久而久之，就会练成下实上虚，气沉涌泉的功夫。
2. 两掌微曲如空拳，让气在手掌内循环。

做法五：弯腰甩手

1. 落胯下腰，先左右前后动一动，松开肩膀。
2. 用脊椎弹腰，顺势将手往左、往右上方甩动，眼神随着两手方向而动。
3. 全程保持自然呼吸。

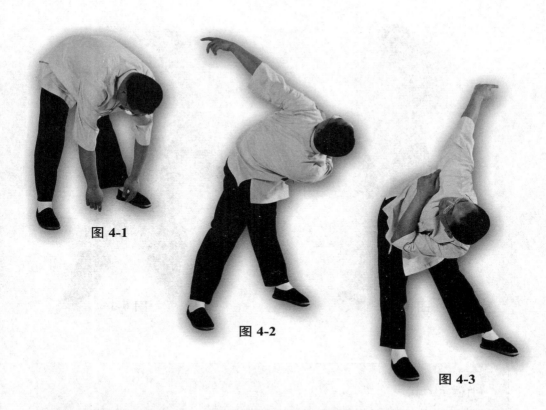

图 4-1

图 4-2

图 4-3

动作要诀

1. 膝盖、大腿都要放松，所以大腿不是往后蹬直。

2. 以弹腰带动脊椎、两手上下甩转。

3. 动作要领掌握熟练后，亦可配合往右甩时，左脚跟往后踢到臀部；往左甩时，右脚跟往后踢到臀部，以此锻炼身体的协调能力。

做法六：侧仰甩手

1. 屈膝落胯，全身放松，往后仰躺，以脊椎带动两手向左向右放松甩动。

2. 保持自然呼吸即可。

图 4-1

图 4-2

动作要诀

颈椎放松，让头部自然往后仰。不要过度弯腰，以免腰椎过度受力。

【课程综合摘要】

得于手而应于心

身体的协调能力和大脑的协调能力攸关身体指挥系统是否正常运作。身体的协调能力是指首先要能将眼睛所看到的动作影像投入大脑，再让中枢神经指挥运动神经把动作执行出来，每一个动作都需要动用几百万个细胞瞬间准确无误的联合作用。动作执行后，又要经过上千亿个神经细胞的联结，才能让动作记忆储存在神经网络中。

脑细胞约有一千亿个，学习一样新技能时，假设需要两千个细胞互相联结，刚开始时全无概念，抓不到要领，是因为大脑不知道你要学习什么，当它找到细胞与细胞之间的网络联结要领，并且联结到小脑，小脑启动校正机制，这项学习就可以应于手、得于心，而且永志不忘。必须提醒的是，学习一项技能时，"想"只是一部分，脑神经的联结包含眼耳鼻舌身所有的信号联结，先送到信号分析中心，再判断需要联结哪些系统的细胞，所以必须通过身体的操作执行，才能建构整体的神经网络联结。再者，我们学习开车、游泳、骑脚踏车等身体技术，假若一天之内连续学习20小时，其效果远不如每天学习一小时，连续学习20天。因为神经细胞的联结需要时间，先联结，同时需要切断无意义的旧经验。以游泳为例，因为生活中的旧经验告诉你，做不来的事就得拼命用力；但游泳时拼命用力无济于事，当经验值还联结在"用力"上面时，一定无法学会游泳，必须先切断这个旧经验，学会"放松"。身体要做"联结"跟"切断"的动作，必须动用到眼耳鼻舌身等全部神经细胞的分析整合。学开车时切断的旧经验比较少，联结的比较多。至少上千亿细胞的联结都对了，才能学会游泳这个动作，而且一旦学会之后终生不忘，因为已经联结的神经网络架构永远都在，不会因为学习新技术，需要更大的网络空间而将旧有网络"拆除重建"。

　　学习一样新的身体技术，有人快、有人慢，有人眼睛看到的跟身体执行出来的不一样，这都取决于神经细胞对话的管道是否通畅，以及个人和神经细胞的亲密程度。现在我们都习惯说"得心应手"，其实这个成语典故的出处是《庄子》，其意原为"得于手而应于心"。这个错误不知起因于何时，我猜想一定跟大家渐渐不再看重身体操作经验有关。近年来学术界关于身体感觉、身体活动、身体技艺等研究十分红火，例如瑞士学者毕来德的庄子研究，对国内许多相关研究影响深远。我认为，这也是学术界的脑袋充斥太多文字、语言概念所致，任何一个知行合一、解行并重的人，对于"得于手而应于心"这种神经联结的先后次序都可以默会于心。

以身体实践建构神经网络联结

甩手动作虽然简单，但需要长期的火候酝酿，让身体和大脑的协调能力将这些动作整合起来，成为不思而能、不为而成的本能反应，然后才能以简御繁，让简单的动作产生强大的作用力。气机导引有 173 个不同角度的动作，每一个动作都牵涉到极为繁复的神经运作能力，一言以蔽之，就是身心灵的整合能力。有些动作难，有些动作容易；也有些动作有极为细腻的内部运作，这些都需要以身体实践建构神经网络的联结，先"得于手"，再产生"应于心"的学习成效。

身体技术的学习能力越强，表示身心灵的神经网络联结管道越畅通。过去的武术传承，都是很简单、很实用的技术，因为必须应用在格斗之中以求保命，所以没有花哨的招式。古人不明白神经网络联结的知识，但他们从实践中发现武术训练除了实用功能，还可以另辟蹊径，开发智慧，培养定静的功夫。我们现在可以站在古人的肩膀上，深刻体验武术必须结合心理学、人体工学以及人生历练才能出成就，所以今天练武不再以训练格斗能力为目的，而是要练出一种朴实的心性，这样才不会搞错方向、空费生命。

第二节　旋踝转胯

【原理说明】

开发脚趾灵活度，防止老人跌倒

为了解决老人滑倒问题，美国政府花 100 万美元用一年时间研究发现，打太极拳的老人比做瑜伽术的老人更不容易滑倒。其实，要防止老人滑倒，太极拳当然比瑜伽有效，但重点是要开发老人的脚趾灵活度以及身体的平衡、协调能力。"旋踝转胯"就是看似平易，其实价值万金的动作。

"旋踝转胯"的动作重点仅限于踝和胯，不包括膝盖。膝盖不能旋转，只能做前后屈膝的运动，否则会造成侧韧带受伤。因此，整条腿上只有踝、跨关节可以旋转，踝、胯两关节动，整条腿就可以动，但踝胯关节的根源在脚趾。很多老人的脚趾、脚踝因为气血循环不良，严重粘连，五个脚趾头好像连在一起，无法分开做动作，所以脚底缺乏应变能力，一不小心就跌倒。因为末梢神经在脚趾，脚趾转动会牵动整条腿的筋，而且脾经、肝经的起点在脚趾，所以"旋踝转胯"要让脚趾头一个一个地慢慢转，脚趾往内扣，设法用脚趾做剪刀、石头、布的动作，以脚趾带动踝胯的旋转，甚至可让动作深度直达肾脏。在身体开发的进程中，这也是气达末梢下涌泉的重要训练项目。

做法

1. 两手叉腰，重心落于左脚，依序转动右脚趾及右跨，反复做 36 圈。再换左脚操作如上。

2. 此动作亦可卧躺操作。

图 4-1

图 4-2

图 4-3

动作要诀

1. 动作中保持自然呼吸。

2. 动作完全聚焦在踝与胯的旋转，刚开始脚趾会比较迟钝，不易操作，必须反复练习。

彻底实践脚底的全息理论

脚底是神秘的身体部位，不要以为它只是承接身体重量，让你踩在地上而已。通过"旋踝转胯"，你要慢慢从动作中掌握脚底的脉络，并且学会控制它。须知脚跟和呼吸有关，呼吸又和交感神经、副交感神经有关，交感神经、副交感神经又会影响脑波的作用，而脑波的作用，跟一个人的情绪是否安定有关。现在通过脚底按摩的宣传，人们已经可以接受脚底的全息理论，但真正能彻底实践的人并不多，所以，大家还是汲汲于追求各种方法。

这个世界其实有很多简便的方法，可以帮助人得到身心灵健康的财富，但知道者多，行道者少。所谓"朝闻道，夕死可矣"，一个悟道者就是听到一个方法，马上革除旧习性，让正道落实在自己身上。所以，练功要能有所成，需要保持谦卑，愿意随时革自己的命，改掉根深蒂固的习性，接受新观念。我在教学时，发现很多人学不会，是因为学员常有太多观念的偏执深植于心，特别是那些功成名就、拥有现世王国的政界、商界、学术界权威人士，自认可以左右这个世界的公义与方向，而且人生阅历丰富，他们唯一还会感到力不从心的是青春与健康。所以，我对他们只能谈功法、不谈心法，因为他们听不下去。

身体的功夫可以让人更了解上帝，而不是畏服上帝。因为身体就是完整的宇宙，能从身体发现、体会宇宙运行的道理，发而为外，就是一个觉知圆满的人。

把关节放松的概念传给老人家，把"甩手踢腿"的概念传给小儿麻痹症患者，这就是气机导引的精神所在。我们并不是要每个人都练到出神入化的功夫，有先天肢体缺陷的小儿麻痹症患者一样可以借气机导引唤醒身体的觉知能力。气机导引涵融万物、包罗万象，众人听到气机导引的概念，对身心灵都会有帮助。这里面的道理就是效法《金刚经》《圣经》《楞严经》。然而现在众人难教难学难悟道，正因为骄慢心过甚，如同身体虚不受补一样，心能量太弱，即使正法在侧，他也是听不进去的。

第三节　拦腰滑肘

【原理说明】

拦腰滑肘，高速中的平衡定静训练

现代很多人的身体功率远不如老一辈人。我发现在贫穷、战乱年代成长的人，如今虽已八九十岁高龄，很多还是腰背挺直、腿脚健朗。我也听到一个在偏远山区做田野调查的学员说，山村乡野间的老人，很少有腰腿不利的，他们长年习惯负重行远，身体反而比养尊处优的都市中壮年人勇健。由此可见，身体的确会依据你的使用需要而分配资源，以正确方法适度锻炼，可以弥补先、后天条件的限制，提高身体使用功率。因此，"甩手踢腿"系列功法有很多需费体力、耐力的动作，因为用进废退，腰腿是人生行路的主要动力，登高行远都需要腰腿的力量。除了耐力训练，腰腿力量亦需配合身体的平衡才能持久，故身体的整体平衡训练与肺活量的开发也很重要。上班族因长期久坐，缺乏下半身的活动，容易形成腰椎与双腿的气阻，导致下肢萎缩无力，生理提早老化。

"拦腰滑肘"是以一脚踩实、一脚虚步抬膝开胯，两手相叠成一字肘做转腰滑肘的动作，借此开发腰腿韧性与灵活度，促进下行气血的快速循环，同时训练身体在高速运作中的平衡感和节奏感。动作中强调膝盖需侧抬至肚脐以上，甚至到达膻中的高度，除了会牵动腰背的肌肉组织，更需要腹部肌肉的协同运作；而且，因为大腿是第二个心脏，可以增加肺活量，增加身体活动的持续力，保持年轻的动能。

做法

1. 两手虎口相叠成一字肘，弓步低姿，重心落左脚时，右脚抬膝转腰，带动手肘向右滑，眼睛注视手肘的方向。此为吸气。

2. 吐气时落脚斜出于右后侧，脚尖点地成左弓右箭，身体转向左方，手肘亦滑向左方。

3. 反复做 6 次后，换脚操作如上。

图 4-1

图 4-2

图 4-3   图 4-4

动作要诀

1. 眼睛跟着手肘的方向，动作中重心脚的高度始终不变，手和肩膀需保持平行。

2. 弓步拉开，角度要够大，抬脚落脚，都需保持脚尖下压。

3. 动作可逐渐加快，以训练身体在快速节奏中保持平衡定静的能力。

【课程综合摘要】

膝盖和手肘的力量

"拦腰滑肘"的运动量很大，有些人做两下就觉得头晕，这是因为身体平衡、协调能力不足，同时因为动作中脊椎会随之转动，中枢神经系统失调的人就会感到不舒服。会头晕的人反而需要多多练习，直到不晕为止；可以先放慢动作，视情况再逐渐增加速度。此外，身体耐力强的人一定能耐喘。爬山走远路，会喘就走不远，因为大腿是第二个心脏，心脏活动速度过快而喘，会削弱大腿一半的力量。所以走一点路就气喘吁吁喊累的人，通常不是腿累，而是气累，有这些现象的人，同样更需要借这个动作进行自我锻炼。

"拦腰滑肘"与其他甩手动作一样，都可以训练身体的本能反应力量。在武术攻守对应中，膝盖和手肘都是最有力量的攻击武器，膝盖的力量来自腰胯、手肘的力量来自肩背，加上身体在放松旋转时，体内的空间变化和反应空间都会加大。我们不练攻击的力量，但是，我们要练身体敏锐反应的能力。初学者的身体协调训练不足，脚步不稳，速度也不够快，可专注在呼吸上，身体放空，去感觉身体的节奏，动作之中尽量不要停下来休息。等到身体节奏和呼吸可以调和一致，当动作停止开始调气时，任督两脉自然就会运转起来。

第四节　抛缰过海

【原理说明】

快、狠、准的力学传导效应

我把过去为了克敌致胜而设计的武术动作转化为养生保健的导引运动，除了强调动作内化，每一拳都打向自己的僵硬与执着，其余则完全保留了武术在身体应用上的高超技巧。中国武术在 New Age 运动中曾被视为是一种具有身心转化功能的训练，因为习武之人必须将身体修炼成完美无缺的武器，任何一个角度的僵硬迟滞、反应不及，都可能造成致命的危险。同样的，养生保健不能忽视任何身体异常的细节，心性修炼更需谨小慎微，对每一个起心动念了了分明，否则，一念之失，百年之谴。因此，当我们将武术训练的特质应用在养生保健与心性修炼上，并无任何冲突之处。

就以"抛缰过海"为例。"抛缰过海"又分"双手抛缰"与"单手抛缰"，是武术训练中的"甩水肢"，如同将两手的水甩干一般，每一出手都要在瞬间将全身的力量送达指尖，锁住敌人咽喉，所以必须快、狠、准；而这个力学传导的效应，必须以身心的松、静、安定为前提，同时配合从腰背丹田发劲，因此腰背、夹脊必须拓开，两手要松如软绳。"双手抛缰"在两手抛出时，两腿蹬直、脚尖翘起，会延伸身体后侧肌肉与膀胱经，同时自然收提会阴，使腿、身、手延伸如弯弓，手出如箭矢。"单手抛缰"则强调在转腰抛缰时，是以丹田带动腰胯瞬间旋转，配合臀部两侧骶骨的转动与臀大肌的协调运作，而使后脚如被丹田弹开般瞬间打直，同时身体转开、两手向末梢飙出去。总之"抛缰过海"是用丹田的力量甩手，弹开全身关节，运劲到指端末梢，配合甩手、提脚尖，背部的延伸拉开与腰胯丹田旋转，产生全身的操作协调。这些身体条件不仅是武术训练的必要条件，也是身心整合、养生保健的必要条件。除了增加手脚韧性及末梢的协调度，防止跌倒，两手甩出时自然收提会阴，亦有解决尿失禁的效果。

做法一：双手抛缰

1. 以脊椎带动，吸气时将两手收回至肚脐前。
2. 吐气时哈气出，将两手沿着身体的角度抛甩出去，提脚跟。
3. "双手抛缰"做 24 下后，换"单手抛缰"。

图 4-1

图 4-2

图 4-3

做法二

1. 平抬腿，上半身身体打直。吸气时右手贴在大椎上，左手背在腰背后。

2. 吐气时身体瞬间向右弹开，左脚瞬间打直成右弓箭步，两手向两侧甩开成一直线，左掌心向上，右掌心向下。眼睛注视左掌心。

3. 一次向右弹开，一次向左弹开。向右时左脚打直成右弓箭步，向左时右脚打直成左弓箭步。

4. 动作如上反复。

动作要诀

1. 这是"合劲"与"甩劲"的锻炼，吸气时合到丹田、涌泉，吐气时甩到末梢。

2. "双手抛缰"注意两手要沿着身体内侧的角度前甩出去，故两手不能太开。若角度不对，就会甩成五十肩或网球肘。

3. "单手抛缰"要练到两点骶骨的旋转，可防止臀部肌肉松弛下坠。故此动作不是练腿力，而要练胯和丹田旋转、臀大肌的操作协调，以及让这些旋转的力量贯串到双手指端。

4. "单手抛缰"时，身体要往前倾，才可以避免旋转的扭力伤到腰椎。后腿要伸直。

【课程综合摘要】

由丹田发动的"合劲"与"甩劲"

什么是"合劲"与"甩劲"？手肘画圆进来收合到肚脐，这是"合劲"；两手再从肚脐抛甩而出，这是"甩劲"。这是物理学的原理，因为要把对方拉合进来时，对方会产生本能防卫的后退力量，趁此刹那之间将手甩出，就可以产生强大的攻击力，将对方连根拔起。把这个原理运用在身体开发的训练上，目的在促进身体开合、压缩的传链效应，动到深层组织。因此，不论"双手抛缰"还是"单手抛缰"，其力学点皆由丹田发动，甩手如甩动一条毛巾。手越松，传导的力量越强。故甩手非仅仅是甩手，手的力学始发点在丹田，用肚脐、命门的力量爆炸出去，把力量抖出去。当力学往前时，自然会牵引到指端和后脚跟，所以手抛出时需提脚跟，令内气贯串到脚跟。手的阴阳分明，脚底也是阴阳分明。熟练后，手扣进来时，任脉收缩，背部自然往前延伸拉开。吐气时重心瞬间移到脚跟，手甩出去，同时脚尖翘起。手若僵硬，力量会被卡住，必须软绵绵放松，才比较容易合到涌泉，开到脚跟。

许多功法可以相参相练，"双手抛缰"的脊椎运动方式可参考"扣握舒指"，而其功能就是瞬间的"气灌脊髓"。若能将其他功法应用出来，身体就可以产生如瞬间爆炸般的快速传导功能。

"单手抛缰"下盘要稳，平抬腿，转胯，前脚脚尖扣进来，力量自然锁进来。后脚会瞬间打直，身体往前倾，让身子探出去。只管甩前手，不管后手，后手与前手只是一阴一阳的对应平衡。肩膀放松，才能把血液甩到两端末梢。

骨盘开才可以纳气

"甩手踢腿"健迈步，就是要让你轻松走远路。走路不用气功，所以本功法的重点在筋骨开发，为将来的气功修炼奠基。骨盘没开，身体没有纳气空间，再怎么练到一分钟2息、3息都没有用。就像游泳选手都可以练到一分钟2息，但他们是憋在肺，长期如此，反而会造成肺部的伤害。呼吸有吸、闭、吐三种状态，游泳选手是闭气而不是呼吸。气功不直接练呼吸，而是先经过骨盘的锻炼，因为骨盘开了，身体才可以纳气；身体可以纳气，静坐才有入定的条件。这是循序渐进的功夫。吸吐以意、松静以息，是气功学必备的两个功能。气是一种功能现象，不是物质。有了气的功能作用，才能有固护五脏六腑、四肢百骸和经脉血管的作用。身体是靠气的功能性存在而聚集起来的，否则就是一摊血水。所以不要问怎么炼气到骨缝，必须先把身体空间练出来看见骨缝。

要炼气的功能现象，就要炼虚。身体的空间出来，气的功能就会出来。年岁渐增，身体粘连，所以要不断地绞开身体，身体松开，身体的功能就会恢复，再配合一分钟两息或一分钟1息的呼吸，就能炼气到骨缝。一般呼吸是一分钟14～18息，气功最多一分钟6息，而且必须连续两个钟头都保持一分钟6息的状态，否则都算是体操。等到一分钟2息，才算进入气功态的预备阶段；等到三分钟1息，才算是止息、胎息、龟息大法的气功态。

因此，身体的骨盘开了，身体能纳气，再配合气功态的息相，这才是气功学。故而放松、专注、安静都是功夫，因为专注、安静，息相才会安静。所以调身、调气、调心必须同时并行，缺一不可。身体动作和想法都会干扰息相，我们强调先炼动、后炼静，再由动返静。第一阶段的引体锻炼都是为了拓开全身的腔体，等到关节腔都开了，就不需要这么多肢体动作了。

第五节　弹足抡摆

【原理说明】

以涌泉弹动全身

千里之行始于足下，过去的人赤脚走路，脚底必须随时侦测路面状况，所以脚底、脚踝都很灵活。现代人没穿鞋子不会走路，十个孩子有八个缺乏赤脚踩草地的经验。女人的高跟鞋更以自我束缚为乐，因此，现代人的身体衰颓是从脚底迟钝开始的。"弹足抡摆"就是针对这个现象的解决之道。

"弹足抡摆"的主要动作中心在涌泉，以涌泉搓抹地面，仿佛要在地上抹出一个螺旋状的凹洞，而使脚尖瞬间弹起，身体旋转、两手水平甩出。因此，踝、膝、胯尤需放松，否则动作会被僵硬的部位卡住。此动作除了训练脚底的灵敏度与腿部的韧性，同时也要训练全身的协调摆动。因为登高行远健迈步，必定要全身组织的协调运作，否则，任何一个部位有些微错位，都会引起连锁的牵制作用，造成行走障碍。在治疗学上，很多行走困难的病灶都不在脚，而在腰胯或腹部，因此练腿势必要兼顾全身协调的锻炼。通过"弹足抡摆"，以涌泉弹动带动全身摆动，以及转身下腰拨脚的平衡训练，身体细胞会在这些动作角度上进行全身的自动校正，这才是复健治疗的王道思维。

做法

1. 全身放松，保持自然呼吸，以脚底涌泉搓抹地面形成的螺旋旋转，使脚尖弹起，身体自然向左、向右水平摆动。

2. 做法一动作熟练之后，身体左右摆动时，可配合左右交叉下腰，以手拨脚尖。

3. 反复练习 40 分钟以上。

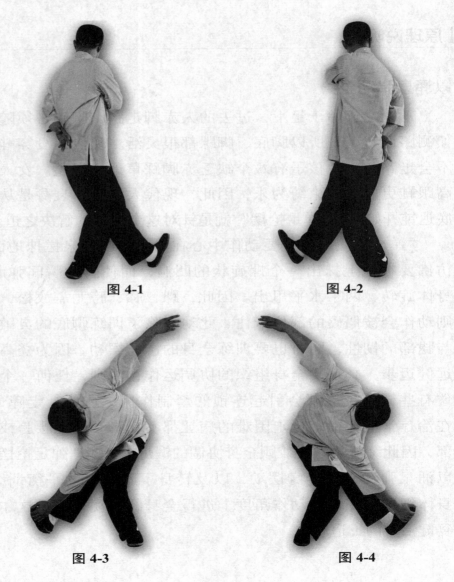

图 4-1

图 4-2

图 4-3

图 4-4

动作要诀

1. 动机在涌泉，因此脚踝要很灵活，否则弹不动。初学者要耐心练习。
2. 弹脚就好，用胯动。身体不动，重心也不动。手则放松水平甩动。
3. 交叉下腰拨脚尖时，脊椎也要旋转，眼睛注视上手指。

【课程综合摘要】

气机导引的四种觉性

身体放松，尽量转，刚开始脚步不稳，动作也不协调；转到全身协调时，动作自然协调。下腰要快，用手把脚尖轻轻拨起。弹到脚底如虎爪、猫爪般灵敏，每一次弹动，都可以对身体和地面的互动保持觉知清醒。在动作中保持觉知，身体松开，肩膀、膝盖仿佛都消失了，全身协调，只有动作的节奏感，慢慢就可以在动作中入静。

练身体会开发智慧，就像一个老农夫日日在土地上耕作，也可以发现宇宙自然的真理一样。身体是小宇宙，每天体会自己的身体，就可以观人观气，乃至于对整体社会的脉动了如指掌。我们生活在自然、社会的脉动中，无时无刻都受到大环境的影响，身体会反应这些变化之机。如果对自己的身体缺乏灵敏的觉知，你就无法从身体接收这些信息，然后掌握时机，做对的事情。

虽然我花了很多时间谈身体的操作方法与功能作用，总括而言，气机导引的身体训练主要是练四种觉性：第一是觉察，第二是专注，第三是静心，第四是禅定。

先觉察自我、觉察一切，觉察在每一个动作当中的自我反应。例如，某一个动作角度会引起疼痛，那么这疼痛是从何而来？又会到哪里去？在动作中养成觉察的功夫，应用在生活中，当生气、愤怒、悲伤的时候，就可以对自己的情绪保持旁观，并觉察它的生灭变化。

　　觉察久了，对自己的起心动念就会了了分明，然后就是专注。专注是守住一个中心点，心无旁骛，但与时偕行，专注在每一个变动当中的感觉。因此在动作当中，你可以感受自己，就可以感受对方；也可以在与人互动时，用身体的本能直觉创造对方的感受。例如在与旁人互动时，先感觉自己，然后你需要别人对你的感觉有所回应，你就会创造对方的感觉，以便于你的全然察觉。

　　这是修炼觉知的重要方法。从觉察到专注，在每一个事件当下觉知你的感觉，然后进入第三个觉知——静心。当你在觉察、创造反应、专注时，可能会因为过度专注而忽略其他细节，所以需要静心，停止心的波动，不对任何变动做出反应，否则可能会越专注、卡得越紧。静心之后，才能进入下一步的禅定。

　　气机导引的任何一个动作都具备训练四大觉性的方法，所有的课程，也都是以培养四大觉性为目标。

　　因此，肢体动作是训练觉察、专注、静心与禅定的工具。练功不是为了学习动作，也不仅仅是为了练到每个关节都打开，最重要的是悟道。悟到天地自然的道理之后，就不必通过法师或牧师理解上帝或佛陀的真理，而要靠自己直接跟上帝、佛陀的真理接触，甚至自己就成为像上帝、佛陀那样的悟道者。

　　练功就要直接接触真理，开启悟性，不再追求任何一种形式的寄托。有寄托，就会产生依赖。我常跟学生说，佛就在身中，练了气机导引就不必参加学佛会，不必通过法师和牧师接触真理，因为你已经拥有悟道的工具和法门，是一个走在觉知之路的实践者。我并不是否定法师、牧师的价值，对于许多还没找到法门的人来说，他们的工作当然是非常重要的。

你去拜师父，不如去了解父母、祖父母的生命史，了解他们曾遭遇的挫折和挑战。你今生拥有肉体的使命，就是把祖先留给你的基因进行演化改造。你活在有 SARS、金融风暴、手机、电脑的时代，你的使命就是让 DNA 的遗传经历这个时代而进行基因的改造与演化。能做好这些事，你就功德无量了，绝对不是盲目无知地把自己轻易交给某一位师父，那就是无明。在练功场上，就是要在逼近生死线时，给你一个看见自己的机会。

第六节　凌波微步

【原理说明】

用身体走路

虽然科学尚未证实，不过，我敢大胆预言，倘若跑步机完全取代在大地奔跑的原始活动本能，将会有更多未知的疾病侵袭人类。因为当我们在跑步的时候，身体会随时侦测身体与环境的互动，以及身体整体传链的需求，并从肌肉、关节、气血、内分泌与神经传导等系统，提供充足的能量支援。但身体的侦测点原本是不会移动的大地，而不是会动的跑步机。因此，在跑步机上运动，将导致细胞之间的信息传输系统产生错乱，所以空服员和飞行员要多爬山、多走路，多接触地面的感觉，好让身体恢复平衡。

健身房和跑步机的风行，证实了人类对身体感知的迟钝，已经到了难以挽回的地步。这些人造的健身器械，只从肌肉、骨骼的运动原理发明设计。强调本体运动的传统功法，却是考量人与自身、人与环境的互动而设计的。我们要唤醒身体细胞的觉知，除了要让身体在合乎自然本能的条件下进行自我调整，还要考量现代人急速衰退的身体条件。所以，借走路动作唤醒全身灵敏度的"凌波微步"，强调动作中脚尖、脚跟的起落切换，以及两手前后甩动时坐腕、突掌的变换，以此刺激末梢循环，同时锻炼末梢与本体内外贯串、互为调控的觉知力。此外，本功法最简要的概念就是"用身体走路"，而不是"用腿走路"，因此动作必须动到两肩、两胯四个点，用夹脊将两手尽量往前、往后甩动，用命门、肚脐、会阴之间的收缩开合使两脚一起一落。掌握这个原则，就可以走到脊椎松开、身体松开，最后动作中只有吸气、吐气的变化而已。因为身体会像高敏感度的侦测仪，一边侦测、一边调整，在动态之中不断寻求平衡，有可能会导致旧疾复发，但很多疾病、疼痛都将不药而愈。

"凌波微步"是短期内浓缩性的腿力训练，动作中强调平抬腿、脚跟抬到最高点，臀部低于膝盖、身体微微前倾，10分钟就可以达到增强腿劲的效果。初学者练完之后，大腿、后腿肌会很酸，必须练到都不会酸，动作中引动的内气会压缩到骨缝里，所以会酸到骨缝、脚跟。这也是开发跟管的重要训练项目。

做法

1. 两手前后甩动时，以坐腕、突掌的变换，配合两脚跟的一

提一放，使身体原地走四步蹲下、走四步站起。身体高度
每走一步各升或降两级，一上一下，提脚跟时，脚底与地
面垂直。

2. 保持自然呼吸，动作节拍可快可慢。每次练习时间依个人
体力持续 10 分钟以上。

图 4-1   图 4-2

动作要诀

1. 刚开始不要在硬地板上练习，不然容易受伤。

2. 动作中重心维持在两脚，臀部不动，胯在动。身体必
须保持尾闾中正，膝盖不能往内撇。

3. 抬脚时膝盖必须到达肚脐的高度，才能动到腹肌与
腰肌。

4. 注意后手的角度，后手要先坐腕，才能往前滑。

体察手上气机的阴阳变化

"凌波微步"是以碎步原地踏步练习，配合两手的前后摆动。当手突掌往前到极限时，身体自然往前，手成为身体往前进的动力。手的能量由一阴一阳的变化而来，有一阳必有一阴，力量就会平衡。手变阴力量往前，手变阳力量还是往前，很奇妙。感觉手一直往后带，但身体却是往前走，这就是阴阳。这里面的学问，需要自己慢慢从动作中去悟，去感觉两手一上、一下产生的气感变化，然后才能渐渐领悟练功时各种手法的诀窍。后手"掌按指翘"，有撑、推之意。这也攸关左右脑的平衡协调。会练到手上有很强的气感。要让手上产生气感，就得这样练，而不单是甩手。

动作中要有胯的意识，膝盖固定不动，这样才能对肩膀产生作用，因为肩与胯合。脚踝起来，气才会上来；胯若不松，脚跟一定提不上来。主要动在脚跟，胯要松，不用膝盖。大腿靠胯抬，胯不松，就无法灌到涌泉。用膝盖就不是导引术，要用膝盖，必须在无重力的原则下，否则容易受伤。运劲在踝关节和腕关节。练出粘掌的功夫时，就知道怎样绵绵落掌。我把武功秘籍藏在每一招的动作中，傻傻地照着练，一定可以脱胎换骨。

"凌波微步"的抬膝训练，是下阶段气功学训练的基础。腿脚不够强壮，将来进入气功训练会受不了。气功必须超越呼吸系统，启动身体高速的能量运转，提升它的位阶。现阶段以随着节拍原地蹲下站起的训练，好比在攀登喜马拉雅山，可以增加两脚的韧性与耐力。连续走三个月，身体毛病都会自然好转。

不要小看"凌波微步"的功法作用，练久了就可以完全理解身体的真相。练功重在体会，要一直不断地感觉自己，你的体会、你的感觉就是真相，不必有科学根据。老子讲"玄之又玄，众妙之门""有以观其徼，无以观其妙"。"徼"是表象。你看一个人，只看到他的外形，看不到他的心在想什么。"妙"指看不见的、无言可说。我们练功要掌握的是"妙"，而非其"徼"。练功场上可以看到很多真实的人性，有的没的一大堆，也有好高骛远的，空空地来，空空地去，最后一事无成。要练出成就，就得磨，身体要磨，心理要熬。功夫在身体不在招式，通过这些锻炼，养出全身的能量，再学什么都快。所以，练功的初衷一定要对自己有企图心，才能练出真正的能量。

身体能量的爆发力很强，却非常安静，就好像进入黑夜的深山，那个时候，整个山是活起来的。夜晚太阳下山之后，深山有一种惊人的引力。要进到里面去，超越它，超越一切恐惧，远离颠倒梦想。不要落入有为的刀剑棍法，要把能量练到身体上，练到身体一收缩，人家要出拳打你，他却自己飞出去了。

第七节　侧踢甩手

【原理说明】

手、腿同时甩荡的力学空间

武术在身体应用上的最高境界，是让每一个身体角度都可以成为本能反应。成为本能，就不需要力量，让瘦弱的人也可以制服强壮的人，这才是最实用的武术。养生保健的思维亦然，当身体的每一个角度都以原始设定本能回应日常生活的行动时，大脑的思维停止，身体用气不用力，那就可以"最省力"地活着。人类活得"太用力"，是当代文明很大的危机。我们并没有创造更灿烂的文明成就，却让当今人类普遍觉得活得不快乐。

与气机导引十八套功法的整体思维相同，"侧踢甩手"也是要唤醒身体的本能逻辑，以两胯为动力始发点，配合手、腿同时向左、右两侧放松甩荡，利用离心率的力学原理，落点刚好是起始点，让身体在整体协调运转下，瞬间产生庞大的力学劲道。武术招数中的"双风灌耳"，就是这个原理。

我们不练克敌制胜的招式，但是，把每个动作本能练入自己的身上，就是身体智商很重要的部分。整套"甩手踢腿"都是以手练腿，因为走路要靠手，很多身体动作如果少了手的平衡、协调功能，就会出现意想不到的障碍。试试将两手绑起来走路、跑步，会是什么感觉？因此，"侧踢甩手"也要在手上下功夫。当身体向左右甩荡时，两手稳，步伐就稳，手脚协调，动作就协调。脚荡出去是靠尾闾的力量送出去，必须松胯、松鼠蹊，腰椎也要松开，否则力量会被卡在这里。手是从夹脊出去，但甩荡时手要轻，完全不用力。

这个动作连老人都可以用来长期自我锻炼，练到手脚灵活、反应敏捷，老来若行动自由，心境平和，闲步看人间，处处春花开。

做法

1. 保持自然呼吸，身、手、腿向左右放松摆荡。
2. 左右来回 120 次以上。

图 4-1

图 4-2

图 4-3

图 4-4

动作要诀

1. 落脚时注意不踩刹车，落点刚好是出点，不然根会被拔掉。所以是荡胯不是荡腿，摆荡落回原点才能再荡出去。
2. 出脚要快、要稳，踢出时可以轻轻抖一下膝盖，但膝盖必须放松。
3. 从动作中寻找手的意义。两手自然甩荡，成为本能，手出去，脚就出去。

【课程综合摘要】

单纯是最大的力量

从生理机能与功能来看，所谓"健康"，必须具备灵活的动物性本能，不然，植物人或手无缚鸡之力的人，虽然各项生理机能的检查都合乎标准，但身体功能太低，若也算是健康，我们对自己所失去的天赋能力就太缺乏警觉性了。人类的身体功能虽然天生比不上多数野生动物，但是，人类好歹也是在弱肉强食的丛林、草原中，经过激烈竞争而存活下来的强势物种。尽管我们因为拥有灵巧聪明的大脑终于挤上食物链顶端，倘若在文明生活中逐渐失去身体原始设定功能，万一有一天，当脆弱的人类文明再也无力屏障我们，我们就势必要在优胜劣汰的自然竞赛中遭到淘汰。

人类的身体功能渐趋低下，根本原因是人类太过"刚强"。老子说："人之生也柔弱，其死也坚强；草木之生也柔脆，其死也枯槁。故坚强者死之徒，柔弱者生之徒。"练功要从身体的松柔入手，松柔才是恢复身体本能条件的不二法门。极柔弱才能极刚强，"侧踢甩手"蓄积的庞大力量就来自松柔。要点在两条腿的能量，要在练习当中不断揣摩内部的神髓。身体内部有一个漩涡，所以完全不用手的力量，手只是轻轻摆动。气机导引的每一个动作都有很多身体内部的空间，是旁观者无法想象的，唯有积功勤行者可以看见。

我们要得到身体真正的力量。肌肉的力量是假的，真正的力量是没有恐惧的力量。面对大事心里不起一丝涟漪，这才是真正的功夫。然而，如果没有同等经历、没有经历过同样的湖水，你就无法感觉到湖水的力量。要养成真正的力量，就要练到让气更沉，遇到大波浪才能真正稳住。这种人没有个人的是非得失，可以包容而归纳一切。这才是真正稳定社会、稳定民心的人。包容力是上帝最大的恩典，也是最大的力量所在，但人类都视而不见，也不肯用。

现在是重新洗牌的时候，若要为十年后的生活与世界循环预做准备，现在最重要的就是让自己更安静、更稳定。"老化"是指一个人已经失去面对世界的张力，在捷运车上，任何一个小婴儿都会让大家忍不住想逗弄他。你以为是你在逗他吗？其实是他在逗我们这些自以为是的大人！他什么都没做，但他的眼睛却具有凡人无法阻挡的强大吸引力，因为他单纯，没有任何主见，那才是真正的、洞见的力量，那才是真正的视界。

我们多数人已经失去那个力量，我们有太多想法，所以无法单纯地回应世界。单纯的眼神是没有恐惧的。一个青少年的眼神常常充满暴力，因为他不断地受到叮咛与限制。他不想被定位，他想自己定位自己，却受到更强大的制约，所以他只好用暴力回应。

想一想，你要剥掉哪些东西，才能拥有婴儿清澈的双眼？老子说："专气致柔，能如婴儿乎？"进入跟老子同样的经验世界，就能明白老子从身体洞察的智慧，那么你就会知道，当一个人的气很干净、很单纯，展现出来的就是像婴儿那么庞大的能量。"善摄生者，陆行不遇兕虎，入军不被甲兵。兕无所投其角，虎无所措其爪，兵无所容其刃。夫何故？以其无死地。"婴儿被丢到老虎穴中，老虎会把他养大，因为他没有任何杀伤力。这是我到四十五岁以后才体会到的。武术的攻击不过是人类因为恐惧而武装、保护自己的戒备，你必须超越这些，才能拥有更大的力量。

武术是德，武术背后的人生观才是道，无道，德必毁。假如功法只有形式而没有心法理论，功法传到最后一定四不像，因为核心的精神已经不见了。练功要有所成，必定要肯下定决心去练。现代人只会为了工作得失忐忑不安，一点也不在意练功成不成。当身体练到有成就的时候，你才会发现，这才是最重要的成就。遇事能展现真正的格局与担当，那就是内功。练武的人没什么好恐惧，练功过程中就是要不断地面对心魔，斩掉自己的恐惧。能清醒地面对无形的世界，在面对有形世界时就更清楚了。所以我发现，要炼心一定要先练身体，把有形训练好，才能渡到无形，然后才有可能整合有形与无形，身心灵合一。

第八节　骏马奔槽

【原理说明】

在柔中带刚的步伐变动中做全身性的开合

每隔一段时间，就有人建议我仿效解剖学的概念，以工笔描绘的 3D 动画，描绘每一个动作所牵动的肌肉、关节、经脉组织，甚至包括内气的压缩与共振作用等。这当然是一项值得尝试的大工程，不过，即使能做到如此精细，仍无法完整表达所有的肢体内涵。因为身体是千变万化的有机体，不同的动作组合、不同的内外情境与意识作用，都可能影响肢体传链的效果。

"甩手踢腿"健迈步系列功法是从不同的运动情境组合锻炼手、腿韧性与协调能力，其中，"骏马奔槽"则特别强调以行进中的运动组合，借由模拟骏马奔腾时马鬃飞扬的情貌，在步伐变动之中配合两手的前后开合。这需要极高的稳定度，以及肩、胯、手、腿和腰背韧性的全身性协调。而这个运动角度所牵引的组织部位，例如弓步后仰两手张开时，除了胸腔、腋下淋巴组织与肩胯张开，全身的阴脉亦同时张开。单脚提膝两手向后抛甩，膝盖需尽量碰触额头，除了训练踝膝胯的松沉稳定、脊椎与腹肌收缩的配合无间，也可以使全身的阳脉张开。在一前一后、一阴一阳的动作切换当中，内外首尾相连，刚好形成一个大圆。经此训练之后，每一跨步皆能轻灵稳健、动如脱兔，可以有效改善中老年人甚至儿童青少年腰腿无力、动作迟缓笨拙等问题。

做法

1. 全身放松，跨步成左弓右箭步，吸气，胸椎、颈椎微微后仰拉开，使两手张开至极限。
2. 吐气，身体蜷曲，右脚同时收提至碰触额头，两手轻轻往后甩，腕关节放松反扣，五指分开。
3. 换脚操作如上反复，必须保持行进间的稳定。

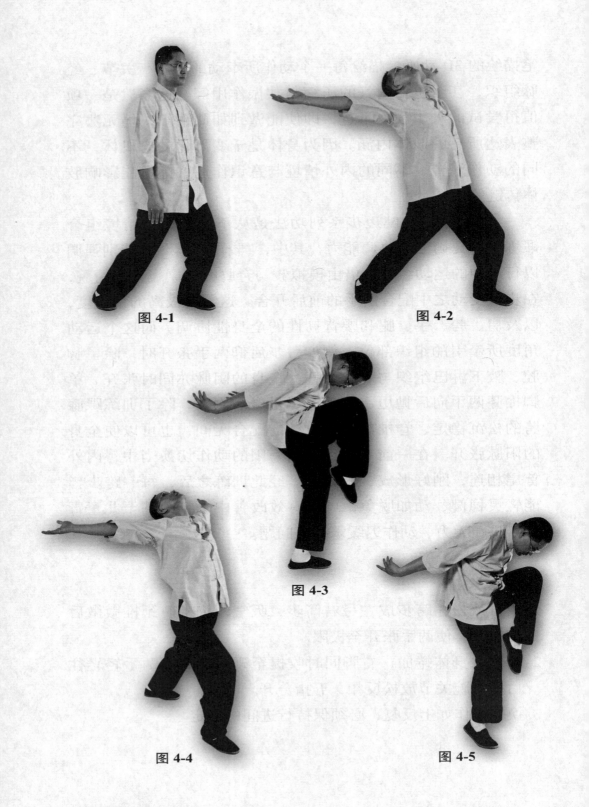

图 4-1

图 4-2

图 4-3

图 4-4

图 4-5

动作要诀

1. 步伐跨出时要尽量将弓步拉大，颈部、胸部后仰，但腰前顶，身体有前倾之意。

2. 手的甩动要很轻很柔，手腕后勾，松开腕关节，可以刺激末梢。手往后张开，才能动到淋巴。

3. 行进间最重要的是控制身体的平衡，动作中身体能稳得住，小脑一定很发达。若无法保持平衡，可借呼吸调整。呼吸稳，动作就稳。

4. 下盘要稳，关节要松，甩手要轻。松、轻、稳是此动作三大要诀。整体动作需柔中带刚。

5. 往上的弧线与往下的弧线刚好连成一个圆，上下一体，连接点在身体后面。因此，动作不要出现断点。

【课程综合摘要】

用动作碰触你的内在情境

练功是将所有的注意力完全投注在自己身上，那才是对自己最完整的爱。想想看，你的同事朋友下了班就去赶赴各种约会，而你愿意踽踽独行，在"骏马奔槽"的功法牵引之下，一趟又一趟地跟自己的身体对话。你要的是什么？

一个人倘若没有真正地爱自己，就没有能力真正地爱工作、爱别人。一个充满侠义之情的人、一个性格坚毅的人，一定对自己充满情感，否则他很容易就动摇了。练功就要让身体充满能量，让身体充满爆发力与说服力。若只想借知识说服别人，那不会产生真正的力量。你要充满那种扎实的、骨髓里的情感，它或者是一种恻隐之心，或者是大是大非之心，那才是人性中最真实的东西。每个人天生都有，你只要把它开发出来，而且要期许自己比别人的浓度更高，唯有如此，才能时穷而不乱、患难见真情。我们练功，就要把自己培养成这样的人。所以，练功不是做到怎么开骨盘、怎么拉筋。有一种力量，即使手出去是硬邦邦的，但你愿意说它松，它就松，别人看起来也是松。那是一种内敛的能量，这种能量在肢体学上才是最重要的。

把身体的能量引出来，你的眼睛就会炯炯有神！看看明复法师的照片，去感觉他充满平静的内心。

练功要不断感觉内在的怒恨怨恼烦，所有的动作，都是为了让你循线去探触它。你身上本来就有这些东西，你必须通过身体去碰触它。闻其心乃能制其心，倘若连自己的心声都听不到，如何能治疗它？身体如此，心理亦如此。一定要碰触到它，走进去，不敢碰或者碰不到，不是对自己虚伪，就是不敢面对。

所以动作要包含心的能量，才可以洞察怒恨怨恼烦的存在。身体要松才能碰触它，动作角度的工具要够多，才能循线索隐，跟它做深度的对话。于是，你就是自己的心理咨询师。

碰触之后，看到那些现象的存在。洞见之后，顺其自然，水满了让它溢出来；水未满，就不要让它漏出来，让它再满一点，看着它。最好的能量是"转化"，最差的能量是"老化"。怒恨怨恼烦都是能量，怎样让你的悲情、伤痛、恐惧到达满位之后不但没有溢出来，反而浓缩转换成一种新的能量，那是很高段的功夫，必须完全理解自己的内在，熟练它，否则再下去就是压抑，压抑会导致变质、酸化，导致变态的报复心理或人生观。所以要先清楚，先学会感觉，将来再学习跟它对话，先充满对身体的认同和感动。

问：那要如何将之用在动作上？

答：先用动作去碰触那个情境，所以我让你们先通过聆听来塑造情境。你的情境还是受环境影响，所以我们上课的时候关门拉窗，用音乐和灯光塑造一个情境给你，让你们产生联结；而你们的联结也会比较一致，我会比较容易控制、比较容易管理。其实很多人已经联结上来了，但还是有些人隐藏得比较深，他们会用理性判断阻碍自己的联结，这种阻碍让你不敢真实对待当下。面对自己是最诚实的，但现代人不敢表达，为了表示含蓄、有教养，反而需要伪装，假装成熟、假装理性，但每一秒钟都在虚伪和非理性中。所以我们必须把这些东西拿掉，但我们必须很熟，彼此信赖。假如大家虽然很熟，可是还有挂碍，感到不好意思，那又会形成阻碍。所以，练功时要专注自己，不受别人影响，要活在自己的空间觉知中。我们用灯光控制，让你放松、降低交感神经的作用，除了活化生理，也要活化心理。

问：到底是感觉进入动作？还是动作碰触到感觉？

答：这就是由内而外、由外而内，小到细胞，最后升华到灵性，身体是渡化到心灵的桥梁。必须碰到身体最幽微深远的地方，才能看到那个感觉，那就是心。有些人承受到一个程度，再承受一点点，就会发泄大哭。我通常会在这之前停止，让你不要发泄出来，因为我希望你往大的能量去累积。再看清楚一点，再看清楚一点，能量就会越来越大，那才是真正的心能气场。

不是刻意用动作表现感觉，任由它往里面走就好。让情感在身体上面自由奔跑，看它会跑出什么动作。十八套功法都可能带着你跑，不要对号入座。其实对号入座也对，但不够深层，初步可以，但不是终点，正确的做法就是让动作碰触到感觉，让它蔓延，带着它走，在身体里面引动它，带着它，有一天就把它带离身体。

如果身体有障碍，动作带出的感觉就会断掉，所以身体必须开通，身体必须有一个水道、渠道让它流动。所以身体很好玩，练功会越练越好玩，转到里面的神髓，练到面对内在潜意识的深层情感时，就不会累。所以我们要在这个方向耕耘，这不是空谈，只是这种教育在当今社会很少有人谈。我觉得这是很重要的教育，你才能在面对一件事情时，有各种思考角度的变化，不会执着在单一面向的思维中，更不会被个人的利益、欲望蒙蔽，因为你已经无所恐惧。你的恐惧通常都来自于面对未来感觉无能为力。其实当你做好准备，再大的灾难都是生命的教材。

问：刚刚提到"转化"，我对"转化"的体验是"不停留"，不停留在身体紧的地方。情绪被引发出来，就等于身体卡住的地方。我不停留在情绪上，就等于我不停留在身体紧的地方，这个体会就是所谓的"转化"吗？

答：身体的转化是一种位移，是有穿透性的。情绪不是位置，怒的感觉无法转化，那是转念，那是逃避，因为情绪的根源仍然存在。看着情绪从何而来，因转果自转，情绪就会得到释放。情绪是一种能量，情绪的能量释放过程会转化成另一种身体能量。

深层放松的动作一定会碰触到幽微的内在情绪，只有碰触、清理，你才会真正安定。除非你的身体完全没有任何问题，非常健全，做动作很流畅，而且每个关节都很松，做动作就可以完全入定。假如你卡在膝盖，每次做动作都会经过这卡到的膝盖，你无法逃避、无法转化，你只能经过，但放松、更放松，一次又一次地面对、再面对，让身体在这里越来越松、越来越流畅，久而久之，松的范围会进到越来越细腻的关节，疼痛就会慢慢不见，那是细微的身体空间调整，身体进入大平衡，慢慢就调整过来了。

生理如此，心理亦如此。动作时空下来、静下来时，前世今生的幽微情感都会被拉出来。我们要像跟身体对话一样，进入那个情绪，清理它，用充满感觉的能量，你才能看清其中的大是大非。假如带着情感做动作，带着思想，那就很难碰触到它，因为它隐藏在潜意识里，想法和情感是表意识，当我们不思考、经过动作的对话，就会碰触到，然后进行清理。这在道家就看成"三尸九虫"，肝心脾肺肾都会产生不同的情绪。

我的一生都在战斗，因为我要夺回被夺走的尊严。这是一种病态，所以我要面对，想办法把它释放掉，面对潜藏最深的敌人，那才是功夫。

问：如何掌握动作跟课程音乐的关系？

答：学习动作跟音乐的联结，用音乐启发心的感动力。没有人性就没有气性，无法感觉到气。你有没有真正地爱，就看你有没有感动力，不用听歌曲好不好听，要听得到隐藏在音乐里的感动力量，要开发你的觉性。身体的情境与音乐的情境结合，当息脉与心脉都很安静的时候，频率一样，你才会明白脉律、速率、节拍是多么重要。身体是指挥家，是一种语言，你与身体对话的情境跟语言，要跟音乐的情境语言联结在一起。舞出去，身体就有生命。人是动物，天生就是舞者，你的生命要充满情感、充满大情，这才是气功最有价值的学习，否则你的动作语言都没有生命、没有力量。你要置身其中，让它成为你的语言，跟它结合，你就有气，有感染力，气就是一种感染力。一个没有感情、没有气魄的人，动作就没气魄，你要训练的就是这个东西。要对自己产生感动，让身体联结上去。

跟音乐联结上去，大胆用身体表现你的感觉。充满情感的身体一定也充满生命力，身体也一定很健康。身体关节动得越深，情感也动得越深，情感的浓度越高。身体的深度代表情感的深度，放开来，跟它对话。进到身体的 DNA 里面，其大无外、其小无内，与细胞对话，去寻找你最真实的告白，忘记招式。

第九节　甩手踢腿

【原理说明】

松到极点、合到极点时的瞬间爆发力

马王堆导引图是中国现存最早的运动图谱，根据有限的文献记载，略知最早在黄帝时代就懂得带领人民借由各种肢体动作，达到舒展筋骨、消除疲劳、养生保健的目的。几经后世传递演变，即发展为配合呼吸的运动——导引术。导引术跟经方派中医一样，都是经过两三千年老祖宗从真实生命反复验证的经验累积而成，比实验室在特定条件控制下得出的结果更为科学。今天，我们为了让迷信科学的现代人了解导引术，有时候不得不利用所谓的科学语言，阐述那其实无法用语言明说的生命实相。若依道法相承的传统，空言道理

而没有实践，不如听任大道废矣。

"甩手踢腿"是四十四个导引图之一。我们今天在导引复原图上看到的这个动作，犹能感觉动作展现的身体张力。只见图中人物的衣服往后飘飞，两手往后张开到脑后，胸腹部、淋巴、腋下完全拉开。一脚需完全松沉稳健，才能让踢出的一脚松而有劲。

"甩手踢腿"的动态张力是整套系列功法的精华所在，而身体的瞬间爆发力，与蓄积、酝酿期的松、静成正比。一脚松沉时，三丹田同时松沉，合至涌泉。身体瞬间张开，手脚同时上甩或水平往前踢，那是松到极点、合到极点时的瞬间爆发力，是一种顺势的自然力量，这才是高层次的运动。需知身体是高度精密的有机体，当身体发现必须在这个动作角度上保持稳健平衡，各组织的能量分配与神经联结，就会发展出惊人的协调运作能力。若能持续以此自我锻炼，到百岁高龄仍能健步如飞。

此外，本功法在跨步行进时可参考"手滚天轮"系列功法之"手推阴阳"，在行进中保持松静稳定。动作的速度以呼吸调节之，一吸一吐、一开一合，行一万步如一步，动中之静方为真静，保持动态，但内部的规矩、方圆始终不变，这就是"甩手踢腿"的动禅。

做法

1. 全身放松，吸气，沉左脚。吐气，身体瞬间张开，两手上甩，右脚往前踢出，脚尖下压。
2. 如上反复练习，可定步，亦可走步。

图 4-1

图 4-2

图 4-3

图 4-4

动作要诀

1. 脚往前踢出时要与肚脐同高。其动力在尾椎，故腰椎延伸、腹肌收缩。胯与肩胛若未能松开，脚踢出去的角度就会受到牵制。

2. 动作中始终保持脊椎打直与屈膝前进，换步跨脚是以两脚重心的移转为依归，一脚松沉、一脚松开。

3. 吸气到丹田，膻中放松，胸腔会越来越柔软。吐气时将丹田压缩到手指、脚趾末梢。

4. 手上甩的力距，会刚好等于脚往前踢出的力距，所以手脚会取得动态的平衡协调。手往上甩的角度不够，是因为脚往前蹬出的张力不够，身体就无法保持平衡。

【课程综合摘要】

功夫跟体操的差别

　　"甩手踢腿"虽然归类在引体功法中，其实是很好的气功应用训练。此功法若没有将丹田的概念应用出来，只能动到肢体，无法练出神髓，那就跟体操相差不远。若能得其神髓，动作只在一呼一吸之间，那就是动禅功了。

　　不过，练功无法速成，要唤醒身体觉知，也非一蹴可几，就像一面墙要抹三层油漆，先要将墙上的旧油漆清理干净，然后再抹上第一层油漆。第一层油漆未干，就不能抹第二层油漆。练功有其循序渐进的深度、广度，了知于此，才愿意等待身体的火候逐渐成熟。

　　功夫跟体操的差别在于，体操有极限，功夫没有极限。例如，"甩手踢腿"亦可以在马步平抬腿的角度上，将手、脚踢、甩至极，那是人体的极限，再往下就没有空间了，这就是体操。倘若继续往下练，身体会不断产生质变，身体层次永远没有极限，那就是功夫。所以，功夫是一辈子的修炼，而体操有年龄、体力的限制。人类在奥运会上追求速度的极限，但到达极限之后的运动选手，往往很快就被后起之秀逐出竞赛场。

此外，练功的成就跟心性修为有密切关系。一个身体技术娴熟的体操选手，固然也有机会在竞赛场上体验身心合一的静定境界，但这种体验常常如电光石火，稍纵即逝，因为它并不像练功一样顺心练己，是一种普遍性、可传承的经验。而这种由中国身体文化独有的身体修炼传统，必须动静交相养、身心同时练。因此，尽管我在描述功法时，会时常指出必须具备丹田内转、任督循环等成就指标；但身体要练出这些功能，除了各种必要的身体开发锻炼，虚静安定的意识力量才是最重要的催化剂。就以"甩手踢腿"为例，动作并不难，但我们强调动作不要停顿，因为必须守住绵绵若存的意识，才能把所有的力量集中在一个点爆发出来。这个聚集一切力量的爆发点，可以是丹田或涌泉，亦可以是意识松静至极的虚空无有。

总之，体操挑战身体极限，注重运动精神，气机导引的所有训练都是藏武在内，从有为入手，至无为而治。武术是一种文雅的智慧，练的时候很辛苦，跨越武术层次之后，还可以继续往上练出高深的心性功夫。这才是我们的终极目标。

大鹏展翅

第一章　功法原理

大鹏展翅韧筋骨

第一节　略说人体骨骼系统

骨骼的动态调整系统

　　人体借 206 块大小骨骼支撑身体，如同建筑物的钢筋结构。但只用钢筋结构比喻人体骨架，未免轻忽了骨架的灵动与神圣性，因为钢筋结构是死的，人体骨架却是活的，而且随时都在进行调整与变更设计。全世界没有两副完全相同的人体骨架，每一个人的骨架都是依照人体的身高体重打造出来的，并随时侦测身体的活动需求，随时调整改变。所有的内脏器官都靠骨骼保护，只要骨架稍有松动、错位，就会严重影响身体健康。骨骼同时也是支持人体活动的主要依据，更是生命元素的制造中心与各种微量元素的储存中心。幼儿骨骼尚未定位，出生时有 270 ～ 280 块骨头，成长过程中，会根据先天基因与后天的身体使用情况不断进行融合，故骨骼始终能保持动态的调整。因此，练功可增加骨骼韧性，若有习惯性的骨骼错位问题，假手于整脊，不如以专门针对该部位而设的导引动作，在动态中进行自我调整。

　　骨骼依其外形与所在部位而有扁平骨、短骨、长条骨、不规则骨与种子骨之分。骨骼组织略可分为骨膜、骨质和骨髓，骨髓又有红髓、黄髓之别。骨髓是红细胞、白细胞、血小板的出生地，以及所有免疫细胞的制造中心。骨髓一般在长条骨两端，因为是红色，所以称红髓。幼年时期整条长条骨约 99% 都是红髓，好让每一个细胞都可以制造红细胞、白细胞、血小板。随着年龄增长，骨细胞训练已经完成，红髓会演变成黄髓，负责储存脂肪及能量。因为当有需要瞬间生产骨髓时，从其他地方调遣能量支援，缓不济急，骨骼必须具备独立的能量补给中心。假如骨折太严重，免疫细胞的生产出问题，未受伤处的黄髓就会转成可生产免疫细胞的红髓。所谓"炼气入髓"，就是通过内气的压缩作用，延长红髓的造血机能，并使部分已退化的黄髓转为红髓。这就是练功可使青春常驻的秘诀。

骨膜包覆在骨骼最外层，由无以计数的胶原纤维密密织成一层层坚韧的骨膜，和致密骨黏接在一起，兼具刚性与韧性，故能抵挡外力撞击，保护骨骼。骨质包括致密骨与海绵骨。致密骨主要由胶原纤维网与骨元组成，和骨膜共同形成坚硬的骨骼外层。胶原纤维层上布满神经和血管，可抵挡瞬间撞击力。骨元呈圆柱体，是骨质的基本单位，有配置完整的血管组织和神经组织，由一层一层骨板同心圆组成。骨板的纤维呈反向交叉，以增加其韧性。海绵骨，顾名思义是弹性更佳的组织，由骨小梁组成，骨髓就储存在其中。海绵骨的弹性比致密骨可承受更大的撞击力，但骨质疏松症主要就发生在海绵骨。

除了血管细胞与神经细胞，骨骼包括骨细胞、破骨细胞与造骨细胞，其余则为没有生命的碳酸钙与磷酸钙，以及有机物胶原纤维网。骨骼的主要成分是无机质的碳酸钙，碳酸钙易碎，骨骼却韧性极高，正因为骨骼外围有韧性极佳的胶原纤维网保护。骨骼的韧性与强度主要是由骨质中有机物与无机物的比例决定。儿童时期骨骼韧性较大、可塑性较佳，但强度不足，因为骨骼中的有机物质比例较高。老年人容易骨折，因为骨骼中的无机物比例提高。"大鹏展翅"系列功法除了以动作施予适当的压力，以增强骨骼的韧性与强度，同时配合呼吸与意识作用，维持全身恒定系统的平衡，使骨质中的各种元素保持动态的平衡。

以运动重写骨质设定的基因密码

骨细胞位于骨元胶原纤维层的骨间隙，负责读取二十三对染色体的信息，据以沟通、指挥造骨细胞、破骨细胞执行骨骼的新陈代谢。破骨细胞就是巨噬细胞，会用盐酸腐蚀和酵素执行破骨工作，先将老旧的骨细胞腐蚀，然后让造骨细胞依照基因蓝图与生活实况雕塑骨骼大小和形状。造骨细胞会先制造骨胶原蛋白，然后在特定位置上来回铺上胶原纤维和矿物质，同时还会预留神经和血管的孔洞。神奇的是，骨细胞内因为有动脉、静脉和神经，破骨细胞在执行工作时，会先关闭神经细胞，以麻痹神经，避免破骨时造成疼痛。造骨工作完成后，所有的造骨细胞会将自己列队冻结，成为不再生长变化的骨膜细胞，以阻拦有机物的进入。至此，骨骼的厚度与形状就确定了。

人体全身骨骼平均七年全面更新一次，若更新频率降低，骨骼就会趋于老化、脆弱。骨骼的更新除了依据基因记录，身体会随时侦测生活习惯与使用需求，若 30 岁到 40 岁之间时常运动，身体侦测到需求与基因记录不同，就会重写基因记录，修正为可适应当前环境的骨质条件。我常说练功可以改变 DNA，闽南俗谚说："打断骨头颠倒勇。"都有实际体察的依据。

深入微观的人体世界，我们常不免赞叹造化之奇，然而天地造人，虽已尽善尽美，但成住坏空，有形的肉体仍有衰老、退化、死亡之期。骨骼是人体最强硬坚固的组织，但其朽坏，摧枯拉朽，也是无法抵挡的事实。不知何时开始，骨质疏松症、骨刺、椎间盘突出等骨骼疾病已经对现代人的生命品质造成极大的威胁。这些疾病虽然不会致死，但却严重影响活动能力，许多医疗手段与药物遂应运而生。其实，有限的医疗事业要处理系统庞杂、功能繁复的人体，是以有涯逐无涯，如盲人摸象、以管窥天。我一向主张用自然的方法处理生命的问题，身体的病痛，就要以身体之道还治其身。缓和、放松的运动，适度的筋骨锻炼，慢匀细长的呼吸，以及大脑虚静放空，都是恢复身体本有机能、启动身体自愈功能的根本办法。诸如骨质疏松症等骨骼疾病，都是长时间造成的生活之病，而且成因复杂，或因滥用药物，或因精神压力、基因缺陷、使用不当等等，很难以单一手法寻求速效。我推出"东医"——动的医学主张，将古老的医疗智慧汇整为民众面对疾病的后盾，就是希望民众能建立生命的主动意识，自助天助，守护身心健康，七分靠自己，三分靠医生。

第二节　动作说明

拓开大小关节空间，增加韧性

"大鹏展翅"系列功法是以开筋拔骨、转骨翻筋的全身韧性锻炼为主要诉求，借由不同角度而由浅入深的脊椎延伸，拓开深层空间，以增加肌肉、关节、骨骼的韧性。此外，身体的韧性锻炼必须兼顾全身的肌肉与大小关节、骨骼，故而本系列功法中有许多是专门针对深层细小关节的开发训练。例如，在"大鹏展翅"动作中强调吸气时脚跟提起，就可开发脚掌小关节的空间，以备炼气时能够气下涌泉，否则，涌泉无根，练功到头仍是一场空。

　　本系列功法是以身体的韧性锻炼为主要目的，每个人的身体条件各不相同，须在个人体能状况的基础上，再做深层开展，即使原本体能极佳，也须寻求更深层的身体空间开展。因此，同样的动作，每个人所承受的动作深度与重力并不相同。所以功法操作时需力求放松，并循序渐进，切勿追求近功速效，或者妄图借一两个动作招式达到锻炼筋骨韧性的目标。因为身体的改变需要耐心等待，过去用多少时间造成身体的偏向与伤害，就需要以对等的时间缓慢调整导正。此外，由于每个动作所牵动的身体传链变化并不相同，为了锻炼筋骨，势必要先拓开身体空间，若操持过切，不免过度用力，增加体力负荷，使身体紧张、肌肉收缩，结果适得其反。故而务必要依自己的体能条件，慢慢往前迈进。初学者往往无法体会如何才是"放松""不用力"，这是因为身体的整体协调度尚未成熟，身体觉知系统尚未全面联结，因此需要更多的身体经历，亦即通过不同角度的运动，让身体觉知系统全面苏醒，到时自然可以敏锐感知其间的差别。

忘记外形，放松为要

各种肢体活动都有基本制式，但动作制式最容易使人落入框架之中。养生运动亦然，为求动作的标准化和美化，往往忽略动作的初衷本意是为了健康强健。深层运动固然可达到深层的效果，但也会使筋骨承受较大的压力。两相权衡，唯须谨守"有其外形而无其外心"的原则，切莫追求外在的感觉，如此才可避免为了表现制式而屈迫身体。若对动作的美感表现有所执着，反而会导致身体紧张用力，越求好越难好，必须先让身体恢复放松、无为的状态，依照体能极限的最大角度，轻轻地运动身体每一个部位，放松地感觉身体的开合、收缩。做到一定的量，若觉得酸痛无比，就必须休息。凡是开展筋骨的动作，必然会牵引深层组织，一旦过度，不管原本身体多么松，一定会启动深层肌肉组织的热量燃烧，产生有害的乳酸和自由基。适度休息，可避免过度燃烧产生痉挛、缺氧或拉伤。不然，就会像五十肩患者那样因为粘连，越用力越痛，一痛就产生肌肉收缩，只好不动以求自保，反而使粘连越来越严重，唯有放松慢慢动，才有逐渐好转的机会。"大鹏展翅"的原理亦然，忍着酸痛用力操练，反而造成肌肉紧张收缩，不能使深层组织得到放松开展。

锻炼肌肉、肌腱，分担关节压力

当然，操作本系列功法时，若感觉酸痛，亦有可能是骨刺或骨质疏松、退化性关节炎等问题。骨刺本是身体的自救机制，手术切除骨刺并非治本之道，所以再生的概率很高。通过脊椎的放松延伸，可使身体找到跟骨刺相容并存的空间，亦可使椎间盘充氧、避免受到压迫。椎间盘位于椎骨与椎骨之间，健康、正常的椎间盘如轮胎一样，两边厚度平均。椎间盘退化，意味着椎间盘含水量已大幅减少，造成钙化，失去防震作用。椎间盘退化是不可逆的，但关节的延伸开展运动可强化关节韧带与两侧肌肉，减少椎间盘受力。另外，若动作中感到某些部位特别疼痛，有可能是骨质疏松。现在骨质疏松患者年龄不断下降，三十几岁的患者并不罕见，此因活动量大减与长期压力所致。操作"大鹏展翅"时的疼痛感若因骨质疏松引起，则需更为放松缓和，循序锻炼，以适度的运动刺激身体资源重新分配。至于退化性关节炎患者，尤需借由本系列功法强化肌肉、肌腱的韧性，使其分担关节的压力。

此外，人体活动需要热量燃烧，燃烧就是氧化的过程，氧化一定会产生二氧化碳和有害的自由基，形成身体的浊气，身体的浊气必须排除。若长久缺乏运动，筋骨瑟缩，加上地心引力的影响，关节之间许多韧带受到压缩，身体空间变形，微血管就容易阻塞。微血管负责将营养输送到末梢，与末梢淋巴管相接，以过滤、排放人体浊气。如果身体僵硬，关节微血管受到压迫阻塞，浊气无法排除，就会加速老化。所以，人体躯干三百六十个大小关节与僵硬粘连的组织都需要放松舒展，让血管活化，使微血管恢复功能，以利浊气的排放与营养输送，如此即可常葆青春活力、返老还童。

从肌肉关节过渡到任督两脉

总之，"大鹏展翅"系列功法归类为"引体功法"，可知其功能目的，仍不离"引体令柔"，使身体充分具备炼气的条件。在炼精化气、炼气化神、炼神还虚的三阶段中，专门锻炼筋骨韧性，使身体可以放松纳气，炼气入髓。而整套功法从"雁行顾盼"到"争项引脊"，动作越来越精细，气机的功能越来越深。每个动作招式当中，又包含不同层次的身体操作要旨，在筋骨开发、韧性锻炼的阶段任务完成后，这些引体功法亦可从经脉、穴位的操作引动气机。例如，从"雁行顾盼"以麒麟步蹲姿开展筋骨，再以"伸屈脊背"检视全身的炼气器官，接下来以"提练腰马"锻炼下丹田。"大鹏展翅""大鹏引项"则从尾闾三关督脉绕一圈让气旋转，然后是以"蛙形扶膝"与"弧线延伸"开发任督两脉的意识，最后是以"气贯脊髓"与"争项引脊"的玉液还丹术，达到元气养固、炼精化气、炼气入髓的功能作用，继续往上攀登更高的肢体境界。

第二章　心法要义

勤劳而可得

从挫败感重新出发

练功最美妙的收获，是在积功勤行的实践过程中，不知老之将至，随时都觉得人生才刚刚开始。从身体涌出的无形能量，让许多似乎遥不可及的远景——在你身上发生，生理年龄会保持在最佳状态，体能的优越感会增强你的信心，感觉活力无限，用不完的精力让你浑身充满光亮。

这个改变当然不是朝发夕至、立竿见影的功效，而是三五年，乃至十年、二十年步步踏实的努力累积而成。先要熬过初期种种不适应，包括导正身体偏向时，因为身体粘连、僵硬所造成的动作困难，以及肢体学习智商不足等等，这对于很多在大脑智性学习上无往不利，而在当今社会上备受肯定的"资优生"而言，往往形成极大的挫败感；但这个挫败感正是重新面对自己的第一关，过了这一关，才有可能继续往下走。

动机单纯的炼己之术

等到体能渐渐改变，身体觉知也开始苏醒，肢体活动的愉悦感自然会吸引人追求更多的动作表现。我在教学中会再三劝诫对动作外形的追求，提醒往内动、动在本体，因为导引和舞蹈的诉求不同，差之毫厘，失之千里。舞者在舞台上为了表现肢体的美学张力与视觉效果，势必要用大幅度夸张的动作，但那只是为舞台所做的表演。真正的专注是斗室孤灯、面对自我，众人皆醉我独醒、众人皆醒我独醉，完全沉浸在自我世界，不管众人的眼光，所以是"古之学者为己，今之学者为人"。中国肢体文化最精彩的正是"炼己"之术，反身向内，完完全全的自我锻炼，练身体，也炼心性，不以取悦别人为目的。舞蹈不是，舞蹈需要视觉的参与，故需以视觉效果为主要考量，动机截然不同，所以称为舞蹈艺术。

　　导引养生是修性修命之学，修命要动，修性要静。动与静的修炼都有规矩严明的方法，炼动时必须依循身体的自然法则，以自己的身体极限为标准，循序开发，动机要单纯。例如，膝盖朝脚尖方向慢慢往下，轻轻的像坐在椅子上一样，这是借由增加四头肌的力量，让膝盖的韧带强壮灵活、膝关节腔充氧，但非强练膝盖。再如弯腰取物，是借由腿的蹲下而非弯腰，因为腰椎非常脆弱，脊椎打直、腰椎前弯四十五度时是平常受力的六倍，常有人弯腰扫地或弯腰刷牙就突然闪到腰，导致站不起来，这都是因为前倾时腰椎受力太大。在养生运动中身体前倾延伸，也有一定的角度，而非盲目弯腰弯得很低，以追求夸张的美感表现。舞者是以肢体表现为目的，他们在舞台上全神贯注，极力追求舞台上的美感，甚至不惜屈迫、拉伤身体，下台后多半为疼痛所苦。导引不是舞蹈，虽然有舞蹈的动迹、动感，但因为必须配合吐纳服气之法，以内部机制进行深层的运动，也不追求形似于哪位老师，只以开发个人主体性为主，故肢体动作是带动气机流动的界面，但非目的。若了解导引气机的方法原理，亦可以帮助舞者达到相同的效果，不必舍本逐末。

以形而下炼形而上

　　在肢体学习过程中，对动作外形与内动迹的分野可以清楚掌握之后，才能往下一个阶段，在有形的肉体之外，洞见无形的身体能量。肉体不管怎么练，其实都在伯仲之间，唯有练出无形的身体空间，才能发现另一种非肉体定义的自我，这是完全真实的经验。不断往虚的情境炼一个不存在的存在，以形而下炼形而上，以实炼虚、以虚炼实，然后洞见宇宙循环的真理。与人沟通时，身与心、虚与实层层相代，可动可静、可放可收，动是道，静也是道，喜怒哀乐都是道，存在的一切都是天理自然的一部分。你的情绪存在你的身上，但你从来不曾拥有你的愤怒和忧伤，它不是你的，所以不要想把它拿掉，只要觉察它的存在。

练功不刻意追求成果，只要松开，身体松开，大脑也松开。身体气血通畅之后，身体是充满感情、充满觉性的。你的身体、精神与意志会形成一个能量场，可以感受别人的气能，也可以彼此互动。把气的感觉回馈到大脑，就会产生无穷的爆发力与战斗力。

勤劳而可得

练功是一种生命本质的探索，所以功法的传承是传功不传神。传功是传授实践、修行的方法，让你亦步亦趋、勤勤恳恳，攀过一个山头，再往下一个巅峰前进，老实、单纯、沉静地面对自己。实践过程中随其体证，人人都可以彰显其本有的神性佛性，故而传功不传神。传功才能真正培养人才，因为勤劳乃可得，否则，跳过炼精化气、炼气化神的修行耕耘，直接拿别人体证所得的"神"来用，就会形成断差与跳空，基础没扎稳，功夫都在言语文字上，说得天花乱坠，搞得世界大乱。基础扎稳了，知鬼神，鬼神就不会乱人心。"大鹏展翅"从需要笃实勤行的筋骨锻炼为起始点，以松开一切的气机引动流行为目标，其间种种隽永深长的滋味，唯实践者能了然于心。

第三章　系列功法

第一节　雁行顾盼

【原理说明】

多角度的脊椎延伸运动

　　"雁行顾盼"模拟大雁高飞上天、依依回顾旧巢的情态，因此，在两腿成麒麟步，同时脊椎打直、尾闾中正的角度上，借两手旋绕与延伸张开，让脊椎做垂直翻转与对角的延伸力学，并遥望前手、回顾后手，强调以颈椎带动整条脊椎的旋转、开合。这是多角度的脊椎延伸运动，除了逐渐松开深层肌肉、骨骼组织的粘连，还可以排除浊气，让细胞充氧。同时，在放松、不用力的运动方式下，减少能量消耗，增加关节韧性。

　　要在麒麟步蹲姿上保持尾闾中正、气定神闲，对于一般初学者来说并不容易，因为这需要关节、肌肉韧性，以及全身的协调、平衡，同时配合慢匀细长的呼吸和专注、放松的意识作用。必须经过体力、耐力的锻炼，身体的整合能力与协调性逐渐提高，这个动作就可以做得非常优美，而且张力、气势十足。须知所谓"外三合"，是指肘与膝合、腕与踝合、肩与胯合；"内三合"是指形与气合、气与意合、意与神合。初学者先从"外三合"慢慢揣摩，然而"外三合"也有许多层次区别，到最后，外三合与内三合混成一体，以神、意、气执行动作，即使像"雁行顾盼"这种以开筋拔骨为主要诉求的功能性动作，亦可以导引入静，或者展现如行云流水般的动作美感。

做法

1. 全身放松，吸气，左涌泉沉转，右脚斜出半步，两手自然飘起。

2. 吐气，身体合，两脚交叠成右前左后的麒麟步，同时两手自然交抱，身体微向右后方旋转。

3. 吸气，左手绕过头顶，从百会旋绕而出。右手经右腋下从尾椎处旋转延伸拉开，帮助气鼓胀到肺脏。眼睛看前手。

4. 吐气，旋转脊椎，回顾看后脚跟。

5. 换脚操作时，重心先退到后脚，身体打直，前脚收回半步，两脚平行，回到准备动作。

6. 如上反复，左右为 1 次，练习 12 次或 24 次。

图 5-1　　　　　图 5-2　　　　　图 5-3

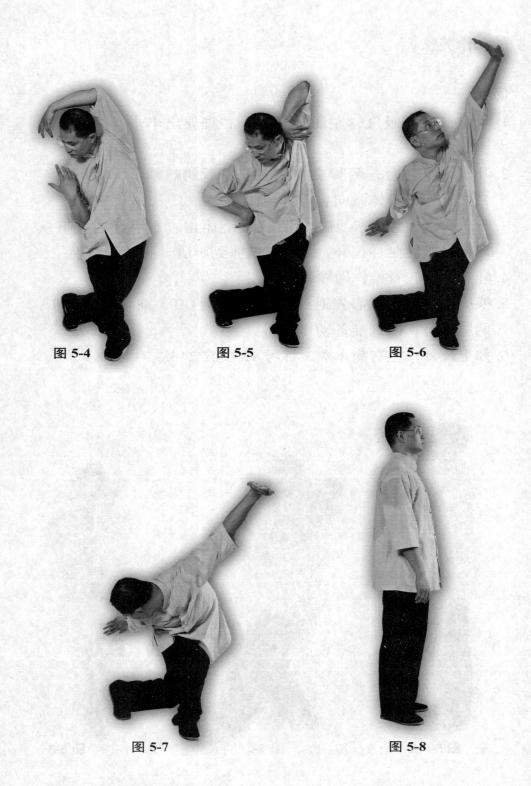

图 5-4

图 5-5

图 5-6

图 5-7

图 5-8

動作要訣

1. 沉轉時兩手飄起是內氣下沉自然產生的相對力量所致，故肩膀不能聳起，膻中必須放鬆。
2. 兩手旋繞時是以脊椎的翻轉帶動，故可延伸身體兩側淋巴組織。此時盡量維持蹲姿，以增加大腿耐受力。
3. 回頭看後腳跟是以頸椎到腰椎旋轉帶動，要將脊椎動作的張力表現出來。此時，兩手仍需延伸成直線，蹲姿亦不變。
4. 動作中保持尾閭中正，否則力量會跑到膝蓋。脊椎挺起、胯往後坐，不能塌腰。

【課程綜合摘要】

專注、控制、放鬆、感覺

開筋拔骨的動作，要把關節拉開，筋骨一定強壯，所以每個動作都要把關節拉開的身體張力表現出來。本功法中有很多可以表現之處，其中轉頸回顧的動作是武術中的回馬槍，這是讓脊椎撐開後，再如鱷魚瞬間回頭張口大咬一般，從頸椎到腰椎整個脊椎轉一個彎，將頸部到脊椎的筋放鬆拉開，這樣整個背部就鬆開了。這是很重要的表現，應多做揣摩體會。

沉轉時兩手同時浮起，那是因為身體鬆到湧泉的反作用力所致。初學者尚未能體會這個層次，但必須對腳底的受力點在湧泉有更清楚的覺知，否則若只關注手，忽略湧泉，捨本逐末，練功就要多繞點遠路了。

練功就是不斷往內收斂的過程。從手指端收斂到肩胛，再收斂到丹田、湧泉。這個漫長的過程雖然發生在身體上，但也同时发生在心性品格上。在这个不断往内敛的路途中，体内最重要的引渡工具就是人体三大结构——下丹田、中丹田、上丹田。下丹田主先天气，也就是真气、元气；中丹田主后天气；上丹田主神，也就是精神、意识作用。我们练功可以后天之气补强先天之气，因为练功要以上丹田之神守住下丹田，中丹田再合到下丹田，让后天气不断往先天气合。而这个"合"，跟不断往内收敛的路程几乎是一样的。然而，大多数人练功的关卡在肩膀。身体最难松开的地方是肩膀，肩膀不松，动作就会卡在肩膀，而且，后天气无法下合于先天气，练功也势必会多绕点远路。

练功一定要记住四大原则

专注：动到哪里专注到哪里；

控制：控制身体的协调性，控制呼吸与动作之间的关系；

放松：全身放松；

感觉：感觉一切过程。

身体的感动会产生能量

做动作的时候要非常专注，四周的环境不论如何变化，都不受干扰，但必须了了分明。在动作当中培养觉知整体的能力，这种发现、洞见的觉知能力，可以刺激大脑不断成长，让思想、生命的层次不断提高。能看到身体的层次，就可以看出每一个领域的层次，艺术欣赏、价值取向都不例外。因为这是人类很自然、很微妙的一种学习，所以我们不是学动作，而是学习身体的层次。就以"雁行顾盼"为例，可以感觉到整个身体像烟雾在流动，这是一种层次，但初学者只要求每一个动作准确到位，不凸臀、不弯腰、不低头，先学习控制自己的身体。别以为这很容易，每一个动作经过仔细解释示范，但你的视觉、听觉指令传达到你的大脑，大脑指挥运动神经执行动作的过程中，往往会发生很多质变，所以你看到、听到的，未必能准确执行出来。一个身体学习者一定会在动作当中体会到各种层次的落差，对人、我的各种局限自然会发展出一种同情的理解。这种理解，也有助于身体的放松，因为知道身体的成熟需要等待，而最佳的身体控制，其实就是在放松、安静的状态下，让身体自由。

因此，放松、缓慢、安静，等于深层。掌握这个原则，动作就会显出大气，一个动作推着一个动作，连贯流畅，没有断点。所以，要学的不是姿势，而是在动作当中觉悟。动作是最简单的，等到身体都开了，身体会感动。身体的感动会产生能量，没有感动就没有能量。先引出身体的能量，然后引出心的能量，让自己成为一个有感觉的人，那种感觉要能左右自己的行动。例如在公交车上，一个老人上来，你站起来让位就需要勇气。很多人想让位却没有行动，有很多情结横亘在那里作祟。这就是心能量不够强，无法把自己的身体拉起来。一定要让心的能量强大到可以拉动身体，把想法、意念变成行为。但是心能量必须是正向的，否则就会胡作非为。心可以左右自己的动能，就可以左右你的气。所以，心能量要跟身体的能量结合在一起，这才是完整的能量。这种完整的能量才可以冲破天庭盖，活化脑细胞，产生顿悟。

身体的气通了，你就懂得感动，所以要开发身体，去感觉自己。但是这种感觉不能被外在主导，要从自己的身体洞察，用身体去营造感觉，用身体结合心理，去找出自己的感动。这种感动会让你谦虚，也让你勇敢。虽千万人吾往矣，你愿意飞蛾扑火，为世人背上十字架。拥有这个力量，你就看见上帝了。

第二节　伸屈脊背

【原理说明】

正身、正骨，动态平衡中的自我整脊术

　　"大鹏展翅"整套系列功法是以开筋拔骨、锻炼筋骨韧性为主要目的，但之前最重要的准备工作，就是正身、正骨，把脊椎一节一节放置在正确的位置上，否则脊椎若有偏向错位，倘若运动不得其法，往往越动越糟。因此，"伸屈脊背"就是以缓慢放松的动作，借由脊椎依序节节相推，执行前俯、后仰及抖动脊椎等动作，配合呼吸与意识的专注放松，达到调正脊椎，增加脊椎及其两侧肌肉韧性的目的。故此功法将比任何整脊更为安全有效，须知一般整脊通常只有一时之效，因为脊椎的偏向是在动态中长期累积而成，故需以缓慢放松的运动，帮助脊椎在动态平衡中进行自我调整。

　　此外，随着身体空间的开发，对身体的觉知逐渐从有形的筋骨皮肉过渡到经脉、穴位的觉知与操作，动作将越来越内化。此功法则不仅有调正脊椎之效，亦是开发任督循环的重要训练项目。届时，诸如收下巴、两肩内卷、前俯弯腰的动作，其实是承浆到前阴的任脉收缩。当任脉收缩，由头、颈至脊椎自然往下放松弯曲时，此即蕴含着将督脉松开及任脉压缩的意义。须知肌肉伸屈的动作会带动经脉的压缩，而经脉压缩可促进血液共振、淋巴循环及全身的气机动能。血液靠心脏压缩送达全身微血管。淋巴管没有动能，必须通过呼吸、运动产生的肌肉收缩，以及淋巴管平滑肌瓣膜收缩。

此外，脏腑器官也要借压缩蠕动执行其功能。因此，经脉压缩是强化全身气机共振的先决条件。

自从台湾大学王唯工教授在其《气的乐章》一书中提出气的共振原理，此后即受到中医与气功领域的广泛引用。其实，我在 2002 年出版的《气机导引：十八条身心活路》即已提出气功的四大原理是静心、旋转、压缩、共振，这是我从练功当中的实际体察所得。现在越来越多的科学家愿意转向研究气功与中医理论，我从练功得来的诸多体察将会被一一验证。就像我很早就指出"大腿是第二个心脏"，后来这个理论也被大肆宣扬，原来在 20 世纪 50 年代，美国总统艾森豪威尔的心脏外科主治医生保罗·怀特博士就已经提出这个说法。另外，我也发现胸式呼吸与交感神经有密切关系，腹式呼吸则会牵动副交感神经。要改变内分泌，安定情绪，就要多利用腹式呼吸。

因此，"伸屈脊背"的最终目标就是以肌肉、关节的压缩运动，配合深沉的逆腹式呼吸，促进经脉压缩的功能。动作过程中不断以身体前后两侧一松一紧、一张一弛的运作，进行"前三田""后三关"，劳宫、涌泉、百会、会阴以及任督两脉的压缩功能。如此，身体的动机随时都暗藏着流体的概念，如流水相续，一动无有不动，一举动周身俱能轻灵贯串。动作幅度不必很大，却有庞大的动能，百岁老人照样可以操练。

做法

1. 全身放松，吐气，肩膀内卷，脊椎节节相推往前落，使两手自然相合如捧物。吸气，手上如有铁球，使两手前抛落地，抖动脊椎，重心自然前移到脚尖。

2. 吐气，两手位置不变，尾椎往后、往下将脊椎节节拉开，下蹲坐胯，使百会与尾椎保持在平行线上。

3. 吸气，膝盖慢慢打直。以丹田收提将两手拉起，手不打弯，使手如抱重球缓缓提起至膝盖。

4. 开始吐气，翻转手心将球放在地上，屈膝，如要将地上弹动不定的球压住。

5. 吸气，肩胛骨放松，百会往上顶，好像顶着一个足球，全身放松，保持屈膝压球，并从腰椎开始依序往前推，将身体缓缓顶起至颈椎放松后仰。两手自然往后松垂，两手心相对如抱球于臀后。

6. 吐气，收下巴、百会往上，颈椎放松，身体节节松落至涌泉，身体自然挺起。

图 5-1

图 5-2

图 5-3

图 5-4

图 5-5

图 5-6

图 5-7 　　　　　　　　　　图 5-8 　　　　　　　　　　图 5-9

图 5-10 　　　　　　　　图 5-11 　　　　　　　　图 5-12

动作要诀

1. 此动作旨在找回脊椎的意识、开发脊椎的能量，要清楚认知每一个动作，颈椎有七节就要清清楚楚动到七节。越放松能量越强，故动作中只有脊椎的运动。身体延伸打直时，不是靠脚底站起来，而是靠头后顶，脊椎向上拉直。脊椎萎缩腿就萎缩，因为腿的神经来自脊椎。然而，是延伸脊椎，又不全是延伸脊椎，否则会落入僵硬的延伸动作中，必须松到如同在百会系一绳子将整个骨架提领起来。

2. 动作中需保持静心、专注，才能执行更细腻、精确的动作。例如，颈椎放松、下巴往下落时，只有下巴和百会两个端点移动，此时是以颈椎的节节相推完成此动作。这是非常内化的动作，可以开发更为深层的身体觉知。

【课程综合摘要】

练出气功的基本工具

伸屈脊背，顾名思义，是在一伸一屈之间，先让脊椎一节一节地动，然后身体渐渐会像流体一样，不论前俯后仰，都在流动状态中。

初期的身体认知与操作当然还是一节一节、一段一段，所以，当下巴往下，两肩内卷合到膝盖，手上如有重球，就靠这个重球把脊椎一节一节往下拉直。首先要专注每一个动作，先是肋骨往下，然后膻中放到肚脐、肚脐放到会阴、会阴放到涌泉。坐胯往后拉的时候，靠手上的重球将脊背做更大幅度的延伸。提手时，从肚脐吸气到命门，用腰椎将重球抬起，到膝盖时两手翻转放开，这个被放开的球是弹跳不定的，所以要用膝盖压住。接着头抬起，以百会往后顶，再收下颌，膻中往肚脐、肚脐往会阴放。放到会阴时，意念放在百会，百会往上延伸，将身体拉直。观想脊椎从百会被拉直延伸。

先以这个层次感觉自己的身体，练一两年，对身体的感觉就会进入另一个层次。

例如，当坐胯往后拉开脊椎时，是要让背部的阳脉像蜘蛛网一样整个张开。接着要开发肚脐、命门之间的能量，从肚脐吸气收缩到命门，然后从命门一提，提肛收腹，任脉收缩，督脉会更形张开，阳合阴必开，阴合阳必开。可以在这里做几次抖三关的练习，从尾闾开始抖动督脉这条线，经命门、夹脊到玉枕。督脉串通三关，任脉串通前三田。抖三关是拉开背部的所有阳脉。

抖三关之后，配合吸气，将肚脐收缩到命门，将身体从腰部提起来，两手自然会被提到膝盖的高度。再从命门到夹脊将脊椎沿线翻开，而使两手心朝下。当任脉收缩，督脉会开到夹脊，于是手被提吊到夹脊。夹脊翻转，手即落下，此即力由脊发。气从督脉提上来，一个脏腑一个脏腑走过，到夹脊以后会走三条路线，其中两条是经两手阳脉到劳宫，再循阴脉回来，阳进阴出；从大肠经进来，从肺经出去。

两手心翻转向下，好像把手上的重球放下，再用膝盖压球。球被压住，两手随即放开。这个接力压球的过程，其实就是抱元守一。"抱元"就是抱气，元者善之长，气刚刚发展出来的能量，把它抱住；"守一"就是专注。

抱元之后，从尾闾开始，依命门、夹脊、玉枕三关而上，督脉动过一回，再从百会上顶，先将任脉拉开，再放下，把上丹田放到中丹田，中丹田放到下丹田，然后下丹田到会阴，会阴到涌泉，最后经冲脉（任督之中为冲脉）由百会往上冲，脊椎好像提吊起来。

任督冲、前三田、后三关及劳宫、涌泉、肚脐、会阴，这就是气功的基本工具。没有先把这些无形的工具练出来，就无法练气功。"伸屈脊背"就是从较容易感觉的脊椎运动入手，逐渐开发对经脉、穴道的认识。我们不能想象任督两脉，只能通过不断的动去觉知它的存在，然后用意识的识觉看到它们。所以气功要练两个觉知，一是动觉，二是识觉，不练眼耳鼻口，也不练触觉。若没有这些观念和工具，勤求苦练的一切都是空的。引体功法都要在"动觉"中认识任督两脉，弯腰、后仰的觉知要转换为任脉的收缩与延伸。

重新定义身体

总之，气功主要是练身体的中线，通过主干的收缩放松，将注意力集中在躯干，练出身体主干的能量。因此，当脊椎一节一节往下落时，膻中合肚脐，是上合下，为籥；会阴合肚脐，是下合上，为橐。橐籥是同时存在的，可参考《气机导引：内脏篇》之炼丹功法。当身体往前合，就形成前籥后橐的现象。身体往前合，背部自然拉开，这就形成了人体内气的循环。橐为阳是逆腹式呼吸，籥为阴是顺腹式呼吸。如果只注意动作，那就是体操，能操作内部能量，才是气功。

"伸屈脊背"往前落腰时，一橐一籥，如果信息对了，百会会发热。若睡眠不足或肾亏，就会耳鸣。这时候气的循环会归到手上，否则身体会往前倾，因而手上的气球会越来越重，重到没办法将尾椎往后拉。想办法将脊椎、督脉拉开后，再吸气，从尾椎提起来，直到把球放在地上，意念始终不离这个球，这个球就是动作中必须须臾不离其道的道体。

气机导引功法无一是虚招。先用动觉去察觉任督两脉的存在，再用识觉画出他们的位置，久而久之，就会以任督两脉的轮转相续执行动作。用动作调整任脉、督脉，再调整到会阴、涌泉，脊椎调整过来，全身就调整过来了。

因此，练功到一个阶段，对身体结构学的认知就要全部转换，能转换过来，就可以转变人生。过去对"手"的认知必须转换为劳宫。用手的观念来练松，再怎么练都还只是一双松的手。若用劳宫来练，无手，何需松手？这就是层次差别。观念到哪里，动迹就到哪里，你就能练到哪里。你练的是任脉，而不是肢体，哪会累？把观念放在不存在的部位，怎么练都不会累，所以老子说："吾所以有大患者，为吾有身，及吾无身，吾有何患？"因此，练气功还有一件要紧的事，就是遗忘。过目不忘的人有很多，过目就忘的人，历史上大概只有佛陀和老子两个人。人就是记得太多才会痛苦。遗忘旧观念，重新定义你的身体。先相信有这种语言，相信这个世界是存在、值得探讨的，否则练不进去。

第三节　提练腰马

【原理说明】

马步蹲姿，百会、会阴之间的伸缩训练

所谓"腰马"，是指腰胯、大腿之间的稳定度。过去练拳一定要先练腰马。腰马不稳，脚跟上浮，重心就不稳；腰马稳定，人体能量能往下必能往上，否则卡在腰胯上，上下不

通，如何能进一步谈到攻击防守等身体技术的持续性训练？而中国人谈健身防老，最重视下实上虚。下实是指泌尿系统和肾脏系统健全。肾脏系统主管腰腿、膝盖、骨骼的力量。上虚就是指脑袋放空，心中无事。人到老年，人生责任渐渐完了，就要开始养神，所以要返老还童，像孩童一样心思单纯。此外，老人要多练呼吸，特别是多练吸气，因为吸气会使交感神经亢奋，可促进脏腑机能。吸气要细腻深长，尽量让横膈膜往腹腔延伸，才能吸气到肾脏。中医认为吸气在肾，吐气在肺，这是指呼吸机能的实际作用其实是在肾脏与肺脏。肺主肃降，吸气到肺腔时，会夹带大量水湿和氧气，氧气和血液结合后送到全身，会将水湿带到肾脏，血液离开心脏后，有 60% 会到肾脏。血液中含有大量氧气，所以肾主纳气，而且五脏之气都会归到肾脏。脑袋净空，多练呼吸，让肺腔的肃降功能将心脏的血液送到肾脏，产生心肾相交。气往下沉，肾功能、泌尿系统强壮，腰腿也有力量。

故腰马的锻炼除了要增加腰、腿韧性与协调，还要配合背脊、胸腹的放松，否则腰胯的活动空间会大受牵制。此外，要让气下涌泉，腰胯一定要松。如此肺气肃降之后，即可经环跳走膀胱经和胆经下涌泉。因此，"提练腰马"是以平抬马步蹲姿，进行百会、会阴之间的伸缩训练。一方面锻炼腰腿、胸腹与腰背韧性；另一方面强调会阴，或称骨盆底肌、下横膈膜和海底的收缩意识。因为"提练腰马"除了锻炼腰马，更是丹田的基础训练。丹田是在肛门、会阴、前阴形成的"海底"连线，与肚脐、命门之间的区域形成。"提练腰马"就是通过压缩这个区域，让丹田逐渐形成。

做法

1. 全身放松，平抬腿，两肩旋开，两手撑在膝盖上。

2. 吸气时，提尾闾、意引会阴、收小腹，膻中落下成四点
   聚气。
3. 吐气时，膻中与会阴拉开，尾闾放松，而使脊椎自然向上
   延伸。
4. 依个人体力状况，如上反复操练。

图 5-1

图 5-2

动作要诀

1. 腰椎、胸椎、颈椎一节一节依序挺起。像整理桌面一
   样，用依序的动来整理脊椎、调理气血。

2. 吸气时身体微微提起，吐气时髋关节放松坐下。臀部
   的高度会随着呼吸稍有起伏，注意不是蹲膝盖，而是
   坐髋关节。如果力量在膝盖，就会伤到膝盖。膝盖放
   松，能量就会下涌泉，因为髋关节、大臀肌和大腿能
   量都增强了。

3. 往后坐时往往无法分辨到底是用臀胯还是用膝盖，可先以两手伸直搭放在桌上，以臀胯往后坐，如同坐在椅子上而椅子缓缓降低，腰背挺直。用手贴在桌上可以分散膝盖的受力。

4. 吸气收提时，百会不动，收缩尾闾，让会阴往肚脐收缩，同时膻中放松、合于肚脐。下合上为"橐"，上合下为"籥"。吐气时会阴放松、脊椎拉开。如此反复压缩下腹腔。

【课程综合摘要】

从会阴到阴跷、胎中

　　现代人不论老少，很少不受腰酸背痛之苦，除了姿势不正，很多是因为腰椎萎缩退化所致。腰椎是人体自然使用最多的关节。椎间盘是椎骨之间的避震结构，防止脊椎受到直接撞击，化解人体垂直的重力压。腰椎间盘突出特别容易发生在腰椎三、四、五节，因为这里刚好是弯腰、提重物的用力之处，也是整副脊椎承受压力最大之处，一旦用力不当，腰椎很容易扭伤，导致肌肉失调、缺氧，然后失去平衡、肌肉力量减退等。腰椎长期受力过大，很容易引发腰椎间盘突出。椎间盘呈液态，三十岁以后，椎间盘慢慢钙化，加上腰椎旁的肌肉萎缩、力量减退，椎间盘就会像逐渐枯干的葡萄，一受不当挤压就会爆裂开来。

　　椎间盘退化是不可逆的，补救之道，唯有通过强化脊椎两侧肌肉的韧性与平衡，以分担脊椎的压力。所有的肢体疼痛几乎都跟肌肉韧性不足有关，肌肉韧性不足，很容易造成扭伤或过度使用。若关节压力过大，就会造成磨损，磨损就会发炎。急性发炎可以药物治疗，慢性疼痛是慢性发炎。对于慢性疼痛的治疗，建议还是要通过肌肉强度的锻炼，逐渐缓解病痛。有些医生会建议患者停止运动，特别是怕痛的患者，医生只能开止痛药或肌肉松弛剂帮助他们减缓痛苦。有些患者吃了止痛剂，一动又痛，医生干脆建议完全不动。其实痛是神经传导的警讯，身体用疼痛提醒你它需要特别的关照。要活就要动，除了骨折、脱臼和急性发炎，我认为慢性疼痛的患者越痛越要动。急性发炎是因为组织已经肿起来压迫神经，一动就会产生痉挛，必须等它转为慢性疼痛，才可以转为运动调理。若因为怕痛不敢动，就无法帮助肌肉气血循环、增加力量，只能坐以待毙，眼睁睁看着它逐渐萎缩退化。"提练腰马"就是通过缓和却深层的运动，在腰腿锻炼等诸多诉求上，并有强化脊椎两侧肌肉的效果。

"提练腰马"吸气时收提会阴，吐气时会阴放松。会阴收提时同时收提腹部与胯下肌肉，延伸腰椎，可将脏腑向上缩提，避免脏腑下垂，改善痔疮、尿失禁等症状。腿要有力量，大臀肌与腰一定要有力量。提脚都跟大臀肌有关，弯腰走路都跟腰部束脊肌有关。初学者先通过此功法锻炼相关部位肌肉组织群的力量及协调性，否则，基础不稳，没有足够的肌肉与关节韧性作为后盾，身体无法放松，就无法炼气。

肌肉关节的锻炼之后，请注意"提练腰马"的收提到底提的是什么。所谓"一吸便提，息息归脐，一吐便咽，水火相见"，说的就是"提练腰马"。提会阴、囊籥合，压缩丹田，用尾闾（长强穴）去接。吐气、拉开脊椎，让督脉张开，气就冲上去了。不过，"提练腰马"的"提"可不是收提到肚脐，也不只是收缩任督两脉，而是从会阴直接往上收冲脉。人体的任、冲、督都直接到会阴，会阴直接往上冲的第一个点就是阴跷，张伯端一辈子只练阴跷脉。从会阴提到阴跷，再到胎中（肚脐、命门之中一点），再垂直放下。在炼丹功法中，这也是必须反复练习的重点。读者可参看《气机导引：内脏篇》之手滚天轮炼丹功法。

第四节　大鹏展翅

【原理说明】

从尾椎到百会的依序延伸、收缩

脊椎是人体骨架的主轴，密密麻麻的神经网络从脊椎辐射而出，延伸到五脏六腑、四肢百骸，并执行管理可控制的躯体神经系统与不可控制的自律神经系统。身体不怕动，只怕不动。现代人活动量大减，脊椎启动学习机制，侦测到需求大减，就会造成用进废退的资源淘汰。人体神经管从脊椎头部以下部位称为中枢神经系统。车祸受伤的人伤到脊椎，就是伤到中枢神经系统，严重者成为植物人，轻者也会造成四肢麻痹等终生疾患。因此，锻炼脊椎和保护脊椎同等重要，是保持生命活力的基本要素。

脊椎运动的方法有很多，最重要的原则就是让脊椎在平衡的原则下运动。脊椎是平衡人体最重要的架构，只要些微角度不正，就会造成一连串的连锁反应。"大鹏展翅"就是模仿大鹏鸟展开翅膀的姿态，将脊椎摆在平抬马步、两手撑开的固定支架上，再让脊椎如毛毛虫一屈一伸，从尾椎到百会一节一节依序延伸、收缩，使脊椎两侧肌肉以平均受力的方式进行和缓、深层的运动。

此外，运动当中配合呼吸作用，使炼气入骨髓，才是脊椎锻炼的长治久安之法。外呼吸将氧气吸进来，压缩下腹腔的丹田真气，再经神经管和血管送入骨缝，骨骼就会越来越强壮。这才是"大鹏展翅"的功法理念。因此，每次脊椎延伸之前，我特别强调百会、会阴在一个水平线上拱背，两手腋下夹紧，腹部、任脉尽量收缩，同时配合微呼吸，初期有快速缩腹瘦身之效，长期练习，就有开发督脉气机的效果。这是靠腹部的强力收缩使身体蜷成一团，在这个角度上，一般无法正常呼吸，只能微微吸气，大约撑四分钟，腹部松开，全身松开，脊椎延伸出去，配合提脚跟，让膀胱经的卫气进入督脉，增加督脉的推动力，使气上百会。

做法

1. 平抬马步，两肩旋开，两手撑扶于膝盖上。吐气，拱背，头向内卷，使百会、尾闾在同一水平线上。

2. 吸气，脊椎往前延伸拉开，手再撑开，使全身无所不开，脚跟提起。

3. 如上反复练习 12 次或 24 次。

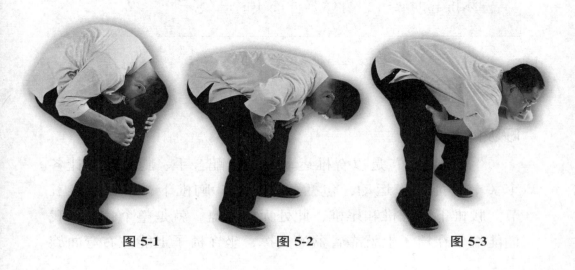

图 5-1　　　　　　　图 5-2　　　　　　　图 5-3

动作要诀

1. 脊椎平行往前拉开时，将两手肘拉开，两手置于膝盖上，除了可让脊椎与背部延伸开展，而使气的共振空间加大，还可让脊椎两侧肌肉处于相对平衡的受力状况下进行运动锻炼。

2. 拱背、头向内卷时，两手抱紧膝盖，以腹部收缩，让头缩进两膝盖之间，使全身尽量往内缩。缩住时保持微呼吸。放开延伸时，两手先松开，收缩之处顿时松开膨胀，像棉花膨松开来，可使气上大脑。此法除了可开发督脉气机，亦有快速缩腹瘦身之效。

3. 蹲下时用手撑住膝盖，可以保护膝盖。退化性关节炎患者若有关节磨损的现象，尤应加强练习，但先决原则是以手撑住膝盖，以分散膝盖受力。在收缩开展的锻炼中，可增进大腿肌肉和股四头肌的韧性，分担膝盖的压力。

4. 若要排除身体内部浊气，那就在身体拱起时吐气，身体延伸出去时吸气。若要锻炼身体内部真气，就在身体拱起时吸气，身体延伸而出时吐气。

【课程综合摘要】

呼吸的补泻

"大鹏展翅"是以脊椎运动为主，配合手、腿分工，让各个关节都能彻底运动，包括颈椎七节、胸椎十二节、腰椎五节。腰椎下为荐椎和尾椎，此处无椎间盘，就是整个骨盆。我们能端坐在椅子上就靠骨盆的支撑，坐在椅子上能左右弯曲旋转身体，要靠腰椎、胸椎、颈椎。坐骨神经痛通常是从腰椎神经延伸下来。坐得太久，腰背、荐椎受到压迫，气血循环不畅，必须站起来伸伸脚，舒展臀部、大臀肌、背部、荐椎旁边的肌肉组织，活动腰椎。"大鹏展翅"运动整个脊椎，以刺激五脏六腑的神经，强化脏腑运作机能，借由腰椎运动促进臀部、腿部的气血循环；以胸椎的运动增进内脏、心肺功能；以颈椎的缓和运动，活络颈动脉的血压侦测受器，帮助气上大脑。

气机导引十八套功法或多或少都跟脊椎运动有关。一般站姿的脊椎运动不能让脊椎在平衡的姿态下运动，在筋骨开发阶段，倘若操作过量，就会有过度使用的问题，或因右弯力量较大、左弯力量较小，或因右弯较低、左弯较高，都可能造成脊椎两旁的肌肉受力不平均。这种受力不平均也非导引之道，因此要以"大鹏展翅""抱转脊髓"（详参《气机导引：内脏篇》之旋转乾坤肺脏功法）等脊椎平衡运动平衡其他功法的缺失。"大鹏展翅"是以两手平放在膝盖上，让肌肉保持在同样的高度和水平位置上做躯干的运动。"抱转脊髓"要"抱转"，也是为了保持平衡。倘若两手放开旋转，左右手就会失去平衡。或者左边操作比较熟练，右边比较生疏，也会导致脊椎的受力失衡。

气机导引的每一个动作都具有治疗的意义，同时，也将真功夫藏在动作里头。"大鹏展翅"自不例外。强缩腹之后，脊椎放松延伸而出，这是为了反复开通督脉，让气上百会。膀胱经、胆经、胃经都上头，借由脊椎的延伸收合，让身体空间不断地收缩膨胀，亦有疏通经脉的功效。缩腹之后，让腹部动一动，可使腹部缩得更紧，更扎实些。提脚跟时，初学者因为脚踝不够松，反而会用腹部代偿，也是很好的。

身体的锻炼必须登阶而趋、循序渐进，做到火候，又是关键。一般正常人必须做到 36 次火候才足够，如体力不足，可做到 6 次后略作休息。膝关节退化、体力奇差者，做到 12

次即可，不需做到 36 次。动作要慢，身体放松，不必做夸张动作，更不能用力。心不定、身心不能结合，就用呼吸调整，让身心合一，呼吸是重要的界面。身体在不同的动作导引之下，加上呼吸，可让能量的压缩共振朝不同的脏腑前进。何时吸、何时吐？跟中药一样有补泻之分。一般而言，该补时吸气，该泻时吐气。当气不足、呼吸不顺，或感觉吸不到气时，以"大鹏展翅"为例，就在拱背时将气吸满，以强化交感神经；吐气时将脊椎延展出去。吸气时动迹要深，才能让横膈膜往腹部延伸，增加气能量。

也有人问：倘若自觉气不足，是不是每一个动作都可以先反其道而行，该吸气时吐气、该吐气时吸气，锻炼一段时间之后，再依正常方法而行？答案是不一定，要看情况。导引是借由身体姿态的变化，让后天之气进入身体，在身体内部形成压缩膨胀。比如一个要将气往心脏压缩的动作，就不好随便改变呼吸方式，因为一膨胀就会压缩到心脏，造成胸式呼吸。一般运动体操当然没那么严格，所以容许做各种尝试性的练习，试试看吸气鼓满胸腔会怎样？但导引气功的气机要深沉、绵绵若存，倘若鼓气到胸腔，在基本精神上就不是练气功的正确方法了。

第五节　大鹏引项

【原理说明】

引颈转头，促进任督循环

一般运动很难动到颈椎，但颈椎的病变已经是现代生活的噩梦。颈椎是躯干能量上大脑的主要管道，是非常精密、非常重要的。现在大家都使用电脑，长时间引颈往前看的定向性工作，或者用肩、颈夹着电话两手继续工作的习惯，都会造成颈椎酸痛、颈椎肩背斜方肌、背阔肌失去平衡。通常刚开始都无法觉察，日积月累、滴水穿石，积久成疾，头转到一个角度就感到深层的疼痛，越痛越不敢动，慢慢颈椎的活动空间越来越小，头颅跟身体的气场就会改变。有时候自己觉得头脑一样很清楚，并没有受到影响，但就像水管一样，水管在一个角度上急转弯，不一定会在转弯处形成阻塞，有可能会塞在远端。颈椎的问题往往会显现在身体末梢或整体循环，很多时候脚踝、膝盖受伤，或大腿受到压迫、气血循环不佳，都跟颈部有关，只是这个牵连系统是个有机体，必须在动态中才能看见，现代医疗的仪器检查无法寻根探源。

　　"大鹏引项"是专门针对颈椎的运动。在前一节"大鹏展翅"的动作姿态上，如将整个脊椎、背部放在一个平台上，让脊椎达到平衡的延伸、收缩运动，然后引颈做360度的缓慢转动，除了锻炼颈椎韧带和骨骼肌，增加颈椎的支撑力，同时可活动颈动脉、颈静脉，避免颈椎僵硬造成各种心血管疾病，还可以促使膀胱经、胆经、胃经汇入督脉上颜面，先绕眼睛、耳朵一圈，再经迎香绕口一圈到承浆，从兑端接上鹊桥入任脉。这是肾经所经路线。督脉注入任脉之前，一定要先走肾经。通过"大鹏引项"的引颈转头，引动督脉气机到颜面，这也是促进任督循环的重要课题。

做法

1. 平抬马步，两手撑扶于膝盖上，脊椎、背部放松延伸出去。
2. 吸气时，将颈椎从下往上轻轻甩动，下巴尽量上抬，眼睛看天花板，旋转至极后，吐气、侧落。

3. 先从左到右，再从右到左，反复操作 6 次或 12 次，再以两
   手将膝盖往后推，至两脚打直，略事休息。

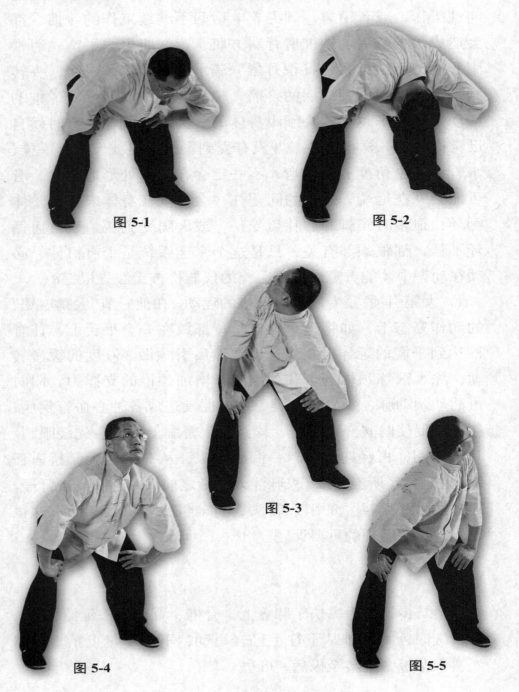

图 5-1

图 5-2

图 5-3

图 5-4

图 5-5

图 5-6   图 5-7

动作要诀

1. 引颈转头后仰时尽量靠着肩骨滚动，往下转时让下巴靠着胸骨滚动，以保持旋转时的平均受力。

2. 引颈转头至左右两侧时，以目光能看到左右臀部为极限。

3. 图 5-6、图 5-7 吐气时躯干需侧落，才能延伸到腰侧，否则就只能动到脊椎，而不能动到腰侧。

【课程综合摘要】

在平衡的姿态上，等待身体自我复原

　　头颈部做 360 度的旋转时，有些人会在某些角度上感到深层疼痛，那就放慢速度，以更缓慢、更放松的旋转，让颈部附近的神经管阻塞慢慢通气。但冰冻三尺，非一日之寒，会造成这样的疼痛，除非外力伤害，绝非短时间形成，故也需要很长一段时间，让肌肉重新适应一种规矩，才能慢慢平衡过来。所以，并不是把它练好，只是在平衡的姿态上，等待身体自我复原。若因为不舒服而求助于按摩，按摩后气血通畅，当然会觉得舒服，但肌肉、姿态并没有保持正确的平衡习惯，疼痛也会周而复始、永无休止。所以，保持正确的姿势、养成平衡的运动方法，改善整体结构空间，才是治本之道。

动作中会觉得大腿非常酸，因为本功法会让大腿肌肉承受极大的运动量。若有退化性关节炎的朋友，不必蹲得太低，尽量将力量往脚底前端放，以疏散腿的力量，以免落在膝盖上。当力量往脚尖移，膝盖微弯，会形成身体的"三折角"，这是身体具有最大弹性的角度，可避免膝盖受力。强直性脊柱炎患者操作此动作时，可降低动作幅度，保持锻炼，即可减缓恶化的速度，但无法练功练到好。强直性关节炎好发于三十岁左右，从腰椎隐隐酸痛开始，到四十岁以后逐渐恶化。如果三十岁开始有腰酸的问题，一定要到专科医师处检查，若有轻微症状，最好每天花十分钟做此动作进行自我保养。

此动作对退化性关节炎的帮助不大，但是对关节周边组织却有很大的帮助。通过缓慢的运动，保持良好的气血循环，让已退化的组织充氧，强固周边肌肉，增加腿力，就可减缓退化性关节炎带来的诸多问题。因此，刚开始需克服对酸痛的恐惧，持续做 36 次，慢慢增加耐力。因为这个动作主要是开展身体空间，待肌肉弹性拉力增强，气血流畅、舒筋活血，只要微微屈膝，身体一合一开，做起来就很舒服了。

开发全方位的观察力

锻炼身体的功夫，除了获得健康，还会慢慢开发全方位的观察力。如果只看到动作怎么做，那是不够的。学动作时，除了看手看脚、看方位、看步法，同时也学会看事情、看意境，甚至看到对方在动作中想要表述什么，这是最难的学问。

除了耳朵听、眼睛看，身体也要跟着动，还要会想，体力要跟得上。有些动作一定要蹲在一个角度上，才能通关开窍，就像"大鹏引项"，身体要往前延伸、往前挺，如果体力不够，就会避开重要角度，要达到动作的火候，就需要更长时间的磨练才行。

身体的动机会表现一个人的内在欲望。舞台上的舞者，倘若每一个段落、每一场演出都为了告诉你他很美，反而缺乏内在的精神内涵。没有内涵，就无法了解什么是"大气"，舞台上的"大气"无法表演，会自然呈现出来。就像日本的菊之舞，那些舞者从十岁开始练，他们一出场，没什么动作，但每一个步法都美到极点，那里面有一个永远不灭的文化根基，日本农村的风情尽在其中。这种情境要在每一次练功的时候就逐渐渗透到意识里。例如为了给你看到动作外形，所以我做出一个开合的动作，那是很无奈的。如果你懂得看，你就不会只看到这个层次。比如我做一个动作，身体松开、坐胯、气沉涌泉。我的膝盖既然要放松往前，我的身体就一定会取一个相对力量而形成后仰。所以我没有动作，这个后仰动作不是我做出来的，是自然而然的身体连动。这里面没有刻意、没有目的，我只是给了一个空间放下去。所以，功夫就是脚一出去就有二十年的涵养，越是张牙舞爪的动作，越外形化、越肤浅。所以要往内部去练，否则不知道根在哪里。

练功要扎扎实实，练到气质稳定、大脑皮质安定。气机导引包含动作、呼吸、意识。在意识界的训练，怒恨怨恼烦都是工具。善用情绪，亦可以养生。情绪的内外训练就是意识的训练。这里面还有很细微的训练层次，无法一蹴而就。如果没有循序渐进，先练到内气松沉，那就是"练拳不练功，到老一场空"。

第六节　蛙形扶膝

【原理说明】

脊椎极限延伸，锻炼背部肌肉韧带

　　人体骨骼平均每七年全面更新一次，骨骼更新会针对身体当时的需求专门订制。例如，一个篮球选手在 13 岁到 20 岁之间常有剧烈的运动需求，细胞侦测系统发现身体需求跟基因资料库的历史记录不同，便会重新打造一副可适应当前需求的骨骼。骨骼更新工程和道路整修十分类似。破骨细胞将老旧细胞挖干净，造骨细胞来来回回地在空隙处涂上一层一层的胶原蛋白和矿物质，形成碳酸钙、磷酸钙的结晶。负责联系、整合破骨细胞与造骨细胞的是骨细胞，因此，要精确雕塑骨骼，必须这三种骨骼内的细胞合作无间。

　　身体对整体资源的计算、分配，其效率之精准、快速，是任何行政系统无法比拟的。为了不让资源做无谓的浪费，于是发展出一套"用进废退"的机制，既然身体鲜少从事重力活动，骨骼系统的耐受力就可以略微调降，用比较少的资源，为你订制一套轻量级的骨架。老一辈的人没有分子生物学的知识，可是他们却从实际经验中发现"打断骨头颠倒勇"的道理。

　　现代妇女闻之色变的骨质疏松，其实有很大一部分是压力造成的。因为维持身体系统的所有酵素都必须在微碱性环境下才能正常运作，压力大的时候体质偏酸，很多身体机能就会出问题。身体的侦测系统发现这个现象，就会命令破骨细胞找出几段比较不重要的骨骼，把钙挖出来转成钙离子送到血液中，以维持酸碱平衡。这就造成骨质疏松的问题。

运动是解决许多身心问题的简易法门，而且不假外求，是自家无尽藏。"蛙形扶膝"源于马王堆导引图，模拟青蛙纵身跳跃的情态，通过两手撑扶于膝盖与向前划开、坐腕撑掌，一方面让脊椎做极限的放松延伸，锻炼腰背部的肌肉与韧带；另一方面在这个动作角度上，让两腿学习如何将力量灌到涌泉，以维持最大的支撑耐力。同时，借由两手扶膝与向前划开，使任督两脉一张一弛，可促进身体阴阳两气的相互作用；而"蛙形弹胯"除了可锻炼髋关节与腰腿耐力，若能运用收提的压缩原理，亦可开发任督两脉气机。动作中配合出"哈"声，可增加腹腔的压缩力量，将内气压缩入任脉。

做法

1. 吐气，两脚放松打直，两手撑扶于膝盖，由百会引领，使脊椎水平延伸至极。
2. 继续吐气，屈膝、落胯，两手撑开，身体不动，仍与地面保持平行。此时可加上 120 次上下弹胯练习，其他地方不动，只有胯的上下弹动，保持自然呼吸。弹胯后亦可加上"蛙形蹲跳"，脊椎水平延伸，吸气收提骨盆底肌，脚尖收缩往后踢大腿后侧，往上一跃，出"哈"声。
3. 弹跳后，吸气，两手将膝盖往后推，使两腿打直，身体仍维持不动。
4. 继续吸气，两手撑掌往前划出至极限，头往上抬。
5. 吐气，两手撑扶于膝盖，以百会引领，脊椎往前延伸至极。
6. 如上反复操作。

图 5-1

图 5-2

图 5-3

图 5-4

图 5-5

图 5-6

图 5-7

动作要诀

1. 屈膝落胯与身体撑起时，手肘、膝盖与脚踝的角度必须一致，才能在动作中让脊椎水平延伸出去。

2. 两手划出时，两腿后侧因后撑力而有紧绷感，需更放松。两手划回扶膝，脊椎往前延伸时，需由百会引领，仿佛将百会往前拉，使脊椎延伸至极。

3. 弹胯时，两手撑扶于膝盖，身体尽量保持放松，可使背脊深层组织随之弹动。

【课程综合摘要】

专为督脉气机建构的高速公路

手将膝盖往后推，脊椎水平延伸而出时，撑在膝盖上的手一定要打直。手若稍有打弯，脊椎就无法水平延伸，这条专为督脉气机建构的高速公路就无法一路畅通无阻到百会了。同时，百会往前延伸，头也不能提起或落下，气才会一路直冲到百会。然而，当两手往前划出，却要将头抬起，这是为了将气锁在大椎，等到下一步两手划回，百会往前延伸而出时，气就会往百会冲出去了。

脊椎延伸与地面平行时，可配合以意识将气吸到脊椎，这是开通督脉的练习，将脊椎的功能往上提升，为下一阶段的气功学习做准备。有关开发督脉气机的练习，将来在丹田功法中会有更好的方法，但在脊椎的锻炼过程中，这个锻炼会使丹田功法的学习更容易上手。每一种功法都具备多种面向的意义，在身体学习的过程中，有些方法是暂时的、阶段性的。有时候我会刻意先教比较困难的方法，所谓"君子先难而后获"，就好像赛跑选手要先在沙滩上绑着铅块跑步，日后拿掉铅块在马路上跑步，就会发现身体突然出现很多意想不到的功能。

在"蛙形扶膝"动作中可加入弹胯练习，并将丹田功法"蹲跳会阴"的方法运用出来做"蛙形蹲跳"。不过，"蛙形蹲跳"的动作非常猛烈，有心脏功能异常者，需依个人体力而为。动作中，将身体放空，把咬紧牙关拼命的力量松开，就能体会"虚中见实象"的要义。反复跳几下，天庭盖发热，全身放松，再往下压缩腹腔，就会产生惊人的能量。

总之，不论初学者还是老学员，都可在此功法中领略玩味不尽的身体妙趣。

第七节　弧线延伸

【原理说明】

脊椎的节节自我检视

早期我曾把"弧线延伸"介绍给媒体，媒体朋友将之名为"自己做的抽脂术"。其实，引体篇六套功法都可以说是"自己做的抽脂术"，通过越来越精细的动作，雕塑自己的身体。不过，我们的目的当然不是为了身材，而是通过这个过程，阅读、经历、唤醒身体的觉知。

我们的身体细胞记录了38亿年的地球演化史，生命从无到有的瞬间刹那，也许是从一个意念的苏醒开始。我们从水生的单细胞生物慢慢演化为陆地上的脊椎动物，然后成为两脚直立行走的"裸猿"，最后演化成今天足以改变地球风貌的人类。物质的身体经过代代消亡，这些深藏在 DNA 里的庞大记忆容量，究竟是以何种形式储存与传递？所谓"纳须弥于芥子"，DNA 的双螺旋结构暗合于《易经》复卦的"七日来复"。基督教、佛教也都以 7 为循环周期的基数。我们不得不相信，宇宙间的确有一种高频振动的能量，无形无相、广大悉备、絜静精微。通过身体操作的技艺，逐渐将有形的肉体脱化，而与无形的能量融合，才能站在 38 亿年演化经验的高度上，看待今世生命的价值。

因此，"弧线延伸"不只是抽脂术，也是一节一节检视、调整脊椎，感受从胯开始一节一节往前推。胯之后依腰椎 5 节、胸椎 12 节、颈椎 7 节之顺序，了了分明、一丝不苟，使身体成后仰状。吐气收合时，一寸一寸往下落。在安静、放松、历历在目的内在觉察中，将肉体的觉知度化到气机的觉知，进而洞悉宇宙万物、天地人我的能量消息，在忽焉而逝的人生旅途中，做一个游心于万物的自在人。

做法

1. 吐气，全身放松，从颈部开始，脊椎一节一节放松下垂至两手掌心触地。

2. 继续吐气，屈膝落胯，往下蹲坐，将头部置于两膝之间，两手置于膝盖上，使背部得到最大的延展空间。

3. 提会阴、收小腹，吸气，从颈椎开始依序节节往上延伸。

4. 吐气，由百会引领，脊椎往前延伸至极。

5. 吸气，拱背收提，两手松开，从尾椎开始依序往前推，其他部位不动，身体高度也不变。到胸椎后脊椎往上引，至身体呈弧线后仰。

6. 继续吸气，两手从臀后往上绕大圈至与两耳平行，再经两耳侧旋腕转臂延伸而出。

7. 吐气，收下巴，沉肩坠肘，松腰坐胯，肋骨往下放，压缩腹部，重心落涌泉。

8. 吸气，以脊椎节节延伸拓开，使两手延伸至极，与脊椎成一直线，两脚打直。

9. 反复练习 12 次或 24 次。

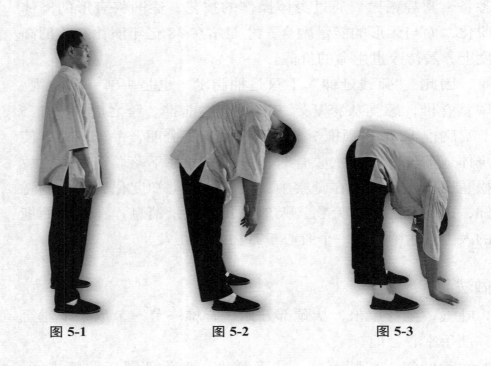

图 5-1　　　　　　　图 5-2　　　　　　　图 5-3

图 5-4

图 5-5

图 5-6   图 5-7   图 5-8

图 5-9   图 5-10   图 5-11

图 5-12   图 5-13

图 5-14   图 5-15   图 5-16

图 5-17   图 5-18   图 5-19

动作要诀

1. 动作前可先做一个桩步练习：全身放松，下巴内收，松腰坐胯，两手自然下垂。先引出身体气场，可帮助身体更为放松。

2. 从尾闾开始身体往前推送时，到胸椎以后需往上引。若胸椎持续往前推而非往上引，会使腰椎受力太深，恐伤及腰椎。

3. 身体往前推送时，两手心向后，仿佛推着一片气墙。手越往后推，身体越往前往上引。仔细感觉两者的关系。

4. 收下巴、沉肩坠肘，三丹田相合落下之前，亦可练习意引会阴提气，再将丹田放下，以蓄积丹田鼓荡之势。

【课程综合摘要】

拉出"外督脉"与"外任脉"

身体从尾闾节节往前推出，是以两手往后推的反作用力形成的。推到胸椎时，翻掌心朝下，以两手将身体撑开，胸椎上引，这是被两手的力量撑上去的。此时华盖拉开，两手在臀后相合如抱球，颈部放松，头往后夹，华盖撑开，身体成后弓状。这是"外督脉"，是一个桩步。站一下，守住那条线，很多人的脖子会酸到受不了。背部有问题的人，腰椎、胸椎通通会在这个动作原形毕露。接着，头部不动，手绕大圈往后拉开，伸越远越好，然后抱球，停顿一下。能做到这个角度，你这一生应该不会中风。一时做不到，也不要勉强。闭气三秒后，两手从耳侧旋出；尾椎上提，将命门打开；两手旋出，拓开肩胛骨。颈椎放松，下巴慢慢往下放，沉肩坠肘，使上丹田合中丹田，中丹田合下丹田，气沉丹田，让气冲上百会，往全身走，脸会发胀发热。随后意念由脚跟、肛门、尾闾开始缓缓吸气，沿着命门、夹脊而上督脉。一边吸气，一边将两手推送出去，气吸到哪儿，两手送到哪儿。及至最后，将气推送到两手指末梢，而使身体、手臂、手指形成极限延伸。

"卧如弓"的"弓"，是由"外督脉"形成的。除了"外督脉"，任脉也有一条外弦。要在动作中感觉到"外督脉"与"外任脉"，是经过由身体穴位为主导的细腻推移过程。动作可以引动气机，动作越细腻、深层，引动的气机越明显。所以气不必想象，完全是真实的现象。为了让气压缩上来，所以要拉出外督脉这条弦。循着这个方向去练，也可以自己规划动作，寻找自己的答案。

"弧线延伸"是以身体本体躯干的张力做动作，因此后仰时自然延伸任脉，而不是拉任脉。后仰时任脉自然在其中。闭气三秒后，气一定上百会，所以要将两手旋转出去。气下任脉是整个阴脉下来，不会只有任脉。

在俗事中经历一切，然后归零，回到自性

动作的觉知从身体转为内部气机之后，跟着我做动作时，就要跟着我的气，而不是跟着我的动作。将来练推手也是如此。让气发到手指、脚趾端点和六个脉，所以劳宫一定要松、身体要松，再来就是心的能量要发出来。要感觉到你的气跟我的气粘在一起，手跟我的手粘在一起，完全同步。假如力量没有卸下，卡在大腿，就会觉得累。粘上来，用气不用力，一点也不累。身体是流体，跟我联结在一起。如果你的心眼、慧眼没打开，就听不到我的能量流动。

所以，学习气机导引必须具备高等的洞见能力，当所有的人都在讲究"术"的时候，你要知道"术"的背后还有"道"。要很敏感、有灵觉力，所有的俗事都是修行的机会。身体在俗事中经历一切，然后归零，回到自性本身。这是很重要的修炼。通理之后神功自然成。把脑袋的聪明拿掉，你的灵觉就醒过来了；把心静下来，动物性本能就出现了。

　　躺下来听音乐时，身体放松，让气跑遍全身。停止鼻息，感觉腹腔、丹田的作用。肩膀放松、头放松、脑袋里的想法放松，脊椎放松，臀部、大腿、小腿、脚踝放松。眼睛放松，眼球放到深渊里，鼻子放松，用丹田取代。嘴唇放松，下巴放松。耳朵完全放空，毛孔跟着丹田的作用慢慢地完全张开。不要有任何挂碍，就在当下，天塌下来都不要管，让世界因为你的放开而停止。能量会轻轻溜进你的每一个缝隙中，让身体像棉花吸水一样膨胀，全身充满能量。

　　放空之后就会发现身体充满觉知。安静的自性产生之后，就可以抵抗外界所有的压力，怒恨怨恼烦都无法干扰你。心能量就是清楚了解身体的作用，以及身体跟外界的联结关系。也能做自我的身心整合，让它成为一体。不断开发自己的能量，就可以内外合一。天地之间的所有变化之理都在其中，身处变化之中无有恐惧。人生在世一定有各种险难，面对冲突、失落，但不必恐惧，吉凶悔吝都是过程，都去经历，在逆境中不见其逆，顺境中也不陷落。高潮是低潮，低潮也是高潮，这就是太极，也就是《易经》的道理。身心相应，从身体开发收敛的能量，能松能静，气就在其中。所有的努力都在开发身体的松、心理的静，松是真松，静是真静。

　　要开发心的能量，就要感觉、感动，直接用身体去接触，不要想象。听一首歌不要判断好不好听，用心联结它对你产生的扩散作用，去感受它带给你的扩散作用。心的能量就是要训练你——当你的身体经过一连串的开发、耳朵的聆听、对话与觉知之后，被唤醒的细胞完全安静下来时，细胞的灵敏状态，对能量有多少接收能力？也就是说，心灵接到外界的启发之后，产生什么扩散作用？这就是能量的开启。

当你的身体僵硬，你搞不清楚肝脏、脾胃在哪里。你对自己浑然无知，却把自己交给外界的刺激，那就会出差错，心理就会扭曲变形。要开发真正的听觉，要用身体去聆听，而不是用大脑。身体掏空才能听到真正的声音，不是躺着或站着，所以每次课程结束前，都要让刚刚练出来的能量扩散出来，以后才能感应身体的气场。

第八节　气贯脊髓

【原理说明】

让内部真气从涌泉反弹而上

人类演化成脊椎直立的站姿，其实并不符力学原理。尽管辐射型的脊椎骨架已经是全世界最坚固的力学结构，但是要用这么小的骨架，在地心引力的作用之下，支撑七八十甚至上百公斤的体重，因此脊椎有问题，从分子生物学的角度来看，是天经地义的事。不过，有形的身体终将毁坏，大自然网开一面，让人类有条件地拥有脊椎，成为顶天立地的直立动物，其实还有更深的恩典，被古代中国人和印度人领悟到了。

中国人在直立的身体中发现了三丹田，而印度人却看见人体的七个脉轮。

在现代医学的电子显微镜底下看到的脊椎，不过是人体骨架的主轴，脊髓则是中枢神经所在，统领全身的神经系统。从脊椎辐射出去布满密密麻麻的神经网络，负责执行管理可控制的躯体神经系统，与不可控制的自律神经系统。而自律神经的两大主角交感神经与副交感神经，也在脊髓的制约之下。交感神经从胸椎第1节到腰椎第2节出来，故又称胸腰神经。副交感神经从延脑和荐椎第2、3、4节出来，又称脑荐神经。所有攸关生死存亡的器官必然联结交感与副交感神经，两者互相对抗，也互相合作。记录在DNA作业系统的指令码会决定两者的对抗强度，据此决定器官要做出什么反应。因此器官的表现好坏，跟自律神经系统息息相关。上了年纪特别要注意保护脊椎，因为脊椎钙化，脊椎渐渐缺乏弹性，稍微有一点脊椎侧弯，就会影响到自律神经的运作，进而影响内脏功能。一般脊椎侧弯达30度就会严重影响内分泌，造成器官病变。

三丹田与脉轮的认知，与西方医学对脊椎的了解并不相违背。不过，中国身体修炼传统更重视脊椎作为人与天地能量相接的导体，因此，在人具有"参天地、赞化育"的条件下，脊椎的主要功能，就是调节、统合动物性的肉体与神性的灵识。所以，督脉的穴道有灵台与神道，任脉上有玉堂、紫宫与华盖。这些充满玄机的穴位名称，仿佛是人体脱离肉体，通往灵性圣殿的通关密码。而脊椎的锻炼，与命门、夹脊、玉枕三关，与下、中、上三丹田的锻炼就是三位一体、同时并进的。"气贯脊髓"即是以脊椎为主要锻炼中心，一方面以放松延伸的运动活动脊椎及其周边肌肉、韧带，并通过胸锁骨与髋关节的收缩开合，松开肩胛与腰胯；另一方面配合呼吸与意识作用，通过顺呼吸吸气到腹腔丹田，加上骨盆底肌的提放作用，令吐气到涌泉，使气机不断往涌泉压缩，像加压马达一样，让内部真气再从涌泉反弹而上，注入脊髓，为日后开通任督气机预做准备工作。

做法

1. 两脚分开，落腰，脊椎延伸，两手向上延伸，与脊椎成一直线。

2. 吸气，以脊椎拉回而将两手拉回，并从指尖合到手肘后，旋腕转臂至手背相对、指尖向下时，开始吐气。身体由上往下合气至最低点，带动两手沿着身体中线往下落至两手触地，成蹲坐姿。

3. 吸气，以意识将气吸到下丹田，并提会阴收小腹至肚脐，再挤压到命门，成逆腹式呼吸，两手心向上如捧物。

4. 持续吸气转为顺呼吸，会阴放松，腹部自然鼓胀，两手翻转指尖向下。

5. 再吸气至下丹田，并提阴收腹至夹脊、大椎。

6. 吐气下涌泉时，两手随之旋转而出并延伸至极，脚跟提起。

7. 如上反复操作约 12 次。

图 5-1

图 5-2

图 5-3

图 5-4

图 5-5

图 5-6

图 5-7

图 5-8

图 5-9

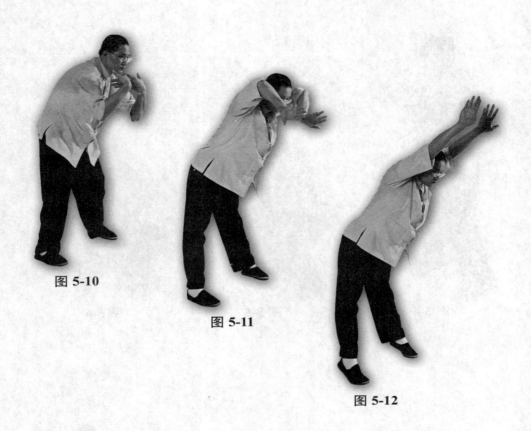

图 5-10

图 5-11

图 5-12

动作要诀

1. 手在头前上方合肘，需从指尖开始，一边收一边合。身体微微前引，背部才会打开。一节节合下来，再一节节往前压缩下去，身体如流体般流动。

2. 气贯脊髓时，因为有一股涌泉压缩反弹的冲力，所以两手指尖会往前飙出，脚跟提起，身体仿佛要往前冲出。

内气的逆、顺推动作用反灌到脊髓

约在第六根胸骨处有一个伞状的横膈肌，随着呼吸升降。所谓"腹式呼吸"，其实就是以慢匀细长的呼吸，使横膈肌往腹部延伸、扩张，而使腹部略微鼓大。这个横膈肌，我称之为"上横膈肌"，因为还有一个鲜为人知的"下横膈肌"，就是骨盆底肌，一般称之为"会阴"。肛门、会阴之间的连线叫做"海底线"，肚脐、命门之间的连线叫作"生命线"。在练功状态下，我们时常强调吸气时提会阴、收小腹，其实就是指下横膈肌（或海底线）往上提，若配合上横膈肌往下扩张，就形成逆腹式呼吸，这是开发体呼吸的重要方法。上下横膈肌同时作用，一开一合，一吸便提，息息归脐；一吐便咽，水火相见，就会引动内气循环。这也是炼养丹田的初步方法。倘若加上三丹田的作用，吸气收提时，下丹田往上合中丹田是"橐"，中丹田往下合下丹田是"籥"，上下同时相合即是"天地之间，其犹橐籥乎，虚而不屈，动而愈出"的"橐籥"原理。"气贯脊髓"需借橐与籥的原理交互作用，即下丹田合到中丹田，使下横膈肌往上收缩，这就是逆。橐相就是逆。中国人把一个"逆"字发挥到淋漓尽致，返老还童也是逆。因此，"气贯脊髓"是借由气的逆、顺推动作用，让脊椎一节节松开。

故而"气贯脊髓"的橐相，就是利用缩提之后逆转顺的放松，先以缩提让丹田聚气鼓荡，使下焦蓄积庞大的反作用力，并配合胯与膝盖的放松，令丹气下达涌泉，吐气时内气就会从涌泉反弹上来，从脚底循跟管、尾闾灌入脊髓，故为"气贯脊髓"。这个反作用力是从涌泉压缩，经过跟管的骨缝一直压缩上来，行功时，尾闾、命门处会有温热感。骨头之间有六七个笔尖大的孔隙，吐气压缩时，气从骨缝间一个一个压缩，再传链到全身。所以，"气贯脊髓"就是气不断地从涌泉跟管反灌到脊髓，跟中丹田往下合的"籥相"无关。试试看，吸气时缩提，吐气到涌泉，如果这时候不是借由逆腹式呼吸再把丹田放松，进行顺腹式呼吸气聚丹田的作用，就无法强化气聚涌泉反弹的效果。因为气没有在涌泉聚集，所以要借"提摩肾堂"顺腹式呼吸吸气到涌泉的方法。（详参《气机导引：内脏篇》之托掌旋腰肾脏功法）。

　　然而，在肢体的层次，"气贯脊髓"是由脊椎的延伸带动两手延伸出去。两手肘相合于胸前，是以胸锁骨带动手肘相合。两手由掌心相合转而至手背相合，再以膻中合肚脐，带动两手沿着任脉落下，继之以肩胛骨向外旋开，带动两手旋转而出，并以髋关节和肩胛骨的开合，使脊椎往上延伸，使全身无所不开。请注意，两手的主动机都在脊椎。这才能动在本体、动在根部，而非动在末梢。如此，才可将动作不断内化到更深的层次。

　　由于每一个动作都有气机运行的意义，故两手收合时，是从指尖开始依序相合，而且从指尖相合的那个点就开始往下拉，拉到手肘相合时，刚好身体合到膻中。这个合的动机，来自"后三关"和"前三田"。亦即命门往前循带脉合于肚脐，夹脊往前合于膻中，玉枕往前合泥丸。督脉之气经夹脊从手少阴经往前合到手太阴肺经。小指、拇指都是阴脉，要归入任脉，所以气往前拉时要翻转手心，归入任脉。只有将任督、阴阳两线的概念转换成身体动作，才叫作"气功"。这是我好不容易从身体经验中归纳出来的，过去都没有人讲清楚。所以，所有的动作到最后只是玩阴阳变化而已。

第九节　开胸辟肺

【原理说明】

合于阴，开于阳；合于阳，开于阴

　　胸腔内的器官都是攸关生死的脏腑，所以有外环胸腔保护，运动时需通过胸腔的开合、扩张，才能深及胸腔内的脏腑，同时增强胸腺能量，提高胸腺培训 T 细胞的效率。此外，胸腔疾病一般都与肺部及呼吸功能有关，然而从中医的观点，胸膈之间的病症，往往影响遍及全身，不论其病症表现为何，诸如热扰胸膈、痰饮结胸等，多因能量不通所致。故"开胸辟肺"借由大开大合的动作，打开胸廓，让胸腔扩展，除了增加心肺功能，解决胸闷、气虚、能量不足等问题，亦可通过由外而内、渐趋内化的身体开合，以精细的身体操作，配合呼吸与意识作用，合于阴，开于阳；合于阳，开于阴，在体腔内形成经脉、气机的压缩，为任督循环的整体能量提升奠定稳固的基础。

　　初学者暂先不必计较"开胸辟肺"对经脉气机的作用，只需确实体会动作中的大开大合，即可解决长期前俯姿势所造成的不适之感，而且，从中体验越来越精细的身体操控能力，这也是自我管理、从身体入于道体的基本功夫。

做法

1. 两脚张开与肩同宽，吸气，两手缓缓上提至抱球于头顶。

继续吸气，身体后仰张开，使两手大开画圆至于臀后反握拉开，以两肩后夹，拓开胸腔，鼓胀丹田，闭气三秒。

2. 吐气，丹田收缩，同时两手肘上提，颈椎放松、落下巴，含胸，使合于任脉，压缩任脉之气，下半身保持不动。

3. 图 5–5、图 5–6 动作反复三次后两手松开，回复图 5–1 动作。

4. 反复练习 12 次或 24 次。

图 5-1

图 5-2   图 5-3   图 5-4

图 5-5   图 5-6

动作要诀

1. 身体撑开时吸气，对于初学者而言较为困难，可改成撑开时吐气，收缩时吸气。日后再调整回来。

2. 后仰绕大圆时需拉开锁骨，吸气到丹田，使丹田鼓胀。

3. 图 5-5、图 5-6 动作需保持身体姿势不动，只有两手与颈椎的提放与开合。

【课程综合摘要】

练功是为了"知道"

收下巴提手时，尾骨要跟着提上来，腹部也要收缩提住，将这两点拉紧，但是身体姿势不能改变。这两点若无法拉上来，就要多加练习。手往后画大圆拉开时，若肩颈太紧，就会很不舒服，往往手一出去，头就上来了。因此手展开时，让身体挺起来，让膻中打开。一个关键没做到，气场就出不来。

两手拉开，身体撑开时，要往丹田吸气。这时候吸气比较困难，初学者可以改成吐气。这牵涉到补泻的问题，以后再谈。因为气会推气，当气沉丹田时，就会同时发气到劳宫，所以这是用腹部丹球带着手上的球往后压。这时候腰、胯、膝盖、大腿都要放松，尾闾收缩，唯有松沉才能接住这个球。用意识的力量，感觉手上的球有一万斤，它就有一万斤。身体越松沉，手上的球就越沉重。如果没感觉到手上有一个重重的球，那么这个动作就还是体操、导引，而不是气功。

所有动作都包含炼养丹田的基本功，"开胸辟肺"亦然。有了丹田的依据，才能越过肢体，让动作如冰之将释，如灰烬一般轻灵，得其意、忘其形，不被形式控制。要领会其意，而不是成为学舌学步、依样画葫芦的收藏家，要直接成为创作者。所以，一定要迎上前去接受身体的试炼，如果逃避挑战，或者练功只练一种感觉，期待有朝一日祖师爷来给你灌气，那就永远练不成。练功也不是要成为武术家，而要成为一个"知道"的人。越过所有的身体障碍，练到每一个细胞都能放松，每一个细胞都被训练过，让功夫深到讲不完、深到人家听不懂。人家听得懂的是"可道"之道，我们要练到语言到不了、理解和想法也到不了的地方。

要练到这个地方，只有放松、无为。无为而无所不为，就是没有选择，所有的苦难都要欣然承受。

所以，炼气要练到"低声下气"。有一股深沉的内气声音，叫作"低声"，那是低频的声音。气沉丹田、涌泉生根，叫作"下气"，浑厚、内敛，像灰一样轻，如行云流水，如冰块融化，浑厚而稳重。身轻体重，非常轻，又非常壮硕。

不同的阶段有不同的练功语言，练功者也会随着身体的进步而听得懂不同阶段的语言。因此，练功者必须明白，方法不是最重要的，这个方法要给你什么成就才重要。我不教招式，我教的是每个部位的功能，例如要用"开胸辟肺"练出合阴开阳的功能。动机越来越深，能量越来越强，所以圆圈越小，能量越大；动机越小，能量范围越大。

第十节　争项引脊

【原理说明】

颈椎、肩背、两手互争其松

功法动作大概分为形意性功法与功能性功法两大类。形意性功法一般较注重以整体动作表达一种肢体的气韵。功能性功法则强调以某个肢体角度，达到开发某种身体功能的目的。气机导引十八套功法都是偏重功能性的功法，但如"螳螂捕蝉"与"旋转乾坤"等，亦兼有形意性功法的特质。

"大鹏展翅"系列功法明显是功能性的功法，从各节功法名称常见"脊""项"与"伸""展""引"等字，即可略知其功法内涵。就以"争项引脊"为例，"引脊"就是延伸脊椎。"项"为颈椎，而颈椎如何能"争"？故"争"之一字，正是本功法关键所在。

颈椎 7 节是 24 节脊椎中最脆弱、最重要的部位。因为颈椎联系头与躯体，要送到头部的能量，必须是质量最精、体积最小的物质。颈椎第 1、2、3 节神经与脑神经联结，第 5、6、7 节与胸椎第 1 节主管颈部和手部神经。常见的颈椎疾病，除了外力伤害及椎间盘退化，通常跟长期低头工作、打电脑等固定姿势有关。因此，通过正确的运动方式，让颈椎保持松柔，是文明生活不可轻忽的功课。"争项引脊"以颈椎的节节放松后仰，再以下巴内收，颈椎一节一节依序挺起，是最为精要的颈椎运动，对颈动脉、颈静脉及颈部神经、淋巴结和结缔组织等，给予最佳的保护措施。

此外，颈椎上的玉枕关，正是督脉气机通关上百会的重要关窍。比起命门、夹脊，玉枕关更为难过。所以"争项引脊"之"争"，就是指颈椎需放松至极，才能将督脉气机堵在大椎，此时两手亦需放松至极，才能绕过头顶、手心相叠贴住大椎。倘若肩背不松，两手空间不够，头部会不自觉地上抬让路，这就好比在河道上截流不成，功亏一篑。故而"争项引脊"之争，是颈椎与肩背、两手互争其空间的开展，而非争其强。当气机堵在大椎，在持续吸气、上提之后，闭气三秒，可蓄其势。再以下巴内收、颈椎放松，气就会一冲而过玉枕关。这也是攀登肢体高峰的必经之路。

做法

1. 两脚张开，全身放松，吐气，屈膝坐胯、颈椎放松，头向后仰躺，使百会与尾闾在同一直线上。两手抱球于臀后。

2. 吸气，两手心向上，从身后绕大圆至两手心相对，两臂置于两耳侧。

3. 图 5-3、图 5-4 可反复做 3 次，即为"大雁洗翅"。身体姿势不变，两手上下起落，手落时吐气，气沉丹田，手起时吸气。

4. 吸气，尾闾前顶，两手心相叠，绕过脑后，贴于大椎。闭气三秒。

5. 吐气，两手从耳后旋腕转臂旋绕延伸至极。

6. 继续吐气，颈椎放松、下巴内收，两手心翻转向下，脊椎向上延伸，两手放下。

7. 动作反复练习 6 次、12 次或 24 次。

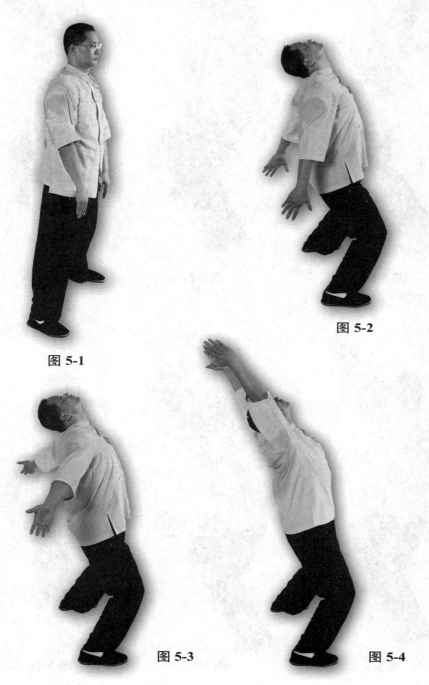

图 5-1

图 5-2

图 5-3

图 5-4

图 5-5

图 5-6

图 5-7

图 5-8

图 5-9

图 5-10

动作要诀

1. 两手放松在臀后做抱球状时，脊椎打直，百会、会阴在同一垂直线上。

2. 两手延伸打直置于两耳侧，坐胯、头部仰躺，这是一个桩步，百会、尾椎两点不能跑掉，提阴收腹，是尾椎提起，而不是往前顶，这样才能跟百会维持在一直线上。此桩步可依个人体能状况多站几分钟。接下来要使两手心相叠贴于大椎时，需尽量避免头部不自觉地略略抬起。

3. 两手在身后画大圆而上时，两手心相对，再以手心相叠贴住大椎时，拇指朝下，以炼肺经之气。两手从耳后旋出时，同时提尾闾，至两手随着全身松落而缓缓落下时，落胯、尾闾放松。

4. 两手交叠贴在大椎时闭气 3~6 秒，并微微转颈至左、至右，再落下巴，以百会引领，使颈部放松，导引内气冲关上百会。

【课程综合摘要】

导引气通玉枕关到百会

　　两手松开、坐胯，将尾闾移到跟百会同一垂直线上，身体如弓形，膝盖放松微微弯曲，两手自然落在臀后。这是一个很好的桩步，至少要站五分钟。气会冲到手、脚末梢，让脚放松，让气锁在涌泉，手往后合球，吸气，其他不动。让气运到两手，再把它拉出来，拉开巨大的一个球体，将胸腔拉开，扩展中丹田。这是要拓开胸腔，开启后天呼吸的能量，吐故纳新，所以说："后天呼吸起微风，引起真人呼吸功。"胸腔扩展开来之后，浊气排除，再吸入大量清气，鼓腹，让胸腔的气下压到下丹田，这叫作以入带出、以出带入。

"大雁洗翅"时保持坐胯，头往后躺，吐气时合任脉。反复3次，即可将内部浊气压缩而出，同时练习内脏收提与丹田收缩。这可以练到抗打，抗打是指能以气控制肌肉，意到气到，把气灌到肌肉里，不论吸气、吐气，都可以抵抗外力。这其实就是丹的作用。所以不论手起还是手落，都要气沉涌泉，如此，手起时就是涌泉的反撑力而使两手如风筝般飘出去，必须要练到两手有这个气质。松则其大无外，人体的活动到最后就是开合而已。松者为开，开时大开大展大松。合时一样是松的，从内脏开始松合，才能让合进来的能量压缩到松的空间里，否则就会锁住经脉。

接着两手放松打直，头部也需要更放松，让两手越过头部而让手心相叠。此时吸气已极，即以两手贴住大椎，将督脉之气引在大椎，闭气三秒后再争一口气往丹田压下，之后再争一口气，再往下压。若能如此反复6次，尽其所能多争一口气，即已练得龟息法，可吸气到绛宫（膻中之后的身体空间）。经此练习后，膻中会发热，手指会发麻。这时候吸气吸满、腹部鼓胀，闭息。之后，两手从耳下旋绕而出，下巴内收、百会领起，颈椎自然回正放松，此时需缓缓吐气，切不可急迫。原本停住于大椎之气，一松开，气就会直过玉枕关到百会。

从尾闾接气之后，两手延伸将夹脊拓开，气就会从尾闾上夹脊，但以头部后仰将气停住大椎，颈椎一放松，气就冲过玉枕关。玉枕关一般很难通，我发现这是通玉枕关的好方法。

　　吐气冲关时，下巴放松往前掉，眼睛平视、头不动，沉肩坠肘，重心移到涌泉，肋骨往下放，百会往上延伸。手飘下，百会往上顶，这叫作头顶悬。脊椎放松延伸时，心肺、脾胃，五脏六腑都松开了。手如风，脊椎如飞机，是两股相对力量使手落下，脊椎自然往上延伸。

　　督脉两旁有膀胱经和胆经。要延伸督脉，让气冲三关，一定要借膀胱经和胆经之气。膀胱经绕眼睛，胆经绕耳朵，两者交会绕口唇，即入中土脾胃，才能接上鹊桥。上鹊桥是任督相接之处，任脉接气下来，绕脾胃到下丹田，才能化生津液，再往上升，周流而不虚、循环不息。

　　人体内部气机流动的空间线路，是我靠着不断练功、体会才画出来的。循着气机导引的方法持续练习，任何人都可以洞察经脉的存在。这就是动觉，在动中觉察这些看不见的存在。所以练功绝对不能靠想象，必须从动作当中不断感觉自己，慢慢这个感觉就会越来越细腻。一旦看见内部气机的存在，就会根深蒂固，一辈子都不会忽略它。以后身体一动，就会直接动到无形的经脉气机，这就是认知层次上的差别。从有形的身，练到无形的心。这无形的心，就是一种认知，认识身体层次性的结构。低层次的结构就是皮肉骨，进一步的层次结构是淋巴血管经脉，再进一层的结构是气机的结构，是混沌的气的存在，最后则只是阴阳两气的座标而已。你会看到座标中间有一个无形的、独立在丹田上的气在旋转，你要它怎么转，它就怎么转，就像电流一样。你慢慢会发现人就是这样活动的，很奇妙。你会发现你可以跟一棵树气息相通，你的气可以穿梭在宇宙万物之间，所谓"游道于万物"，大概就是如此吧。

　　这一套气功原理，完全符合解剖学的原理。所以，气功就是一部动态医学。动作中不是弯腰举手，而是经脉穴位的伸缩开合，只是千百年来练气功者众，知之者少，真得到窍门的更少，一方面是因为好高骛远，另一方面是不知道该怎么练。要贯串中医学、临床医学和气功，往这个方向探索，一定会有大成。

螺旋旋转

第一章　功法原理

螺旋旋转增耐力

第一节　主导内分泌系统的 HPA 轴

练内功就是练内分泌

练功身法强调"上下一条线，脚下阴阳变"。有趣的是，身体内部的运作系统也有一条中轴线，那就是由下视丘、脑下垂体和肾上腺形成的"HPA 轴"。眼、耳、鼻、舌、身接收到的环境信息会全部汇整到下视丘进行分析处理，然后转达给脑下垂体，脑下垂体再根据信息内容，指挥肾上腺分泌不同的激素，以支持身体对此信息做出回应。下视丘、脑下垂体、肾上腺由上而下形成一个内分泌的指挥系统中轴线，称为"HPA 轴"。"HPA 轴"能否维持动态的平衡，攸关身体健康甚巨。古人从身体修炼所得的诸多经验，简言之，就是通过动作、呼吸、意识管理眼耳鼻舌身意，从主导内分泌系统而主导身心。例如，练功时若能保持尾闾中正、百会会阴上下一条线，由两脚涌泉主导的走动移位，必然也是规矩严明、次序俨然的阴阳渐变。因为身正则气正，气正则心正，身心都处在平和安定的状态。所以，练内功就是练内分泌，这也是气功学的基本架构。

人有肝、心、脾、肺、肾，面对压力时，压力越大，主导内分泌的脏腑越往下。因此，应付瞬间紧急变故的内分泌系统是居最下方的肾上腺。肾上腺分泌的物质很多是有副作用的类固醇激素，类固醇激素可在瞬间将身体所有的多醣体转换成葡萄糖。例如我们在运动的时候，只有体力支出，并无生命危险，所以身体会燃烧脂肪，先让肝糖转换成葡萄糖给身体使用，这是没有副作用的身体正常反应；但若要应付在火灾现场作生死搏斗的紧急状况，肾上腺皮质素就会分泌类固醇激素，直接把脂肪转成脂肪酸、多糖转成单糖，送到肌肉、骨骼、四肢，同时让心脏血管扩张、其他内脏的血管收缩，停止正常的血液供应，紧急调派大量血液到心脏，因为这时候肌肉骨骼需要燃烧大量的葡萄糖，也需要大量的血液载送葡萄糖到关节、肌肉，准备作战。所以，血液是战争的运输工具，葡萄糖是作战的军粮。

纾压要靠缓慢放松的运动

在应付紧急压力时，脏腑血管收缩，好将更多血液调派给肌肉关节。而在连续的庞大压力之下，肌肉关节的运作若已超出负荷，体力不支，大脑的自救系统就会自动阻隔感觉系统所接收的信息，让肾上腺皮质激素停止分泌，不再执行压力反应。但问题是，在长期虚拟压力之下备受煎熬的现代上班族，已经丧失大脑断电机制，大脑继续接收眼耳鼻舌传输过来的压力信息，肾上腺皮质激素根据这些信息，长期分泌面对作战状态的激素，压抑免疫系统与代谢功能，将细胞的生产线拉高，直接将肝糖转成葡萄糖，以备随时之需。但现今的压力多为心理、精神压力，身体其实并不需要这么多的葡萄糖，这些无所事事的葡萄糖在血液中流窜，就会导致糖尿病。此外，肌肉、骨骼也未能以相对的活动将肾上腺皮质激素的产品消耗完毕，导致过度燃烧，这就是过劳死的主要原因。

因此，很多医生建议以剧烈运动对抗压力，将囤积在肌肉关节之间的类固醇激素使用掉。然而，类固醇激素就是止痛性激素，在面临生死关头时，让关节、肌肉无法感觉疼痛；但长期压力造成分泌过量的类固醇激素，会沉积在血管内，若加上剧烈运动时大量分泌类固醇激素，反而会造成心血管阻塞致死。我们则主张在觉知状态下，以缓和的运动达到肢体能量的饱和点，让大脑断电，停止接收压力信息，将压力转移到身体，从身体卸掉。

觉知时趋善，纵欲时趋恶

我们已从自身经验深深体会到，动作会影响内分泌。例如，在操作需要大量体力、耐力支出的动作时听歌剧，跟放松躺下休息时听歌剧，同样的歌剧，身体当下所产生的内分泌截然不同，而内分泌又会影响想法和行为。思想行为的偏差与否，也完全受内分泌影响，跟人格没有关系。当内分泌保持动态的平衡时，想法、行为比较正向。处在和平、放松的环境，才可以随时感觉自己，对自己保持觉知，这时候内分泌是由身体上部的器官主导，脾胃、肝脏分泌酵素，进行消化、修补、疗愈的工作。当一个人受到生死存亡的威胁，被恐惧、愤怒所胁迫时，自我保护的求生本能欲望高于一切，由身体下部的肾上腺皮质激素主导内分泌，脾胃功能与免疫系统暂停工作，血液营养全部抽调到前线。所谓"衣食足而知荣辱"，在汲汲追求衣食等欲望的满足时，人通常无法进行向内的自我省察，人格趋向于恶。

我在课程设计上，会以动静相间的运动，带领学员经历身体和内分泌的变化，觉察每一时刻的"自我"都非原貌，每个人分分秒秒都受到环境与内分泌的互动影响，因此，要学习对于情境转换的觉察能力。在需要启动肾上腺皮质激素的快速运动之后，辅以缓慢放松的动作，使大脑断电，身体松开，内分泌回到正常状况。在这种让交感与副交感神经显著落差的对比训练中，就可以从容地体察自己。经过这种动静相间的训练之后，对于情境的转换可以快速调适，可以轻易从混乱状态回到平稳状态，然后可以承受更大的压力，因为保持高度的自控系统，可以释放压力，让压力归零。

这就是身心平衡的秘诀。当身体从正常状况调整为战备状况，称为"顺回馈"；从混乱状况回到正常状况，称为"逆回馈"。逆回馈时肾上腺皮质以可体松同时通知脑下垂体和下视丘停止分泌压力激素。现代人都活在交感神经亢奋的顺回馈中，却丧失了逆回馈的机制。下班之后，压力还在，内分泌还处在作战状态，无法断电休息，所以会过劳死。气机导引的整个运动过程就在平衡身体的顺、逆回馈机制，从而影响思维、行为，提升生命品质。这也是气功学的功法精神内容。

掌握这些证据，就可以看到中国导引术的效益与未来，也掌握了身体动能的相关知识。

第二节　动作说明

体力、耐力也是精神力

人体是大宇宙的伟大创作，每一个部位都可以独立，又相互连属而产生协调运作。人体最基本的锻炼就是体力和耐力，因为人体再有什么功能，没有体力、耐力都是空谈。假若健康就是国力，当今国力实在令人堪忧。怎样厚植国力？这是治国者的必要思维。让身体有力量、心灵有力量，这才是真正的力量。心灵的力量是道德的力量，而我所认知的道德力量是心的本质性能量和自我约制的力量。年轻人是国家的未来，心灵、身体都没有力量，国家的未来堪忧。螺旋旋转增耐力，是每一个人都要面对的功课。体力不足，压力一来就无法承受，慢慢就会引发很多精神病变，再转变为脏腑宿疾。现在很多病毒感染都找不到新药，医院运用很多支持性疗法，也就是保持体力而已。有体力，面对任何病毒感染或压力都不怕。体力是指肌肉、骨骼、关节、血管等组织的品质足以蓄积更大的能量；能量就是骨中之髓，肌肉的热量、氧气与弹性。若能量可以蓄积，骨坚、肌肉富于弹性，躯体则可耐久不衰。所以，体力不够就是肌肉、骨骼的力量不够。

以关节、肌肉的螺旋旋转，拓开身体空间

肌肉有深层肌肉、浅层肌肉，通常急性拉伤的都是浅层肌肉。因为长期姿势不良引起的慢性疼痛，通常是深层肌肉。表皮不痛，但动到某个角度即痛苦不堪，这是深层肌肉痉挛缺氧。若急性受伤而伤及深层肌肉，通常连骨头也断了。肌肉纤维有各种形状，有斜的、直的，最有效率的肌肉伸展动作就是把表皮、真皮底下的条状肌肉与结缔组织，如同将毛巾旋扭之后再拉长，一边旋转，一边放开，即可运动深层肌肉。"螺旋旋转"系列功法借由螺旋的活动轨迹，以肌肉的伸展动作使肌肉、骨骼充氧，可帮助浅层、深层肌肉达到全然的运动，让肌肉充满能量。

此外，关节的保健运动也需借由螺旋旋转的原理。因为骨头表面有血管和神经管，血管是以分支状态联结循环全身，其中微血管的分布无所不在，全身的养分输送都要靠微血管。关节与关节之间如同人体内的断崖，微血管必须攀越关节之危崖而互相联系，所以，血管的攀着力是很重要的。"螺旋旋转"的运动方式可帮助关节上的微血管保持弹性，让骨骼组织充氧，营养物质可送入骨髓。

宇宙中最巧妙的力学结构之一是螺旋，在最小的空间内，可延展密度最高、幅度最大的面积，而且费力最小，蓄能最

大。因此，万物储存生命密码的 DNA 是双股螺旋。易经一卦六个爻，乃至六十四卦，都是立体的螺旋结构。我国古代说明宇宙现象的太极图，也以螺旋结构呈现宇宙阴阳互动的动态平衡关系。螺旋具有周而复始、层层超越的特质，它不是平面的轮回，而是立体的进化。"螺旋旋转"系列功法就是借由螺旋的运动原理，用最省力的方式直接动到肌理、肌肉与末梢微血管，并带动关节、骨骼的运动，开拓身体空间。一般直来直往的快速运动只能动到浅层组织，而且是借由心脏的运动而将血液压缩到血管，徒然使心脏加速跳动，并增加肌肉能量的燃烧。螺旋的运动因为是缓慢、放松的深层旋转，以低耗能、低频率、高波长的运动，减少肌肉燃烧产生的自由基，并直接压缩微血管，增加微血管的弹性。

因此，"螺旋旋转"系列功法虽然是以锻炼体力、耐力为主要诉求的功法，但与强调竞赛式的西方运动概念最大的不同，就是以提升营养输送的能力、减少燃烧的深层运动，拓开身体空间、增加体力耐力。

第二章　心法要义

平凡而能长

活在时空里

练功要炼精、气、神，现代的说法就是身、心、灵。炼精就是练下丹田，也就是以百日筑基，锻炼有形的身体。

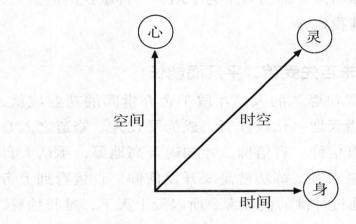

炼精、练身体必须长时间地耕耘。练习动功的剂量会越来越少，从开始的八比二慢慢变成二比八。炼心要靠深度耕耘，心理要往深处挖，挖到前世今生，挖到潜意识，话语、感觉都会越挖越少。心到深处无波浪，心有波浪，什么都不稳定，今天烦这个，明天烦那个。练功练到真能往内心深处挖进去时，必定是晴空万里无云，就像飞机飞得够高，就可以飞越飘浮不定的云层。心要挖得够深，才能见到自性。

身体要不断地以动功锻炼，心理要不断地以静功去养。身、心两条轴线不断发展，身往长度发展，心往深度发展，两者就会产生一个合力，那就是"灵"。

有些人的发展会贴近身轴，有些人会贴近心轴，合力的发展必须不偏不倚，心理的层次拉上去，身体的层次才跟得上去。只要身心都能如法达到一个层次，灵性自然有所成。但这三条轴线开展出来的，其实是一个多维的空间，而时间是形成这个多维空间最巧妙的连接点。故而我们说"活在当下"，其实是"活在时间下"。比较起来，身心都是短暂的，只有"灵"永远不会消失，因为"灵"是时间与空间的总合，是直接存在于时空的概念里。所以要直接活在时空里，不留恋过去，不寄望将来。练功只是为了培养一种敏锐的洞察力，相信天地之间唯我独尊。

未死先学死，未苦先受苦，平凡而能长

相信"唯我独尊"的人，才敢于舍弃世间的功业成就，将功业成就还诸天地、化入江海，成为平凡人。修道之人心中必有天地、有信仰。有信仰，才知道天高地厚，承认大自然才是真正的主宰者。练功就是要开发信仰，直接看到上帝和佛陀，不必通过神佛的代理人。所以天上天下，唯我独尊，"我"就是"灵"，就是自性。独尊和至尊不同，至尊是"最高的位置"，独尊是"唯一的位置"。天地之间，唯有自性是人身上所占有的唯一位置。掌握身、心，才能掌握灵性；掌握灵性，才能洞见自性，这样才是活在当下。

然而如今这"活在当下"已成为被嚼烂以至全无滋味的一句话，殊不知一个人真能练到"活在当下"，那得经过"见山是山，见水是水""见山不是山，见水不是水"，以及"见山仍是山，见水仍是水"至少三个阶段的脱胎换骨，才能让这种看似平凡无奇，实则浑厚深沉的力量，真正长在身上。这个功夫的养成，还是得从肉身的锻炼开始。未死先学死，未苦先受苦，未痛先忍痛。肉体的锻炼虽然是形而下的，通

过操练而使身体强壮，练到每一个细胞都充满能量，每一种身体性能都保持最佳状态，然后才可以谈到形而上的超越与提升：超越身体的一切障碍，不被生老病死所缚。

　　脱开了生老病死、荣辱得失的束缚，也同时脱开了这个世界对自性的剥夺与戕害，以一种螺旋向上超越的角度，不逃世、不弃世，用一种最省力的方式游戏人间、俯瞰世事，真正地活在当下，日日是好日，每天每时都是修行用功时，让灵性的生命不断成长。

第三章　系列功法

伏地转脊　双并螺旋

旋腕转臂　旋转升降

龙腾虎跃　螺旋旋转

第一节　伏地转脊

【原理说明】

以尾椎的传动，带动脊椎做 360 度转动

　　我常找人推拿、按摩，出外旅行，听到有手法特别的工作者，我一定不会错过。这是我研究各种身体技术的途径之一。不过，直到目前为止，我很少遇到手劲、手法都能让我服气的人。大概因为一般的按摩、推拿乃至整脊手法，几乎同出一辙，思考模式大同小异罢了。在经历过导引术的动态自我按摩，再推己及人而专研于导引按跷的技术，我发现，要成为优秀的肢体物理治疗师，十八套功法中的引体功法是必修学问。否则，一个推拿治疗师若未曾以各种动作角度深刻理解自己的身体，又如何能在错综复杂的人体环境中追本溯源，找出数十年前的旧伤，再循着动态的人体力学线索，将病变发展、扩散的脉络清理出来？

　　就以"伏地转脊"为例。"伏地转脊"是以伏地趴卧的姿势，通过尾椎的传动作用，带动脊椎做 360 度的画圆转动，同时，通过往前、往后的极限拉展与收缩，以及借腰椎向左右侧落，疏通肩胛骨、腰椎的深层组织粘连，并锻炼身体的软组织。动作中，保持自然呼吸，随着缓慢的依序转动，观想、觉察脊椎，尽量维持每一个角度的转动速度一致，让动作可以彻底按摩深层组织，并了解结构间如何牵一发而动全身、节节相推之传链奥妙。一段时间后，自可让肌肉恢复弹性，增加

关节韧性，所有偏向的关节都会重新调整。

其实，古代导引术原本就是正统医疗的一环，导引按跷师必须先把自己的身体当作实验品，在动作中清楚觉察身体的对应与传链关系，乃可以在助人工作中应于手、得于心，一方面为可以自己运动的人开列运动处方，以运动为药物，解决身体疾病的问题；另一方面对于卧病在床、无法运动的病人则施予按跷术，以按摩、推拿疏导身体各种淤塞不通。由此可知，靠自己运动才是根本办法，对于卧床的病人而言，推拿、按摩当然有益无害；对一般人而言，则只有暂时的功效，倘若身体惯性并未改变，很快又会故态复萌。

做法

1. 两膝并拢伏跪于地，脊椎延伸，两手往前趴。
2. 吐气，落腰，臀部往左侧落至微微贴地，随即继续往左后方推移至臀部坐于脚跟上，腹部贴在大腿上，脊椎延伸至极。
3. 吸气，臀部往右侧落，并缓缓向右前方推移至身体回正，两脚打直，上半身往前挺起，下巴往上抬。
4. 如上反复练习 6 次后，再做从右侧后退、左前推移的反向操作 6 次。

图 6-1

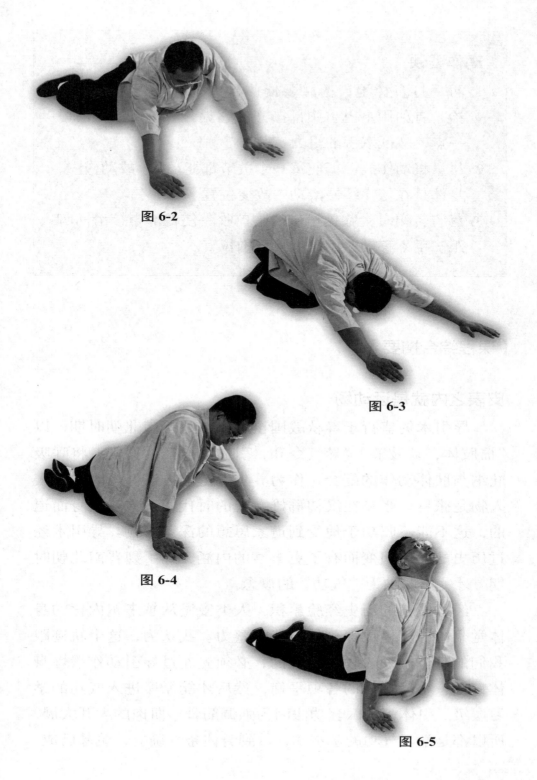

图 6-2

图 6-3

图 6-4

图 6-5

动作要诀

1. 两手打直撑地，落腰，使腹部贴地，下巴尽量往后抬，有如用下巴将腹部撕开的感觉。双手可略往前撑一点，减低双手的重力负荷。
2. 尽量将动作放慢，使每一个关节都能动到。故动作中，身体是在依序缓慢滚动中改变位置。
3. 落胯转腰时，膝盖尽量往胸口收，使臀部直接滑回脚跟。手不移动，用尾椎将脊椎拉直。

【课程综合摘要】

皮表之内就是运动场

导引术约盛行于春秋战国至秦汉、魏晋南北朝时期，以"摇肢体，动肢节""导气令和，引体令柔"的原则，将呼吸吐纳与肢体动作的配合，作为养生保健的方法。当时的代表人物是张良。张良在汉初群雄并起的时代，是唯一全身而退的，这不能不归功于他受到道家思想的深刻影响。导引术经过历史的发展演变而有了更丰富的内涵，到了魏晋南北朝时期，才完整归纳为"气功"的概念。

经过漫长的历史经验累积，人类慢慢从越来越内化的身体觉察中，产生更深刻的自我洞察力。我认为，这个轨迹跟我们的身体开发过程是一致的，必须先通过导引动作锻炼身体韧性，维持机体的各项平衡，然后才能循序进入气功的学习层级。引体篇的六套功法因为强调筋骨、肌肉的大开大展，所以都是学习气功的基本功，等到身体条件确立，筑基已成，同样的动作也可以进入气功态。因此，准确而言，气功不是特定动作，而是一种身心状态。试想，倘若关节粘连、气血两虚，气机运行不顺，对身体的感受、觉知力亦必然受阻。正如同高速路平坦通畅，车子才飙得起来。气机顺畅，才能听到它的风声与速度感，所以要以引体动作筑基，然后才能炼气。

"伏地转脊"正是关节的深度运动、肌肉的重力训练，动作中若有头晕、抽筋、发抖等现象是正常的，因为整体平衡与协调度不足。动作需更缓和放松，刚开始不免用力，日久就可松开。当肌肉关节无法松开时，自然会觉得用力，等到练出肌肉关节的空间与弹性，即可松紧随意、伸缩自如。松本来就在身上，只要把力量放掉、把僵硬拿掉，身体自然就松开了。

动作要轻，慢慢找到最协调、最舒服的角度，要完整地感觉身体。每个动作都要动到全身无所不动，不能避开困难的角度，例如胯没有落到底就收膝盖。不能逃避，才能学会放松，深入自己的身体空间。

练功首要破除本力，完全松开，若还有力量，就一切免谈。但学习之初，因为身体的协调能力与觉察能力尚未养成，用力也是必然的，待筑基成熟，自然水到渠成。只有真正的勇者才敢于完全放开力量，让功夫内化到完全没有外在空间，却照样可以达到内部深层的空间运动。身体不需要运动场，皮表之内就是运动场。所以，到了气功阶段，动中有静，静中有动，非言语所能形容，如在深渊上行走而无比宁静，在生死得失之间绝对忘我，因动而定。这完全是气的空间作用。

我常说，气机导引是一种哲学。身心灵、精气神的修炼一定要一个阶段一个阶段地循序渐进才扎实，所谓"万丈高楼平地起""千里之行始于足下"。练身在动，炼心、炼气在呼吸的调控。炼神在定，定到迥脱根尘，就可以由身通灵。

这个训练历程有非常严谨的规律，起手处，就从身体的依序而动开始。所以我说，人生无常身有常，常是常道，常道就是规律。身体运动一定要依循常道。就像心脏的跳动是有规律的，只要顺着经脉的条理、骨骼的结构、肌肉的条状，以及五脏的特性，就可以掌握正确的运动方法。但人生是无常变化的，所以不能墨守成规，固执不变。

动功、静功亦都有严谨的方法规矩，而且都要从最简单、无聊的做法开始。比如说，把一堆红豆、绿豆、黑豆混在一起，然后把它们一一捡开。如此反复，到最后，你的色感消失了，你分辨豆子的颜色是用直觉而不是视觉，好比事情一来就可以马上归纳应对决策一般。初期的训练很无聊，但是练到后来，心会非常专注安静、非常规律，呼吸也一样，这就是修禅定的概念，而且成就不只在身体。身体都会败坏，我们练身体是希望身体可以用得久一点，好让修道的时间长一点，成就的机会可能比较大一点。修炼需要很长的时间，经历渐悟的扎实过程，累积顿悟的能量，否则，遭遇打击得到的了悟，这种了悟并不稳固，还要经过很多考验。渐悟的基础比较深厚，每天练习一点点、进步一点点，慢慢就会产生质变。

通常做无聊、单调的事，亦可以帮助静的训练。我很喜欢磨沉香，因为单纯而无趣。这两年我磨了三四百块沉香，这个工作让我安静，像敲木鱼一样，磨到后来，别人在旁边说话我经常听不见。

第二节　双并螺旋

【原理说明】

以螺旋升沉，带动身体的俯仰起落

　　人体之复杂奥妙，与深邃的宇宙星空并无二致，即使在高倍数的电子显微镜辅助之下，令人叹为观止的细胞组织尚只是可见世界的一小部分，还有广大浩渺的不可见世界隐伏其中。神秘的人体世界，一方面与外界自然和人为环境频繁互动，另一方面与内部生理、心理环境产生交互影响，于是千万人有千万种身形面貌，亦有千万种心性气质。作为宇宙生命的一分子，大宇宙的全息系统具体而微地显现在我们身上，我们既已领受如此恩典，唯有顺应身体的常道，才能开启基因密码，让身体的智慧引领我们不断向前。

　　依循身体的常道而动，正是气机导引之要旨。而螺旋是所有生命现象的共同轨迹，不论是有形的肉体生命，还是无形的气质生命，都以螺旋结构呈现。因此，最省力、最深层，也最能蓄劲藏锋的力学结构，就是螺旋的运动。故"双并螺旋"是通过两脚并拢，依循着踝、膝、胯、腰、椎、颈、肩、肘、腕九大关节的中轴线，做螺旋下沉与螺旋上升的运动，形成一个连续不断、首尾相连的圆，以缓和放松的推进力量，逐渐松开深层肌肉关节，使每一个细胞得到充分的氧气，并锻炼组织韧性与空间。人体气机都蓄藏于组织间隙中，是推动生命运作的能量。肌肉、韧带与关节的放松充氧，即可开发空间，产生庞大的内气压缩作用，对促进机体组织的放松充氧又将产生良性的循环，让生命充满动力。

必须提醒的是，由于"双并螺旋"是以螺旋升降的运动轨迹，带动身体的俯仰起落，身体必须完全放松，身如九曲珠，才能灵动地依序操作，否则会引起一连串的互相牵制与代偿作用。最明显的是胯不松，臀部与腹部就无法流畅地推送，力量会卡在腰椎和膝盖。倘若膝、腿不松，力量无法下涌泉，全身力量都集中在膝盖上，膝盖无力负荷，才做几下就会酸痛不已。而腰胯不松，也因肩背无法放松而受到牵制。因此，关键点是肩胯放松，以肩胯带动全身的深层旋转，否则就会以邻为壑、殃及鱼池，让相邻组织受累。从身体看人间世事，亦复如是。

做法

1. 全身放松，两脚并拢。吸气，依踝、膝、胯、腰椎、胸椎、颈椎次序，身体缓缓向左旋。

2. 吐气，两手扶在膝盖上，松腰坐胯，身体持续往下蹲坐，右肩拓开，使右手肘往下尽量触地。

3. 继续吐气，以腰胯带动，身体继续往右旋，两肩张开，乃至左肩松开左手肘触地。

4. 吸气，膝盖高度不动，脊椎挺起，并将腰胯往前滑，而使上半身一节一节往前滑出，以至后仰摊开。

5. 吐气，肩颈放松，百会上领，下巴内收，合于任脉，身体回正。

6. 右旋动作如上，左右各练习 12 次或 24 次。

图 6-1

图 6-2

图 6-3

图 6-4

图 6-5

图 6-6

图 6-7　　　　　　　　图 6-8　　　　　　　　图 6-9

动作要诀

1. 肩胛能拓开，手肘才易触地。肩胯两处松开，动作是以肩胯带动，膝盖只负责屈膝、蹲下，动得越少越好，否则会导致膝盖过劳受伤。因此，肩膀要松、胯要灵活，若肩背卸不下去，就会不自觉地耸肩，旋转的中轴线就会跑掉。

2. 动作中尽量保持膝盖蹲低，蹲姿越高，力量越容易卡在膝盖。膝盖跟腰胯的角度必须一样。绕着中心轴线旋转，不管怎么转，中心轴不能偏掉。假如膝盖高、腰胯低，受力点会在腰椎。身体出去多少，胯就落多少。

3. 脊椎挺起、胯往前推时，身体高度不变，胯只是往前

轻轻地滑推出去。若上半身不够松，身体空间不够，
必须再往涌泉松沉。

【课程综合摘要】

练出转化外力的内部空间

　　太极拳推手时要把对方的力量转开化掉，"双并螺旋"就
是要练出这种转化的内部空间。

　　重心往下沉，腰胯往前推到底，肩膀不动，上身完全放
松，沉到涌泉的力量就会把对方的力量化掉。力学的方向始
终保持螺旋行进。腰胯推到底之后，再用胯转带动肩转。这
个身体角度需要配合全身的协调性，所以是一个重要指标，
重点在肩松、胯松、往涌泉沉的力量。人家手一搭上来，你
往涌泉一沉，尾闾往前滑出去，身体有回旋、转化的空间，
就不会被自己卡住，对方反而会拔根弹出去，这是力学的原
理。所以，首先要能转掉、化掉身体的僵硬，然后要转掉、
化掉对手的攻击力。当然，练功的目的也不在求胜，而是要
练出更高层次的身体艺术与境界。

　　"双并螺旋"的重心会在脚掌外缘环绕，肩胯的运动与
脚底的圆圈同步。慢慢会感觉脚底很重，我们就是要借此磨
到让重心往下沉。现代人很少走路，关节脆弱，但小腿很粗，
因为走路只用到小腿肌肉。腿败一定先连累肝脏、心脏，从
气血循环不良开始，然后慢慢导致脏腑一个个萎缩，再产生
一连串的连锁反应，最后病来如山倒。"双并螺旋"的转迹会
均匀分布在脚掌外围，可增加脚掌和两腿的感受力和承受力。
脚的抓地力足够，上身才能松。

运动是最原始、最保险，也是最辛苦的方法。练功除了磨炼身体，更是磨炼性格最稳当的途径。一般人想得到健康，也想要自我成长、提升心灵品质，却逃避练功的辛苦。舍本逐末，时代风气若此，也是无可奈何的事。

涌泉和丹田是同一系统

"双并螺旋"就是通过缓刺激，重新建构、补强每一块肌肉、关节，配合呼吸与意识作用，让每一个旋转都转到骨缝里，一个空间都不放过。关节若能节节松开，动作即可到达以前一动推后一动，将来才能以意导气、以气运身，完全由丹田主导身体的动迹。全身松开，力量就会往下到涌泉。内气的轨迹也是螺旋，能气下涌泉，螺旋转机就会到涌泉。涌泉一放松，又往上螺旋转回来。所以，涌泉和丹田是同一个系统。能体悟动作形成的内气线索，才能体会到松，即使连续动四个钟头也不觉得累，甚至可以在动作中入定，因为用气不用力，骨盘都松开了，气会渗透到骨缝间，动机都隐藏在骨缝里。

身体的气机大都蓄藏在骨缝间，所以要转开骨盘，身体有空间，才会有气。动作中要更专注，才能胯是胯、肩是肩，分段慢慢转，转到哪个关节，自己要能感受、觉知。去经历、感受，想着肩膀和胯，重心在涌泉，就可以很稳。让酸痛往脚底跑，去体会大腿酸到无法承受时，身体自然学会力量往脚底沉。所以，一定要先能承受膝盖、大腿的压力，压力大到超负荷时，身体会自己找出路，力量就会往脚底松沉。身体各个角度都可促成身体的质变，刚开始幅度越大越好，才能由外而内，拓开内部空间，让动迹越来越深。因此，大幅度的动作是磨身体的韧性、耐力与协调度，这是导引；等到进入气功阶段，身体松开、空间出来了，动作外在角度会越来越小，因为是能量的旋转，而非肉体的旋转。

感觉自己，但不追求感觉

　　一般人练功都在练力，我们要反过来练，练到力之后再练到皮、肉、骨、髓，不断往内推进。一般人要把皮练到长茧，把肌肉练到一块一块、可以抗打，但接下来的层次，他们就练不到了。我们不练力，要练松，无皮、化肉、柔骨，骨弱筋柔而入髓，最后透体虚空。"双并螺旋"要练到内气下沉到涌泉，再从涌泉螺旋反弹而上。轻轻地转，就可以转到骨髓里去。柔骨才能入骨髓，髓里面有空间，无空不成髓，所以要先空才有髓，把力量拿掉，让它松到骨髓里，最后就能洞见虚空。

　　感觉越深，松柔越深。练功要追求的进步是越来越深的认知层次，所以要不断觉察自己，而不是练动作外形，也不是用力拉开骨缝。不断往内开发，觉察到深层内部，由外引内，再由内到外，用螺旋的力量动到身体内部。停止大脑运作，否则无法形成气的感觉。把外在的有练到空掉，大音希声、大象无形，动作成为不存在的存在，能量就会凝聚在一种觉知里。空掉，就没有身体，否则当你看到对方的手臂又大又粗，就会被吓到。把对方的手臂空掉，他就会失去力量。心能量和身体能量结合，才能四两拨千斤。

　　进入觉知，气该到哪里就到哪里，不要以松相求松。以松相求松是自欺欺人，就像我们强调感觉自己，却不是追求感觉。在吃麻辣火锅的时候，感觉自己的味觉，而不是感觉麻辣。差之毫厘，失之千里，让每个动作的觉知都进到深层。身体的接触面本身就具备与外界沟通、回应外力的能力，因此受伤时白细胞、血小板立即前往修补。所以，大脑放空，交给身体的接触面去反应，这才能真正拥有跟身体对话的能力。这种源源不绝的力量，可以化解压力，也可以涵盖一切事业。

第三节　旋腕转臂

【原理说明】

以马步蹲姿的腕肘肩旋转，带动脊椎大开大合

　　早期为了提倡"身体自觉"的概念，我从摆脱制式局限的议题切入，因此推出"陆上游泳"系列功法，把游泳四式跟螺旋、延伸、开合、绞转四大运动原理结合，让举世皆知的游泳招式，赋予新的内涵。在整理中国身体资料库而编创气机导引十八套功法时，"旋腕转臂"就是陆上游泳中的蛙式。

　　"旋腕转臂"是在马步蹲姿的身体角度上，以腕肘肩的依序旋转，配合腰胯的转机，带动脊椎做大角度的延伸开合，使全身无所不转，达到深层的全身运动，一方面绞开深层粘连、增加筋骨韧性，另一方面活络十二经脉，促进气血循环。动作又分"单边"与"双边"，两者可分别操作，亦可连续反复，或重新切割组合，只要能兼顾运动的左右平衡发展即可。须知平衡是养生保健的首要工作，人体能够正常运作，因为有两千多种恒定系统维持生理机制的平衡。这两千多种恒定系统就等于一部机器的两千多个齿轮，只要一个小齿轮出问题，就会牵动一连串的问题。因此，健康检查都是检查个别的恒定指标，但现代医学顶多可以检查出 60% 种恒定指标是否有问题，另有 40% 是无法测知的。最堪虑的是，现代生活对身心失衡的影响已越来越深密隐微，我们置身其中，却习焉而

不察。头痛医头、脚痛医脚的现代医药，虽然可以精确地恢复某一个恒定指数的平衡，但因为昧于严谨的细胞运作规律，以及整体系统的大平衡，因此往往挖东墙补西墙，造成更深层的健康问题。

因此，通过左右平衡、强调放松的运动，帮助全身气血循环，并以慢匀细长的呼吸及定静专注的意识作用，让全身细胞在动与静、交感与副交感神经的平衡中，恢复自我修复的功能，是解决当代身心疾患的重要方法。"旋腕转臂"以全身性的深层旋转运动，有增加韧性、锻炼身心耐力的功能，初期需要大量的体力负荷，但就如同《圣经》所说的："请不要祈求得到一个轻松的生活，请祈求成为一个强壮的人。"身体的耐力训练本来就是身心强壮的必要条件，唯有在身心强壮的基础上，才能体认真正的韧性与耐力在于放开身体，以用气不用力的方式活着。

做法：单边

1. 两脚分开与肩同宽，松腰坐胯，吐气，两手心向下，身体往下松落成平抬腿，脊椎挺直，两手背在背后，四指握拳，拇指顶住肩胛骨。

2. 吸气，身体右旋成右弓左箭步，左手旋腕转臂延伸至极。

3. 吐气，身体旋回正面，左手画大圆，回到图 6-2。

4. 左旋动作如上（图 6-11 至图 6-17）。

图 6-1

图 6-2

图 6-3

图 6-4

图 6-5

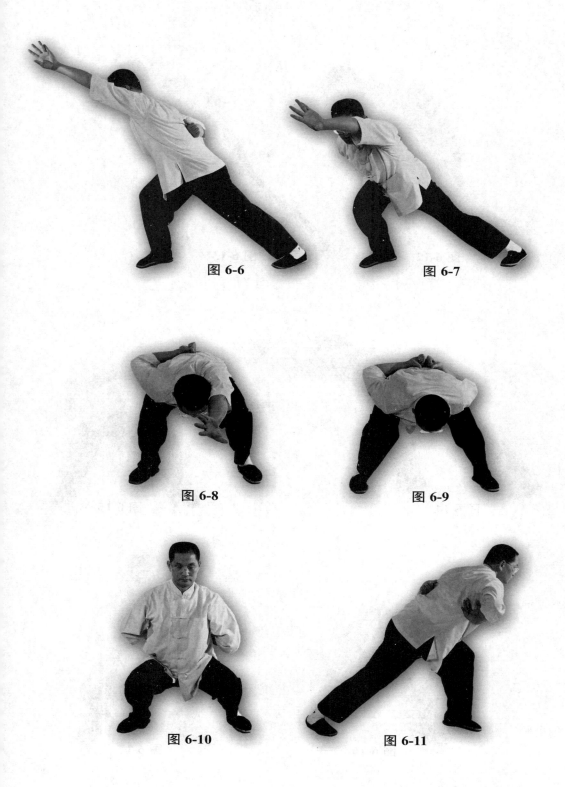

图 6-6

图 6-7

图 6-8

图 6-9

图 6-10

图 6-11

图 6-12

图 6-13

图 6-14

图 6-15

图 6-16

图 6-17

做法：双边

1. 两脚分开与肩同宽，松腰坐胯，吐气，两手心向下，身体往下松落成平抬腿，脊椎挺直，两手背在背后，四指握拳，大拇指顶住肩胛骨。

2. 吸气，两手从两腋下旋腕转臂而出，由腕、肘、肩依序延伸。转到肩胛时，顺势将脊椎往前拉出。

3. 吐气，翻转手心向外，画大圆至背后。平抬腿蹲姿不变，身体往前落，使腹部低于臀部，百会往下，两手臂往外翻转落下。

4. 吸气，身体姿势不变，头往上抬，眼睛往上看。

5. 吐气，两肩胛转回，脊椎挺起，身体落下。

6. 吸气，两手心向上，身体再缓缓站起。

7. 动作如上反复。单边、双边可连续练习。

图 6-1

图 6-2

图 6-3

图 6-4

图 6-5

图 6-5（侧面）

图 6-6

图 6-6（侧面）

图 6-7

图 6-8

图 6-9

图 6-10

图 6-11

动作要诀

1. 单边操作，身体延伸手拨出去时，身体要尽量往下压，手与后腿成一直线。往左右转时，前脚不动，后脚直接打直拉开，以此训练转胯的能力。拨回时，前脚一样不动，脚尖微微扣回，后脚收移半步。关键都在胯的操作上着力。

2. 熟练以胯为主要转机之后，即可配合收提脏腑、丹田内转，并逐渐以身体内部动机带动，因此，身体持续旋转的转机将连续不断。

3. 双边操作中，手臂旋转而出时，脊椎先往后挺直，再从肩膀将脊椎往前拉到与地面平行。

4. 单边与双边可连成一气。

【课程综合摘要】

学会控制身体的秩序

练功一段时间之后，一般会出现两大盲点，一是外形，二是感觉。感觉不只在轻飘飘的形意动作上出现，即使在"旋腕转臂"这种耐力训练的功法，一样可以感觉自己。只要专注，就可以感觉自己，把身体的真相还原到流体状态，感觉就会自然发生。所以不是做出那种感觉，没有一种外形动作叫作"感觉"，这很重要！所以，要练出真功夫，不能光吃鱼翅不啃骨头，面对酸痛，就要迎上前去。人有逃避酸痛的本能，遇到酸痛，一样保持低姿，身体就会自己想办法，你的胯才有机会松开。如果酸就站起来，你的胯永远无法学会承担重任。

以"旋腕转臂"为例。平抬腿，身体挺起来，手先转出去，再转到肩膀、肩胛。这一定很酸，如果身体急着前倾拉出去，这个角度的酸就被你避开了，而你也失去了在这个角度重新调整身体骨架的机会。所以，必须等肩胛拉出去之后，脊椎才能拉出去。身体的依序而动，都有其意义，要学会控制身体的秩序，这是最基本的功夫。凡有肉身，人人都会酸痛，谁能面对，谁能在酸痛的煎熬中学会放松，并持之以恒，就可以磨出真功夫。专注聆听自己的身体，把所有重量放到涌泉一个点上面，膝盖、大腿都不用力，往涌泉卸下去，最后就会感觉大腿好像有一把小刀划过去，但身体的所有亏损都可以补回来。

武术家的精神是永远追求完美的极致，这种精神怎么训练？现代教育很多都轻教宠学，只会培养庸才，没办法提供人格养成的方法途径，所以我们只好毅然决然选择自我养成这条路。自我养成就要从学习面对现实与酸痛入手，你既然选择这种面对自我的方式，就必须以追求精神的完美为目标。

蹲马步蹲到泰然自若，这是一个武术家保养他那把武士刀的基本功。越过肉体束缚，才可到达高空无云的境界，倘若连肉体酸痛这一关都过不了，遑论武士精神！所以要面对真正的训练，练到精神饱满，就要期许自己成为真正的武士。没有愿景，就没有方向，没有人是天生的武术家，每一个都是经过千锤百炼磨炼出来的，一天进步一点，一天都不能懈怠、堕落。要有推翻现状的决心，敢于推翻自己，就可以一步一步往前进。功夫靠累积，这是不变的原则。

"旋腕转臂"与"经脉呼吸"

吸气时横膈肌往下收缩，骨盆底肌往上收提；吐气时骨盆底肌往下放松，横膈肌同时借意念往下扩张，这就是逆腹式呼吸。呼吸之间，膻中放松，胸腔绝对不能挺起，这就是"虚怀若谷"的本意。古人说"一吸便提"，就是收提骨盆底肌；息息归脐，就是后天气与先天气都归到肚脐。要达到这个状态，呼吸一定要慢匀细长，否则就会气到胸腔，无法到丹田肚脐。

慢匀细长的呼吸，是若有若无、几乎不存在"呼吸相"的状态，由意识作用主导。吸气时外气入，当外气的"呼吸相"接近停止时，体内的真气就会活跃起来。吸气时真气会从任督两脉弥漫到十二经脉，吐气时真气会从十二经脉扩散到络脉。这时候倘若接着 3~6 秒的停闭呼吸，使络脉满溢，真气就会回到任督两脉。接着再吸气，任督两脉推到十二经脉，吐气再散到络脉。如此循环往来，生生不息。

任督两脉是人体的整体元气，它会与动脉、静脉与微血管产生共振。吸气时，任督之气会将动脉、静脉往末梢微血管推进，增进心脏的压缩作用。吐气时自然扩散到末梢络脉，亦即微血管。如果络脉阻塞，末梢循环受阻，微血管到不了末梢，不但营养送不到，也无法渗出血浆，将组织液带进淋巴，造成排毒不利，代谢作用无法彻底。所以，吸气时真气注入十二经脉，交感神经亢奋，心脏需要加紧工作，好将更多血液压缩出去，这时候气会聚集在十二经脉。吐气时副交感神经亢奋，气会从十二经脉推送到络脉，散布到全身微血管。

人体的运作就是在气血的互相合作之下，在一吸一吐当中形成燃烧，促成生命的活动。人一生的呼吸量是固定的，天赋寿命 120 岁，一分钟 16 息，许多运动员长期快速呼吸，提前消耗殆尽，也提早结束生命。所以，呼吸越慢越长寿。

因此，气血的平衡就在一吸一吐之间完成。吐气时副交感神经作用，气到络脉，毛孔打开，让血液顺利回流心脏，形成舒张压。吸气时交感神经作用，心脏收缩，血液搏出，经血管送至全身，形成收缩压。当心脏收缩时，经脉充气；当血管收缩时，络脉充气。血管收缩需要很大的活动能量，所以气血是同时作用的，其动能就在后天呼吸。"后天呼吸起微风，引起真人呼吸功。""真人呼吸功"就是经脉控制的呼吸，也就是体呼吸；但是后天呼吸必须先能够"起微风"，也就是慢匀细长的呼吸。

所以，呼吸攸关经脉推送气血的动能，但必须在经脉呼吸运作下才有这种效果。如果是胸式呼吸，因为太过短促，未能先到肚脐接先天之气，经脉之气还没满溢就吐气出去了，所以短呼吸不是气功。

任何一套功法都要强调专注、控制的呼吸，让呼吸慢匀细长，动作缓慢放松，将来才能逐渐进入气功态。"旋腕转臂"除了大开大展的肢体耐力训练，同时也暗藏着将末梢经脉与手臂、心脏之间的连动关系开发出来的意义。因为手属心，劳宫是心火之窍，因此"旋腕转臂"的旋转要以劳宫为中心点。脚底末梢的旋转则要以涌泉为中心点，而且还要能转到肾脏。

所以，每一套功法都具有短、中、长期的身体开发意义。因此，招式只是深入身体、了解身体，甚至唤醒身体的工具，通过招式，好练出真正的身体功夫。身体松开以后才可以调控呼吸，然后就可以转到经脉，否则就只能转到肉体，无法进入更内层的身体空间。

第四节　旋转升降

【原理说明】

由外而内的螺旋升降起落

　　现代医学在日新月异的分子生物学与高能物理学等学科的冲击之下，已面临前所未见的窘境。分子生物学发现人体运作之精密与高效率的程度，远非现代医学所能望其项背。而高能物理学的超弦理论发现，宇宙中最小的物质其实是以不同的振动频率而存在的；而多重宇宙至少包含 16 次元的空间，这些空间则卷藏在小于 10 的负 23 次方的空间里。这些近似于玄学的发现虽然还未获得科学界广泛的支持与认同，甚至被归类为哲学命题而非科学命题，但已大大拓展了人类的视野，并将引起医学界乃至思想界的革命。

　　我一直相信，科学将逐步证实古老人类早已发现的宇宙真理，因此，越来越多高能物理学家反而成为虔诚的宗教徒或传道者。其实，一个实践者的内在领悟，本来就不需要别人的认肯证实，因为在实践过程中，内心一切皆已圆满具足。就以"旋转升降"为例，我们固然可以为初学者分析这个动作如何以两脚重心的沉转，以及借腰胯为转盘，配合尾闾、会阴的提放，带动全身九大关节从外部动作的螺旋升降起落，渐进于内部气机层层套叠的螺旋轨迹；但是，身体在动作执行中唤起的觉知，以及在更放松、更虚静的身心条件配合下，只要意念一到，尾闾、会阴轻轻一个提放，身体就可以随气升降、随意而行。从控制到不控制，天地宇宙，唯我独知，内中的感受无以言说，只有勤行者能默然一会儿。

做法

1. 两脚分开与肩同宽，屈膝落胯，全身放松。
2. 吸气，重心移到左脚，以腰胯为转机，以脊椎为转轴，使身体往左旋至极。
3. 吐气，胯往下落，使身体松沉蹲落至右手肘合于左膝，并持续往右旋转至左手肘合于右膝。
4. 吸气，提会阴收小腹，身体往上提起后，回到正面，换边操作。
5. 动作如上反复练习，左右来回为1次，练习12次或24次。

图 6-1

图 6-2

图 6-3

图 6-4

图 6-5

图 6-6

图 6-7

图 6-8

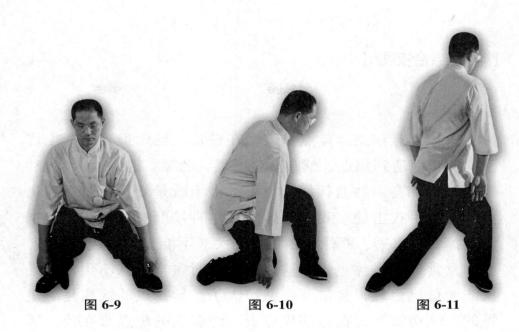

图 6-9   图 6-10   图 6-11

动作要诀

1. 升降起落间，始终保持百会、会阴同一直线，胯与肩同一直线。特别是起落时，务必谨守此一原则，否则身体起落的主动机就不在胯，而会以大腿和膝盖代偿。

2. 守住一个轴心旋转，重心的移转是沉转。身体的螺旋动迹会使涌泉也形成螺旋往下钻的力学作用。因此，熟悉动作要领之后，身心放松，渐渐要将动作交给涌泉和腰胯来执行。

3. 吸气起身时，尾闾往前推，会阴收提；吐气落下时，尾闾放松、会阴放松。重心落在单脚，虚脚可以起落，这个功夫就靠尾闾是否能提收。

【课程综合摘要】

练到焦点

人体都有焦点，焦点是人体在日常生活中最容易产生代偿的部位。遇到焦点，就会产生代偿。胯紧，膝盖就会代偿，连走楼梯都会由膝盖代偿。太极拳推手就是要找出对手的焦点，好下手攻击他。我们要练的就是直接面对这些焦点，把它化掉，不逃避，就像将领负责守关，不能让小兵代司其职。我们常常都输在焦点上，这就好比平时贫富悬殊不大，但几次能源危机之后，贫富差距就拉大了。转折点的输赢是决定性的，练功就要练在这些焦点上。许多人的焦点都在胯，所以胯要松，这是很多功夫的重要基础。

每一个动作都要练到全身，包括指掌关节。起身练收提，蹲落练松胯，绞绕时练习全身的协调性。开则由内往外爆开到指尖，合则由外往内收缩到一个其小无内的空间。指尖、指端都要有语言，否则就表示你没法整合到全身。

"旋转升降"里面只有一个旋转中的重心沉转而已，与"过跷"不一样。"过跷"是把力量渡到另一边，传力过去。此外，"旋转升降"里面也蕴含着"龙游功"，但一般"龙游功"只做到脊椎运动。"旋转升降"是从涌泉到百会，大圈圈套小圈圈，全身无所不动。

练到根柢

大笔写草书，如果仅仅用手的力量，字体一定很呆板，因为力量会锁在肩膀。如果用腰胯带动，笔尖下的人为意识将降到最低。草书要写出灵动的风采，力量、想法越少越妙。意识要放在深处，藏机于渊，渊在杳冥之间。

一个愿意学习的人不怕被人嫌，生命是属于愿意学习、愿意接受挑战的人。

练功者追求的价值与一般人不一样。当你在一个转沉升降之间，准确掌握丹田、涌泉的相互作用，以及膝盖放松、胯放松的秘诀，谁都无法压制你，因为你靠的是涌泉把气提上来的力量，而不是站起来；正面被人家压制住了，还可以从侧旁提气上来，不一定非得垂直提气上来不可，因为力量是灵活的，而你的胯是松开的，重点是涌泉不能被人家拔根，所以要往下沉。把动机藏在身体空间里，不断进到根部，在根部下功夫，而不是在末梢的手势上下功夫。

覆、盖、对、吞，四种力量都不用手。我在美国遇到一位从大陆来的超博士，他专门研究物理动力学，他常听人家说有这种功夫，他在大陆没看过，在美国更不可得。我示范给他看，他说，他到此才真正目睹物理学无法解释的人体力学。

"旋转升降"只是肩膀和胯产生的螺旋运动。根部的运转最后在丹田、涌泉。把梢部放松，练到能够往根部沉下去，你就知道威力在哪里。根部要松透，如果身体够松，两手自然会同时飘出去，这是由根部发出的指令，表现在梢部。"其根在脚，发于腿，主宰于腰，行于手指。"若梢部长短不一，表示还不够松。慢就能把动作放大，放大看自己，就会发现自己的根还不够稳。根部要稳，梢部得够轻，两手才荡得出去。练出身体的根部，手指是树梢，手腕、手肘是树枝，身体是树干，涌泉才是大树的老根柢。根柢不沉，其机在胯，胯不松，就无法产生根柢。身体的起降由臀胯提放操作。臀胯能收提，就根本不用膝盖、大腿，功夫就在这里分高下。尾闾收得起来，就不受压制，否则人家一压制你，你就动弹不得，因为你的罩门被锁住了。往内一收，反而从心所欲。

人体处处是这种语言。总之，练出根柢，就可以一通百通。没有根柢，涌泉无根，只能跟人家以力拼力。

第五节　龙腾虎跃

【原理说明】

三个螺旋，开发肩胛、腰胯和脊椎

练功的目的是找回身体的本能，绝不是要练出身体的特异功能。所谓身体的本能，就是指身体在平衡、协调的状态下，只要合乎身体的自然比例，所有动作角度都可以做得到。就以"龙腾虎跃"的单脚提脚转胯为例，提脚时要求膝盖提到肚脐以上的高度，转胯时抬脚不可低于另一脚的膝盖，这都是合乎自然比例的角度，如果做不到，或者做得很辛苦，表示腰胯、脊椎僵硬，脊椎两侧的肌肉、韧带也不平衡。单脚屈膝而立时，必须膝盖放松才能气沉涌泉，轻松地支撑另一脚以最大的角度提脚转胯。而踝膝胯、腰椎颈、腕肘肩同时做大幅度的旋绕、伸展，形成三个螺旋的旋转动能，则更需要全身性的协调与平衡。因此，这些动作都属人体的本能，所以，它一方面具有自我检测的功能，帮助习练者看到自己的问题；另一方面可以进行动态的自我调整，虽然费时较长，也颇为辛苦，但却是最安全、绝无副作用，并且还有开发身体智慧的意义。

故而"龙腾虎跃"即是以三个螺旋训练肩胛、腰胯和脊椎的韧性与灵活度，除了以两手的旋转转开肩胛，以腿脚的旋转转开腰胯，并以脊椎的旋转，将整个背部转开。动作中脚不能低于膝盖，向内旋转时，脚跟尽量靠近会阴，如此是为了让转迹可以深达髋关节与腰椎相关组织。在武术、搏击训练中，这可以训练近距离反击的爆发力，但除了跆拳道，一般都没有专门训练这个角度。因为距离越近，回转的角度越大，而这个出人意表的回转角度是藏在自己身上的"内在空间"。我们不练搏击技巧，但是在自己身上把这个空间开发出来，从不能而能的过程中，其所获益，也不只是健康而已。

做法：手的练习

1. 两脚分开与肩同宽，全身放松。
2. 左手托住右手肘，右手坐腕、旋腕时吸气；突掌、舒指时吐气。
3. 换手操作，动作如上。

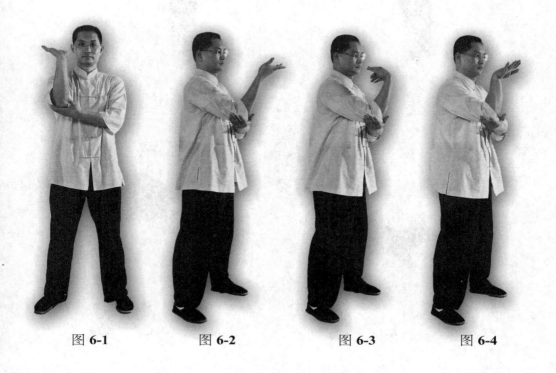

图 6-1   图 6-2   图 6-3   图 6-4

做法：脚的练习

1. 重心沉于左脚涌泉，左脚微微屈膝。

2. 提右脚，以腰胯为转轴，带动踝、膝、胯的依序旋转。往内转时吸气，往外转出时吐气。

3. 换脚操作，动作如上。

图 6-1

图 6-2

图 6-3

图 6-4

做法：手脚合并的练习

1. 重心先沉于左脚，面朝右四十五度，起右脚，从踝、膝、胯开始依序旋转。两手同时从腕、肘、肩依序旋转，左手向左上方、右手向右下方延伸拉开。

2. 身体回到正面，再旋绕一圈，拉开脊椎，合于正面落脚。

3. 换脚操作。左右来回为一次，反复练习。

图 6-1

图 6-2

图 6-3

图 6-4   图 6-5   图 6-6

动作要诀

1. 松腰落胯，才可以保持重心脚的稳定；而重心脚的稳定，才可以让另一脚始终高过膝盖，并灵活旋转。
2. 旋转过程中，必须保持百会、会阴同一直线，手、脚、腰胯的旋转，都以脊椎为转轴中心。

【课程综合摘要】

多轴旋转，练出螺旋劲

    "龙腾虎跃"借由踝膝胯、腰椎颈、腕肘肩的旋绕、伸展，使全身每一个关节无所不转，以达到全身轻灵的训练。腕与踝合、肘与膝合、肩与胯合，以外三合构成手、脚与身体躯干的螺旋圈；再借着这三个螺旋圈，形成直往涌泉而下的螺旋劲。所以会酸到脚底，但可以练到像大树盘根，不论从哪个角度都推不动你。

而这种多轴旋转的训练，也是高度的身体技巧训练，重心要稳，脑袋必须很清楚，专注在动作中，管理每一个动作，不但可以消除压力，同时可训练左右脑的平衡。

因为动由静参，方为动定；静由动参，方为静定。在动作中保持专注安静，这才是真静。在练静功时，全身的细胞都在自我控制之下活跃起来，这才是真动。因此动静相参，才能保持身心灵的平衡。就如白居易《动静交相养赋》所言："天地有常道，万物有常性。道不可以终静，济之以动；性不可以终动，济之以静。养之则两全而交利，不养则两伤而交病。故圣人取诸震以发身，受诸复而知命。"现代很多谈身心灵成长的团体往往欠缺严谨的身体开发训练，道理很会说，也的确静得下来，但只有静能，没有动能。所以不管怎么修、怎么练，功夫都不踏实。因为要参透人生的智慧，一定得先参透身体的智慧。身体是短暂的，如果连身体的道理都无法参透，怎能参透永恒无边的灵性智慧？

身体会跟你一起学习成长

练功是为了能练出临危不乱的本事，像诸葛亮设空城计的时候，千军万马之前，一派轻松相。所以，连续做 12 次"龙腾虎跃"而稳若泰山、面不改色，靠的不是肌肉的力量，而是放松。如果用仪器计算我的肌肉耐力、速度和大小比例，我们的力量是一样的，差别在我比你放松。因此，不拉筋、不举重，以慢速度的有氧呼吸减少燃烧，避免产生有毒废物。在不断变化的活动中，促进气血循环，让每一块肌肉产生动态的平衡，慢慢地身体自然会产生一种安定的节拍，因为到底要动到多深，没有运动器具帮你拉展，也不是别人帮你按摩，有旧伤的地方，甚至会承受深层疼痛，但唯有在动态中，身体才能学会接纳既有的条件。因此，所有的角度都是你自己用身体找出来的，身体会跟你一起学习成长。

想办法让力量松到髋关节和踝关节，如果习惯用膝盖，臀大肌和大腿肌肉就会渐渐萎缩，失去支撑身体的力量，结果造成恶性循环。现代很多人已经丧失身体的基本功能，坐没坐相，站没站相，一站一坐，都把身体推到偏向使用的窄路上。倘若从小体育课就能教导孩子们学会正确的站姿、坐姿，下一代的膝盖可多用50年。所以练武首练站桩，身体微微前倾，胯往后坐，百会领起，重心在涌泉，受力在脚踝，含胸。若重心在脚跟，腹部自然往前挺，头就会往前伸。试看有多少人把自己的身体搞成这副样子而不自觉！

我再三强调身正则气正，气正则心正，因为身体不平衡，会影响内分泌，内分泌又会影响情绪与性格，所以练功一定要先将身体的肌肉骨骼调正，然后才能进一步谈到气功修炼与身心灵的整体改变。

做到每个角度身体都不会酸痛，表示那个角度已经可以放松了。在扎马、站桩时如果会酸，一定站不久，更无法放松，所以强壮和平衡是放松的必要条件。因此，引体篇各系列功法的主要诉求，就是开发身体的合理功能，让退化、失衡的组织慢慢恢复功能。等到身体可以放松时，就要开发从尾椎到百会的气场活动功能，这才进入气功的领域。

用灵敏的身体带着我们悟道

不过，功夫练得再好，身体还是身体，不会产生特异功能，身体还是有其极限。让身体达到最佳状况，这是人力所能做到的，然后用灵敏的身体带着我们悟道，那才是真正的成就。真正的成就是在大脑产生。身体不平衡，心理一定不平衡，因为内分泌一定不平衡。身体强壮才有充沛的精力完成梦想；但是，拥有健康却脑袋空空，那也没用。止于至善，就是追求高成就的人生，永远不停止。修行就是不断修整自己的行为，因为人生而必有欲望，由欲望引发的行为，必须有所节制。所以修行没有形式，千万不要装模作样。修行就是吃喝拉撒睡，就是成为一个现代上班族，过着不断修正行为的生活。

我们的时代虽然不尽理想，但是，越不好的时代越有机会。

自我觉察，就更能知道人体在什么动机底下，会拉到哪里？转的时候能产生什么变化？转之前、转之后有什么变化？时间长了你有什么不一样？你一定知道。这是一段自我实践的过程，要记录下来。这不是听法得来的，是你自己直接在身体实践的心得，它将是你自己的力量。道听途说没有力量，一个真正的实践家要度化众生时，绝对不谈耶稣、佛陀，因为他本身就是耶稣、佛陀了。

现代社会每天都有机会听到好的演讲、看到好文章，但那都不是你的。所以，"如是我闻"的力量还不够，实践中自能产生真实的力量，可以创造"如我所知"的悟道机会。做动作要找到你自己对它的感觉，而不是我来告诉你这个动作会让你感觉到什么。我只能告诉你怎么煮菜，但你要自己去煮、去吃出味道。所以，不能在我告诉你这个动作的范围内学习，要扩大学习范围，不要被我指出的方法所限制。方法可以理解，但方法里面的滋味要你自己从实践中体会。

勇敢地往前走，不要在乎别人对你的定义。掌握真理的人倘若失败了，是老天爷要负责，不是你负责。不要害怕"一无所有"！

深入一个动作，慢慢体会，看到一点曙光就停止练这个动作，再深入下一个动作。因为继续练下去一定会产生现象，倘若心性根基不够稳，就会陷在现象中，只喜欢固定动作，那就会像吃吗啡一样，对特定几个动作的感觉上瘾。这也是一种束缚。所以，我会让你们只看到曙光而享受不到日出的全景，否则以后你们只看日出，不看日落，也不看月亮。

第六节　螺旋旋转

【原理说明】

为内气的螺旋运行铺设高速传输的空间管线

身体学近年成为学界的热门话题，从道家、儒家到医家的身体观，乃至欧洲思想界从身体发展出来的视野，都成为学术界的研究对象。这个风气当然是好现象，但可惜的是，当今学界也犯了空有议论而无实证经验的旧习气，所以，洋洋洒洒、成千上万的研究论文，引经据典，依经解经、引注参注，却罕见自己亲身实证的心得。但凡一门学问要成为活泼泼的实学，没有通过知行合一的考验，就无法去芜存菁，应在旧有的基础上，老干发新枝，蔚为新的气象，并且成为解决当世困境的应世良药。

例如，学界为了讨论王阳明的"知行合一"究竟是知在先还是行在先，知与行到底要怎么合而大费周章，在我看来，那真是吃饱太撑的书生空议论。老农夫为了生活得下田操作，日日操劳，慢慢就累积了农事经验与相关知识。慎思明辨的农夫还可以像《庄子·逍遥游》不龟手之药的故事一样，将这些经验与知识用来创造更大的价值。一个慕道之人因为了解而渴慕一种思想理论，倘若没有亲身行道的实际体验，他对"道"的理解必然是片面的。所以，知与行本为一体，知与行，有人从知道而行道，有人行道而悟道。就像我编创气机导引十八套功法，是从行道而渐悟，但渐悟之后还需要兼采各家之长，不断修正，才能累积更完整的体悟。跟随学习的学员，一般都是先受到我的理论吸引，由知道而行道，经过长时间的身体实践，再各依其性情、所遇，各自发展、建立自己的知识体系。音乐、艺术、文学、企业经营管理，都可以从身体实践经验中各有所悟、各辟天地。

当然，我也并非否认学术界的工作价值，只是借着批评别人而警醒自己，切莫"滞于一偏"。知与行的均衡，就像身体的开发锻炼，必须兼顾各种平衡的指标一样，一方面借由动作进行细腻的身体管理与觉知训练，另一方面通过对动作原理的全然了解，校正动作学习的方向，以免落入执着于一偏的陷阱而不自知。

因此，操作"螺旋旋转"时，原理的掌握是学习功法动作的基础。但动作操作之余，亦需时时重新咀嚼动作原理的真实意涵，如此，方能从身体实践中有所体证。

"螺旋旋转"是专门为了锻炼肢体韧性耐力的系列功法之集大成，将"旋腕转臂""旋踝转胯""双并螺旋"等所有以螺旋延伸的概念开发肢体韧性的功法汇集于一个动作，从踝、膝、胯、腰椎、胸椎、颈椎以及肩、肘、腕九大关节的依序旋转，使肌肉、血管及关节达到深层空间的运动，以炼气入髓，增加体能与免疫功能，同时训练全身上下不同空间活动的传链协调。动作中若能配合膻中、会阴、肚脐、命门四点聚气的橐籥呼吸与意识作用，渐渐即可以丹田的开合、压缩执行动作，用气不用力，仿佛为内气的螺旋运行铺设高速传输的空间管线。

做法

1. 两脚分开与肩同宽，两手打直交握于头顶。

2. 吐气，松腰落胯至平抬腿。

3. 吸气，身体右旋成弓箭步，使脊椎与手臂延伸成一直线。再以右脚涌泉为中心点，由踝膝胯、腰椎颈、肩肘腕依序左旋上翻，旋转至身体上仰。

4. 吐气，再从腕肘肩、颈椎腰、胯膝踝依序旋转回正；然后吸气，脊椎挺直往上延伸，意守神阙，将两脚跟提起。

5. 吐气，落脚跟，松腰坐胯，由踝、膝、胯、腰、椎、颈依序逆时针沉转回正面成马步状，双手与背脊打直。

6. 吸气，提会阴，收小腹；吐气，会阴放松，气沉丹田，行丹田内转。

7. 吸气，身体由踝、膝、胯、腰、椎、颈依序缓缓左旋起身至脚跟提起。再落脚跟，往反方向旋转，做法同上。

8. 左右来回为1次，做6次。

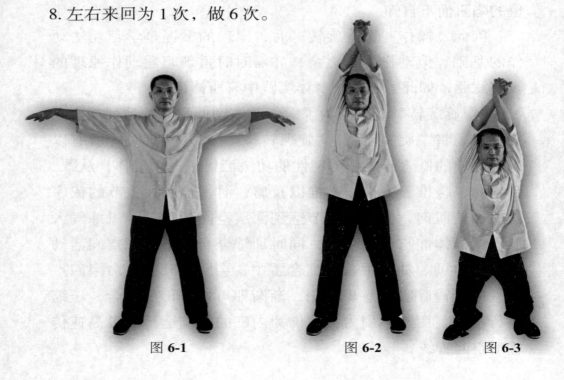

图 6-1　　　　　　　　　图 6-2　　　　　　　　　图 6-3

图 6-4 　　　　　　　图 6-5 　　　　　　　图 6-6

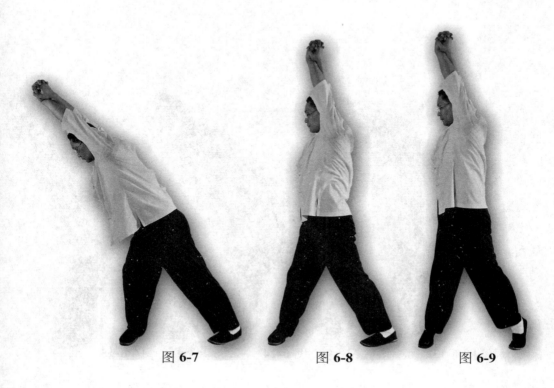

图 6-7 　　　　　　　图 6-8 　　　　　　　图 6-9

图 6-10   图 6-11   图 6-12

图 6-13   图 6-14   图 6-15

图 6-16   图 6-17   图 6-18

图 6-19   图 6-20

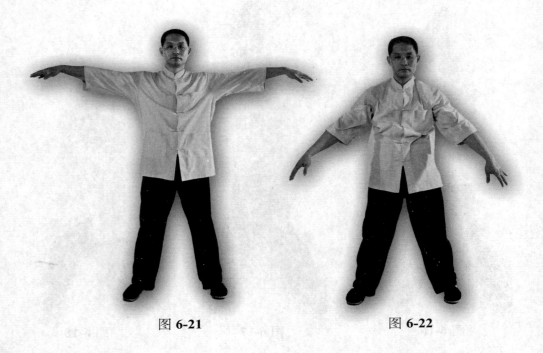

图 6-21   图 6-22

动作要诀

1. 动作越放松，越能体会动作行进间的螺旋轨迹。

2. 身体向左右旋转至极再往上延伸时，最好能将脚跟提起，重心成前七后三。若身体稳定度不佳，暂先可免。

3. 动作中意守神阙，有助于稳定重心。初学者可采高姿马步操作。

4. 后仰旋转时弧度越大越好，但膝盖不能转。手要保持伸直，手伸直比旋转的幅度更重要。

5. 转回正面马步起落时，以丹田内转练习由丹田的提放执行动作。初学者尚未经过丹田练养的训练，只需观想丹田，身体慢慢也会形成丹田的意识，对日后的学习将有莫大的益处。

【课程综合摘要】

呼吸是冲关的推进器

学习之初要求九大关节的依序旋转，的确有困难，但随着身体的整体平衡与协调，对身体的控制力就会越来越精准、细微。因此，"螺旋旋转"上半身的脊椎旋转要能保持放松、做到彻底，关键在下盘要稳、脚劲要够。把力量卸到涌泉，配合内脏收提、丹田内转，力量就不会卡在膝盖。转回正面时，前脚尖先扣回来，后脚收半步，弓步变马步。要把这个动作做到不粘不滞，也需要全身组织的配合，其间的运作原理，值得细细体会。

身体开发的乐趣在于永远有玩之不尽的世界等待你亲自展开，例如，五根手指和五根脚趾长短不一，它们各有不同的个性、任务与作用。要练到能区别它们的异同，这是非常细腻的功夫，需待身体其他部位俱已开发完成。另外，动作中常借长吸短呼或长呼短吸进行细微的内部调控，包括肌肉、关节的开合与压缩的调控，以及交感与副交感神经的调控等。"螺旋旋转"动作中强调身体落下时落胯、落涌泉，然后吸气提脚跟，这是因为身体往上挺、长吸气时，把脚跟提起，促使气达末梢。练功时，呼吸的调控是为了练习冲关，从炼精化气、炼气化神到炼神还虚，呼吸都是冲关的推进器。

所以，每一套功法都不要当作是练什么招式，把功法动作视为身体开发的钥匙，这样会比较容易理解练功到底练什么。"螺旋旋转"从头部额骨→颧骨→上下颌骨→颈椎→锁骨→肩峰→胸骨→肋骨→肱骨→腰椎→髂骨→两股沟→股骨→髌骨→胫骨→踝骨→趾骨，如此由上至下沿着骨髓中心，以顺螺旋方式，配合动作缓慢下行，同时吐气、身体重心落涌泉。然后以意领气，由趾骨尖端以逆螺旋沿原路线返回头部额骨，吸气，同时配合身体缓慢螺旋上升，观想丹田内气沿脊柱提至百会，提脚跟，略停。呼吸宜慢、匀、细、长。练习久了，气息深透骨髓，打通全身关窍，内外通畅无阻，体力耐力大增。

现代人最缺的就是耐力，"螺旋旋转"就是要练出在大量控制的时候能熬住的身心耐力。假如逃避"螺旋旋转"的基本功锻炼，身体就无法真正松开，因为真正的松开要以强壮为基础，不够强壮，身体耐力不足，就无法承受更大的压力。被肉体绑住，一点点压力就酸痛不已，如何能炼气？所以不能逃避痛苦，唯有迎向痛苦，才能海阔天空，肉体绑不住你，就可以在身体里面呼风唤雨，要风得风、要雨得雨，这是我们自己可以控制的，这是"炼己之术"，也是古人的身体哲学。

编者后记

　　一位在新竹科学园区上班的同学每周六从新竹搭车到台北上课，我问他："气机导引修习十年，有什么具体的心得收获？"思虑缜密的他想一想说："我的说法也许无从证实，不过，我自己知道，如果不是这样持续上课，也许我今天已经坐在轮椅上了。"他因为腰椎病变开刀，术后腰椎仍然轮转不利，但是，多年来跟我们一起上课，我们一直都没有看出他有这么严重的疾病。

　　长期以来，我一直想对同学们进行学习经验的访谈记录，但一方面抽不出时间，另一方面同学们已经习惯用实际行动取代言语，谈到有什么心得体会，大家都很谦虚、很低调。就像我们的另一位同学，她也是每周六一早从云林搭车到台北上课，清晨四点多出门，风雨无阻、寒暑不辍。我也很想知道，像她那样在瑜伽教学的领域上已卓然有成的人，气机导引对她的肢体探索，又开展了什么样的新视野？我在梦中向她提问，但她只对我回眸一笑、摆摆手，什么也没说。充满学习潜力的日本爵士舞第一舞者若林美津枝自从接触气机导引之后，一有空档，就不远千里专程来台上课。她说："张老师让我改变了我对身体的观点，非常感谢，而我也将尽我所能。"

　　其实，再多的言语文字，都不足以描述我们在这条道路上所见、所感的一切：通过气机导引的螺旋、延伸、开合、绞转，以及静心、旋转、压缩、共振八大原理深入探索身体，与自己的身体对话，而在心境上越来越开阔，也越来越平静。一位同学写了一封短信跟我分享她经过十年学习，终于体会到螺旋是什么。她说：

"一直都找不到螺旋，好挫败！每隔一阵子就找一找，总枉然，但昨晚似乎被我感觉到了，因为在我体内不明显，甚至中间有断层，不如老师形容。但有眉目了，照说应该欣喜若狂，还好是平常心。未来的路尚遥远，继续感觉，继续体悟！"

所以，何须探问什么，只要看十年来我们这些同学每周定时上课，在擦肩而过时相视而笑，很少的言语交集，却一起用身体的实践，共同蓄积庞大的能量，而那能量，你若能听，你当已听见！所以，不管是在忠孝东路的旧会馆，还是在汉口街现址的新会馆，一进到练功房，即使在阒静无人的黑夜里，你都可以听见那沛然涌动的能量。那是数百位同学一次又一次地用汗水、用意志、用情感出入其中，然后身求其松、心求其空，屡仆屡起、日新又新的自我超越，共同汇聚而成。尽管你总认为自己不甚用心，当老师要求我们两手举高、两脚分开、平抬腿蹲立、小腹收提，而你到十分钟左右就开始因为剧烈的酸痛痛苦不已，但你始终没有放弃！刚开始你会咬牙苦撑，慢慢你开始尝试松开身体，然后有一天，新的经验突然出现了！你发现要做到这个动作，除了松，还得调动全身的组织一起来帮忙。你的咬牙苦撑，你体验到的松开，你在学习时心念的浮动与安定……这一切的一切，都是这股越来越稳固的能量的一部分。

1999 年初识张良维老师不久，我开始成为张老师专属的文字记录者。刚开始是工作的责任，后来渐渐成为一种人生的选择，甚至是我的修行法门。

工作初期，我因为刚刚走过一场人生风暴，自以为身心性命都经过一番洗涤，遂有一种睥睨群伦、孤芳自赏的心态。我当时虽然对张老师的功夫、见解与人生阅历十分敬佩，但他那充满草莽风格的谈话，跟我的知见习性有很大的差距，常让我觉得荒怪可议。直到我随着张老师练功两三年后，僵硬的身体稍见松开，重新翻看旧时访谈笔记，才惊觉当时许多听来逆耳的言论，全是针砭人心的警世之语，只是我被自我意识蒙蔽，听不见言语背后的真意。

这种情形不只发生在我身上，对于多数同学而言，要穿透言语的表象而掌握张老师的教导核心，必须自己先放下心中的成见。很多年后，我才逐渐明白，张老师做的是"身体的教育"，而非"身体的生意"。十方人来，各自带着不同的根性条件，要让大家真正产生改变，温言软语、和颜悦色，只会招来一群能量低、需要抚慰的脆弱心灵。扶不起的阿斗，泼水不入，路走不长，干脆早早分道扬镳，以免浪费彼此的时间。而在信、解、行、证的求道途中，要在骨子里建立师生互信的基础，就要先打破许多刻板的制约。所以，言语是张老师筛选学生的第一道屏障，尤其大家都喜欢言语和顺、谦恭有礼的人。一般人心目中的大师形象，一定是道貌岸然、深藏不露的。为了让大家摆脱"大师崇拜"的迷思，建立"有为者亦若是"的自信，课堂上的张老师往往不是真正的张老师，他的所有言语作为都是一种教学工具，用以钩牵、试探、引导学生仍然浮动不定的心性。有人需要褒，有人需要贬；有人需要无端被搅乱、被激怒，或者被引到一个工作或生活的情境里。就像中医根据体质的阴阳虚实或补或泻，甚至以大毒为大药一样。但高明的老师还必须对整套疗程的时机和手法成竹在胸，能放能收，才不致前功尽弃。这是一种师生之间灵性对灵性的交托和许诺，教学相长，相辅相成，责任很重，而且道途遥远，于是张老师在十年后严格挑选新生，因为最艰难的教育工作，即将开始。

十年练功，我便如此从雾里看花到逐渐能将气机导引所勾勒的远景，在自己身上复制出一个大致的方向。其间我的练功重点不在身体，而在文字。十年前，张老师就告诉我："你的成就不会在身体功夫，所以，不必太在意练功的身体成就。"十年来，我摒退各种干扰诱惑，潜入气机导引所开展的身体内在世界，除了练功，每天像敲木鱼一样敲打键盘，把张老师上课的讲话一字一字记录下来。我那擅长捕捉各种氛围、光影、气味的心灵和笔触，不知从什么时候开始，变得像清水一样平淡。当我的心渐渐不再受到语言文字的挑动，我那桀骜不驯的根性也有了逐渐降伏的迹象。

因此，于我个人而言，这套从两百多万字课程笔记中萃取的书，实乃我十年炼心的磨刀石。而它除了是以身体锻炼为主要介面的练功指引，所有文字是由十年之间数百人参与的教学实验课程汇整而成，涵盖所有学习者共同呈现的身心状态，以及张老师针对这些状态所作的提示。然而，这套书仍然只是一个可见的教学片段，用有限的文字捕捉难以表述的身体教学，就像美丽的浪花不足以完整呈现深沉辽阔的大海一样。读者若有缘，当从字里行间领会张老师通过言语引领大众的恳切之意。有关功法动作的提点，是为读者指引一个不断感觉自己、发现自己的方向，需要读者通过持续不懈的实践，方能领会片言只字里含藏的意义。

不过，张老师虽然是以师者之姿引导我们不断向前，但他从不讳言自己仍然是一个有待修正，但持续努力向前的凡人。他对身体的体会，并将这些体会以口语表达出来，使练功过程中身体的阶段性变化有清楚的历程。这些天赋的能力固然令人叹服，但最不可思议的是，他对每位学员的身心状态一目了然，从而能给予适时、适切的点拨。张老师再三提醒，任何一个平凡人，都可以通过剥之又剥的身体修炼，复返身心清明的本然面目，而这正足以弥补当今教育缺乏体证训练的缺失。

因此，气机导引所勾勒的蓝图，是很清楚、很完整的，从肉体的实践，到灵性的飞升，完全合乎中国传统文化强调人间实践的精神。张老师以一种民间的微小力量，为民族文化的新生再造开启先机，不论成就如何，至少东医气机导引的全体学员都已跨出一大步了。

【附录一】

东医气机导引简介

什么是"东医"？

东医是韩国、越南等国对中医的称谓，我们可理解为东医就是"东方预防医学"的简称，是"动的医学"。东方主震、属动，象征生生不息的自然动力。医就是专业的健康管理，通过运动、饮食起居、情绪管理与接近大自然的生活，掌握自己的生命品质，启动身体自疗功能的自然疗法。

东医的运动养生法则，就是气机导引。

什么是"气机导引"？

"气机"是人体气化机理的简称。人体借由五脏六腑的气化作用形成生命的动力，故调理气机，使其循行畅达，是身心健康的不二法门。导引术是中国古代借由运动进行疗病养生的方法，经过数千年的演变，糅合了历代武术、气功、丹道养生，乃至禅宗思想，是引领全人类的身体文化。

张良维先生自 1999 年 3 月起，向社会大众推举"身体自觉"的实践原理，搜罗中国古代身体文化在动作、呼吸、意识锻炼上的经验结晶，结合中医与现代医学原理，以螺旋、延伸、开合、绞转、静心、旋转、压缩、共振八大原理，编创气机导引十八套修炼身心、护卫人体气机的功法，针对每一脏腑经络，提供专属的运动保健法则。气机导引十八套功法包含"太极导引""禅修导引""瑜伽导引""按跷导引"，是现代人养生保健、改善生命品质的高效能运动方法。

东医气机导引是预防医学

"上医治未病"，东医强调预防医学，更重视心理、环境、生活作息对健康的影响。东医预防医学又以气机导引为日常保健方法。气机导引十八套功法的每一功法设计，都针对特定的经络与脏腑，在动作、呼吸、意识的共同作用下，促进人体气机的自然运转，达到养生保健、调和情志、安定心神的目的。

肝脏保健	心脏保健	脾胃保健
攀足长筋	左右开弓	引体旋天
1.攀足松身	1.活肩曲肘	1.夜狼翻身
2.四梢旋转	2.金盆洗手	2.引体旋天
3.攀足长筋	3.蹬跟引背	3.抱运脾元
4.交叠松身	4.抱颈颠顶	4.摇磨谷仓
5.盘腿旋腰	5.握拳争气	5.抱推气海
6.屈膝抬臀	6.双龙绞柱	6.抱元引体
7.仰卧攀足	7.鹰鹯捕食	7.引摩腹气
8.四肢卧伸	8.攒拳压掌	8.握拳蹲举
9.攀足滚腹	9.左右开弓	9.单举理脾
10.肝指勾引		
11.转腰攀足		
12.五龙抓气		

4

5

6

肺脏保健	肾脏保健	丹田练养
旋转乾坤	托掌旋腰	手滚天轮

1.左右鹤潭	1.蛟龙戏水	1.息卧昆泉
2.鹤潭跷手	2.提膝固肾	2.手推阴阳
3.猿呼引肋	3.九转还丹	3.仰转止息
4.抱转脊髓	4.托肾活腰	4.旋转丹气
5.旋转乾坤	5.呼吸以踵	5.蹲跳会阴
6.乾坤跷手	6.抱膝引气	6.摆手炼丹
7.单手去烦	7.运火归脐	7.拨云见日
8.霹雳压掌	8.托掌旋腰	8.木猴欢呼
	9.提摩肾堂	9.手滚天轮

1

2

3

膏肓肩背	活络胸腺	腰腿疼痛
螳螂捕蝉	旋臂转脊	延脊划臂
1.金丝缠腕	1.踝胯松身	1.敲臀扭腰
2.龙登展臂	2.伏地松胯	2.旋肘转脊
3.十字分拦	3.前开后合	3.力拔山河
4.手挥琵琶	4.摇头摆尾	4.食虎扑羊
5.左右螳螂	5.迭岔压腿	5.翘足抛物
6.飞天遁地	6.摘星换斗	6.扣握舒指
7.如封似闭	7.鹞子翻身	7.㦬㺓俯伸
8.九鬼拔刀	8.浴火凤凰	8.引腕弯腰
9.金刚渡跷	9.画圆松臂	9.延脊划臂
10.螳螂捕蝉	10.旋臂转脊	

步履维艰

甩手踢腿

1.甩手松身

（1）切掌甩手
（2）前后甩手
（3）交叉甩手
（4）垂直甩手
（5）弯腰甩手
（6）侧仰甩手

2.旋踝转胯

3.拦腰滑肘

4.抛缰过海

5.弹足抡摆

6.凌波微步

7.侧踢甩手

8.骏马奔槽

9.甩手踢腿

强韧筋骨

大鹏展翅

1.雁行顾盼

2.伸曲脊背

3.提练腰马

4.大鹏展翅

5.大鹏引项

6.蛙形扶膝

7.弧线延伸

8.气贯脊髓

9.开胸辟肺

10.争项引脊

增强体力

螺旋旋转

1.伏地转脊

2.双并螺旋

3.旋腕转臂

4.旋转升降

5.龙腾虎跃

6.螺旋旋转

三焦调理	安定心神	匀衡气血
开天辟地	升降引气	熊经摇荡
1.仙鹤伏气	1.擎排天门	1.熊经摇荡
2.仙鹤抱蛋	2.双龙吐信	2.熊经震臂
3.逆搅三焦	3.升降引气	3.熊经压掌
4.推手舒展	4.大雁鼓翅	4.熊经抖身
5.开天辟地	5.水底捞月	5.熊经漫步
6.龙虎还丹	6.琴心三迭	6.熊经摇臂
7.导运黄庭	7.气沉丹田	7.熊经摆肩

4

5

6

周身灵活	脏腑传链	打通任督
双龙出海	天地拉极	开引任督

双龙出海

1.逆转双臂

2.抬膝跳跃

3.侧身跳跃

4.交叉跳跃

5.摆肘跳跃

6.踢臀跳跃

7.抱颈跳跃

8.鹞北运身

9.通臂双旋

10.双龙出海

天地拉极

1.俯仰开气

2.人关拉极

3.阳入阴海

4.阴入阳海

5.气机交替

6.腹前拉极

7.意引坎离

开引任督

1.弹指旋腕

2.握翻腕臂

3.托掌引气

4.气贯三关

5.提运任督

（1）顺逆呼吸

（2）调和阴阳

（3）南北拉极

（4）顺逆黄庭

（5）后升前降

6.开引任督

7.运转周天

本书十八套功法是囊括一切肢体活动角度的

肢体资料库，

是十八种肢体语言，

引领你与自己的身体作深度的对话，

是身体自觉的桥梁，

是与天地万物合一的道路。

打通任督

开引任督

（1）握固静坐

（2）抱元守一

（3）五心朝元

（4）合十跳跃

8.拍打阴阳

9.收功五法

（1）摩按颜首

（2）弓步转臂

（3）捧滚丹球

（4）抖擞登高

（5）合气归元

身心灵的整合需要具体的方法与行动，

找到身体沟通的部位，

就找到治病的方法。

十八套功法就是

启动身心自愈系统的锁钥。